初めての
建築設備

〈建築のテキスト〉編集委員会 ▶編

学芸出版社

まえがき

　西日本工高建築連盟では，工業高校建築科の生徒が自主的に学習を行い，建築に関する基礎知識の修得のための手引き書となるよう，1996 年に「建築のテキスト」シリーズ第一弾として「建築環境」，「建築一般構造」，「建築構造設計」，「建築積算」，「建築製図」を発刊した．その後，残る分野についても早期に発刊をという要請が強くあり，ここに新たな編集委員会のもとに本シリーズ第二弾として「建築計画」，「建築構造力学」，「建築材料」，「建築施工」，「建築法規」，「建築設備」および「建築ＣＡＤ」の 7 巻を刊行することとなった．

　内容は，前シリーズと同様，工業高校建築科の生徒はもとより，専門学校，短期大学，大学の建築関係の学生および若い実務家に至るまでの幅広い読者層を考慮するものとなっている．

　「建築計画」は，建築物を計画するための基本的な考え方や，住宅をはじめ集合住宅，事務所，幼稚園，図書館を取り上げ，各種建築物の計画手法をわかりやすく解説している．

　「建築構造力学」は，建築物の安全性を考えるうえで重要な部材に生ずる力を解析する能力を養うため，各種の解法や断面性能について例題を多く取り入れて，わかりやすく解説している．

　「建築材料」は，建築物に用いられる様々な建築材料を構造材料と仕上材料などに大別し，各種材料の特性や使用方法などについて図版を数多く用いて，詳しくていねいに解説している．

　「建築施工」は，木造軸組在来工法および枠組壁構法による住宅，鉄筋コンクリート造の共同住宅ならびに鉄骨造の事務所の工事例をとおして，建築物がつくり出される過程や施工上のポイントについて，具体的にやさしく解説している．

　「建築法規」は，建築基準法をはじめ，難解な建築関係法規が容易に理解できるよう各条文の考え方や規定の内容について数多くの図版を用いて，詳しく解説している．

　「建築設備」は，快適で便利な建築空間をつくり出すうえで重要な要素の一つである空気調和設備，給排水衛生設備，電気設備などの計画に関する基本事項について，具体的にわかりやすく解説している．

　「建築ＣＡＤ」は，前シリーズの「建築製図」で取り上げた木造住宅と鉄筋コンクリート造事務所建築の設計図を例題として，ＣＡＤの活用方法や入力方法などについて，わかりやすく解説している．

　なお，本シリーズは，日頃建築教育にたずさわる本連盟の会員が知恵を出し合い，多くの図版を用いて初学者の皆さんが楽しく学べるように工夫し，編集したものである．皆さんが多少の努力をおしまず，根気よく学べば，建築に関する基礎的知識が，必ず修得できるものと確信している．

　発刊にあたり，貴重な資料の提供と適切な助言を賜った関係各位に，深い感謝の意を表するとともに，出版を引き受け積極的な助言をいただいた㈱学芸出版社社長をはじめ，編集部の諸氏に厚くお礼申し上げます．

建築のテキスト（増補版）編集委員会

―――――――――目　次―――――――――

1章　建築設備の概要 …………………………… 7

1・1　建築設備とは　8
1　建築設備の必要性　8
2　建築設備の歴史　8

1・2　建築設備の種類と技術　12
1　建築設備の種類　12
2　建築設備の技術　12

2章　空気調和設備 …………………………… 17

2・1　空気調和設備の概要　18
2・2　空調負荷　18
1　設計条件　18
2　冷房負荷　20
3　暖房負荷　22
4　冷房負荷の計算　24
5　湿り空気線図　30
6　冷暖房の基本プロセス　32

2・3　空気調和設備の計画と方式　36
1　空気調和設備の構成　36
2　空気調和設備の計画　36
3　空気調和設備の方式　38
4　暖房設備　46

2・4　空気調和設備機器と材料　48
1　熱源設備　48
2　ポンプと配管　54
3　空気処理装置　62
4　送風機・ダクト　64
5　ターミナル　70

2・5　換気設備　72
1　必要換気量　72
2　自然換気設備　72

       3　機械換気設備　74
- **2・6　排煙設備**　76
    - 1　排煙設備の目的　76
    - 2　排煙設備の構造　76

3章　給排水衛生設備 …… 79

- **3・1　給排水衛生設備の概要**　80
- **3・2　給水設備**　80
    - 1　上水道施設　80
    - 2　給水方式　80
    - 3　水の使用量　80
    - 4　給水量の算定　80
    - 5　予想給水量　82
    - 6　受水タンク・高置タンクの容量と設置高さの決定　84
    - 7　揚水ポンプの能力　88
    - 8　給水管径の求め方　90
    - 9　給水配管法　92
- **3・3　給湯設備**　98
    - 1　湯の基本的性質　98
    - 2　給湯温度　100
    - 3　給湯量　100
    - 4　給湯方式　102
    - 5　給湯器の能力　102
    - 6　貯湯タンク容量と加熱器能力　102
    - 7　給湯配管法　104
    - 8　循環ポンプ　104
    - 9　給湯配管材料　104
    - 10　給湯配管保温材料　104
- **3・4　排水・通気設備**　106
    - 1　排水の種類　106
    - 2　排水方式　106
    - 3　排水通気の系統　108
    - 4　排水管と管径計算　108
    - 5　排水トラップと阻集器　116
    - 6　排水ポンプと排水タンク　118
    - 7　通気方式　120

  8 通気管と管径 120
  9 排水・通気管の配管方法 126
3・5 衛生器具 128
  1 衛生器具の材質 128
  2 衛生器具の種類 128
  3 衛生器具の所要個数 130
3・6 消火設備 132
  1 防火対象物 132
  2 消火設備の種類 132
  3 屋内消火栓設備 134
  4 スプリンクラー設備 136
  5 その他の消火設備 142
3・7 し尿浄化槽設備 144
  1 下水道の種類 144
  2 汚水処理の基本的事項 144
  3 単独処理・合併処理浄化槽の構造 146
  4 三次処理の方法 148

4章　電気設備　151

4.1 電気設備の概要 152
  1 電気設備の種類 152
  2 電気設備の関連法規 152
4.2 電力設備 154
  1 電気の基礎知識 154
  2 受変電設備 154
  3 電気方式 158
  4 幹線と分岐回路 158
  5 配線工事 164
  6 電気機器の制御 168
4.3 照明設備 172
  1 照明の基礎知識 172
  2 照明方式 172
  3 照明計算 172
  4 照明器具 174
4.4 通信情報設備 176

1　電話設備　176
2　インターホン設備　176
3　警報設備　178
4.5　昇降機設備　180
1　エレベーター　180
2　エスカレーター　180

索引　182

1章

建築設備の概要

1・1　建築設備とは

　建築設備とは，建築物の内部にあり，建築物と一体となって，それぞれの建築物に求められる機能をより効果的にするためのいろいろな機器・装置のことである．

　その種類には，空気調和設備，給排水設備，電気設備などがあり，浄化槽のように建築物の外部にあるものでも，機能的に建築物と一体であると考えられるものは，建築設備という．

　建築基準法によれば，建築設備とは，「建築物に設ける電気，ガス，給水，排水，換気，暖房，冷房，消火，排煙若しくは汚物処理の設備または煙突，昇降機若しくは避雷針をいう」と定義づけられている．

《1》　建築設備の必要性

　もし，建築設備が無かったらどうであろうか．図 1・1 に示すように，鉄とコンクリートとガラスでできた最近の建築物の多くは，超高層ビルやドーム建築であっても，風雨をしのぐという点では，原始時代の洞穴と同じといえる．空間の明るさは勝るであろうが，夏の暑さを考えれば，居住性は洞穴に劣るであろう．

　建築物において設備の占める割合は，建築物の近代化・高層化および大空間化に伴なって，また，人々が快適環境を求める要求度の高まりなどから，ますます大きくなり，建築設備費が，総建築費の 30％以上となる場合もある．

　このようなことから，建築設備の計画は，建築空間が決まってから行うのではなく，表 1・1 のような点について，建築計画の初期の段階から建築空間の利用目的に合わせて，綿密に行うことが大切である．

《2》　建築設備の歴史

1）　空気調和設備の歴史

　暖房設備には，個別式と中央式があり，中央暖房設備には蒸気式と温水式がある．

　蒸気暖房の歴史は，ワットの蒸気機関の発明（1769 年）後，友人のボールトンが自宅に設けた蒸気を用いた暖房の成功により始まる．その後，イギリスの木綿工場に多数採用され，1820 年頃にはイギリス，ドイツなどで講義堂，郵便局などに暖房用としての蒸気暖房が設けられた．当時のものは，図 1・2 に示すような鋳鉄管を用いた一管式のもので，1850 年代まで用いられた暖房方式である．

　その後，放熱器と配管を分離した改良型が開発され，1860 年以降アメリカやヨーロッパの各国で普及した．1876 年にドイツのケルチング社が開発した方式は，図 1・3 に示すような二管式重力還水式のもので，1890（明治 23）年以降，日本でもケルチング式蒸気暖房として多く採用された．

　ウェブスターは 1900 年に，真空還水式と機械給水式を考案した（図 1・4）．この方式は，真空ポンプで放熱器または還水管を真空にし，ボイラにはポンプで給水するもので，大規模建築物でも蒸気が隅々まで行き渡るため，日本の蒸気暖房の原型となり大いに普及した．真空ポンプは，蒸気駆動式から電動式になり，さらに改良が重ねられた．

　温水暖房の歴史は，1777 年にフランスでボンネマンが孵卵器の暖房に温水を用いて成功したのが始まりである．これは図 1・5 に示すような銅管の一管式で，膨張水槽や空気抜きを備えており，近代の重力式温水暖房のシステムとほぼ同じである．しかし，重力式では延べ面積 500 m² 以上の建築物には温水のまわりが不足した．温水循環力を増加する手法として，1831 年にパーキンスは，一管式の高温

図1・1 もし建築設備がなかったら

建築設備がない時代であっても、洞窟暮らしの人々は、湧水などを飲み、風穴からの涼風による心地よさと、火による採暖をとることによって、鍬を磨いたり、裁縫などの日常生活を営んでいた。当然ながら、風雨を防ぐことのできる快適環境（？）である。

しかし、現代のコンクリートと鉄骨とガラスなどでできたビル内に建築設備がなければ、はめ込み窓は開かず、高気密の室内は隙間風もなく、温度計は鰻登りである。水もなく、明るさだけの室内で、特に夏は、とても快適環境とは言えない。片手に飲料水、他方に団扇を持ち、とても仕事にならない……。

暖房設備の個別式とは、どんなものですか？

原始時代に火を使って採暖したことから始まります。奈良時代には火舎（かしゃ）とよばれる日本最古の火鉢があり、室町時代には、炬燵（こたつ），行火（あんか）などの移動式のものもありました。元々は薪（たきぎ）などを用いていたのが，木炭などを用いるようになり、より安全に便利になりました。

明治以降は、石炭をはじめ、石油・ガス・電気などの各種ストーブが開発されましたが、戦前の一般家庭では、囲炉裏（いろり），炬燵，火鉢によって暖をとることが多かったのです。その他のものとしては、室町時代に中国から伝えられた「湯たんぽ」、江戸時代から使われ、古くは温石（おんじゃく）と称した「懐炉（かいろ）」などがあります。

表1・1 建築設備の基本構想と基本計画

基本構想	基本計画
●建築の基本構想との調整 ●設備の種類やグレードの検討 ●工事費の配分と設備コストの検討 ●現地調査・法令調査などの基本資料の製作	●建築の基本計画との調整 ●諸官庁との打合せや設計の基本方針の検討 ●機器の選定や機器，配管のレイアウト，コストの概算を考えた基本計画の立案

水暖房を考案した．これは，往管180℃，返管120℃と温度差が大きいために循環力があり，大規模建築物にも採用された．しかし，1880年以降はコスト高のため，蒸気暖房に圧倒されていった．その後1910年以降，電動ポンプの普及により大規模建築物にも採用されるようになった．

冷房設備は，蒸発冷却方式に始まり，井水冷房方式，冷凍機による冷房方式へと移り変わる．また，冷凍機もアンモニア冷凍機や炭酸ガス冷凍機からターボ冷凍機と移っていった．

わが国の明治時代から戦前までの産業は，紡績産業が中心であった．紡績工場においては，湿度制御の管理がきわめて重要であり，さらに，昭和初期には高性能精紡機が導入され温度制御も重要となり，空気調和設備の必要性が増した．1922（大正11）年には，井水を用いて夏期の室温を28℃以下にすることに成功し，昭和に入り，この方式が多くの紡績工場で採用された．一方，人絹工場では，24℃を必要とするため，冷凍機を用いる冷房（完全冷房）が普及した．

冷房設備は，戦後（1945年以降）空気調和設備の空調システム技術として発展した．当初は，単一ダクト方式のみで，地上8階程度の事務所ビルに多く採用され，さらに，ダクトスペースの省スペース化をはかった．その後，高速ダクト方式の開発により地上10階建程度まで可能となったが，高速ダクト方式は，騒音が大きく，高価であるため，あまり普及しなかった．

これに対して，各階ユニット方式は，縦の主ダクトが小さくでき，各階で運転管理もできることから商業ビルを中心に普及した．その後，各室で調整可能な誘引ユニット方式が開発され，アメリカにつづいて戦後の日本でも一時，代表的な空調方式となった．しかし，この方式の特徴である縦ダクトの防火上の問題や，施工が容易なファンコイルユニット方式の出現により，1965（昭和40）年頃にはアメリカで，数年後には日本でも，急激に採用されなくなった．

ファンコイルユニット方式は，各ユニット毎に個別調整でき，施工が比較的容易であることなどから，事務所ビルだけでなくホテルや病院にも普及した．現在の高層ビルや超高層ビルにも，空調負荷変動の小さいインテリアゾーン[1]には単一ダクト方式を，空調負荷変動の大きいペリメータゾーン[2]にはファンコイルユニット方式を採用する場合が多い．

二重ダクト方式は，空調効果に対する需要が高まった1965（昭和40）年頃に採用のピークがあった．個別制御，通年空調ができるという長所があるが，工事費，運転費が高価で，ダクトスペースも大きいという短所もあり，贅沢な高級システムであった．その後の省エネルギー時代にそぐわず，採用されることが少なくなった．

2） 給排水衛生設備の歴史

水道施設のない時代は，井水を用いるのが一般的であった．1887（明治20）年，横浜市に近代式の上水道施設ができ，その後，全国に普及した．水道施設完成後の給水方式としては，水道直結方式が主流であった．当初は，水汲み人夫が人力で揚水していたが，動力ポンプが開発され，効率が飛躍的に向上した．動力ポンプとしては，蒸気駆動式のウォシントンポンプがあり，大正時代には電動の渦巻きポンプが国産化されるようになり，揚水ポンプとして使用された．これらのポンプの普及により，昭和30年代（1955～64年）までは，水道本管直結方式，高置タンク方式，圧力タンク方式の3種類の給水方式があった．1965（昭和40）年頃からタンクレスのポンプ加圧方式（ポンプ直送方式）が用いられ，圧力タンクとポンプのユニット化が進んだ．

1) p.36 参照
2) p.36 参照

管材に鋳鉄管が用いられ，配管と放熱器が径100 mmの鋳鉄管で連絡した一管方式であった．
図1・2　鋳鉄管を用いた一管式

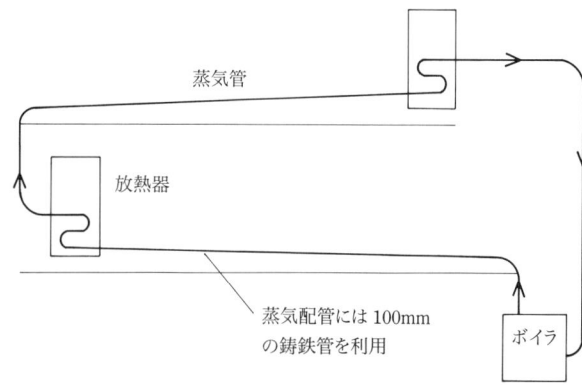

フィン付の放熱器の特許をケルチングがとり，放熱器，配管，ボイラの三者でシステムとして構成されるようになった．
図1・3　ケルチング式蒸気暖房

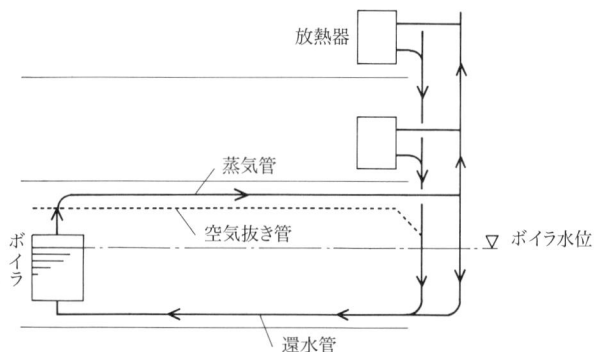

排気熱を暖房に利用するもので，排気式蒸気暖房といわれた．蒸気駆動によって真空ポンプ，給水ポンプを動かすので，真空還水式，機械給水式とよばれる．
図1・4　ウェブスター式蒸気暖房

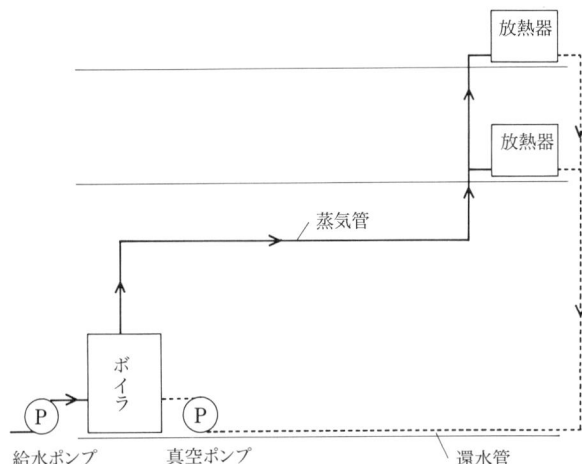

銅管の一管式であるが，膨張水槽や空気抜きの装置を備え，重力式温水暖房としては，じゅうぶんなシステムであった．
図1・5　ボンネマンの温水暖房

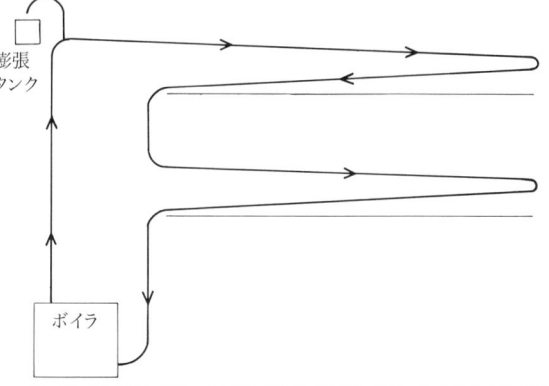

排水設備と密接な関係にある通気設備は，1875（明治8）年にニューヨーク市で通気管の設置が規定され，アメリカ全土に普及した．日本で通気管の必要性が認められ普及したのは，「衛生工事条例」が発表された1931（昭和6）年以後となる．排水管の材料は，土管，ブリキ管，排水鉛管，ヒューム管，排水鋳鉄管，亜鉛めっき鋼管，塩化ビニル管などと変遷した．

なお表1・4（p.16）は，わが国における空気調和設備と給排水衛生設備の歴史を示したものである．

1・2　建築設備の種類と技術

建築物の用途は幅広く，そこで求められる建築物の機能も様々である．また，建築物は注文生産品であるので，そこで使われる建築設備は機器の種類も多く，その組合わせも多種多様である．

また，時代の変遷と共に技術も大きく進歩し，建築設備には自然と調和し，社会経済，文化の進展，利用者や所有者の要請に適応した技術，地球環境を守っていく技術などが求められる．

《1》建築設備の種類

建築設備の種類には，表1・2のように，空気調和設備，給排水衛生設備，電気設備などがある．

空気調和設備は，室内空間の使用目的に合わせて，温度，湿度，気流，清浄度などを調整する設備である．その調整の基本としては，空気の加熱・冷却，空気の加湿・減湿，気流の速さ・方向・分布などの調整，空気の浄化などがある．暖房，冷房，換気，排煙などの技術を統合して，室内環境を快適に保つための設備である．また，産業用空調として，製品の品質保持や生産性能の向上のために用いられるものもある．

給排水衛生設備は，人の飲用に適する水である上水道の水を有効に使うための給水設備と，使用後の水の再利用を考え，安全な水として捨てる排水設備を中心にしたものである．過去のコレラの流行などを考えると，保健衛生上・公衆衛生上必要不可欠な設備である．また，建築物内において排水設備には，通気設備は欠かすことのできないものである．

生活に必要なエネルギーを供給する設備に電気設備とガス設備がある．電気設備には，電力，電源，照明設備などがある．近年は，各分野で電化が進み，電気は人間生活を支える重要なエネルギーの一つで，その重要性はますます増大している．

また，建築物内部をより便利に使うための設備としてのエレベーターやエスカレーターなどの昇降機設備，電話回線・通信回線などの情報伝達設備，建築物内部の安全性を高める設備として火災報知設備，消火設備などの防災設備などがある．これらを一括管理する中央管制の監視設備も建築物内の重要な設備である．

《2》建築設備の技術

建築物は新築ばかりではなく，既存の建築物の維持管理や更新なども大切なことである．とくに耐用年数の異なる建築躯体と建築設備の更新時期を考えることは重要である．たとえば，建築躯体はじゅうぶん使用可能であっても，建築設備である配管は，腐食が進み交換を必要とする時期になっていたり，新築時にはじゅうぶんであった設備も設備機器の見直しや，熱源機器の交換あるいはシステムの再構築の時期である場合もある．

表1・2 建築設備の種類

建築設備の種類	設備に必要な装置や機器
空気調和設備	● ボイラ，温風暖房器　● 冷凍機 ● 空気調和機（ユニット）　● 冷却塔 ● 空気清浄装置　● 全熱交換器 ● 放熱器　● 送風機 ● ポンプ　● タンク，ヘッダ ● ダクト
給排水衛生設備	● 衛生陶器　● ポンプ ● 給湯ボイラ　● タンク ● 消火機器　● 消防装置 ● 厨房機器　● 排水金具
電気設備	● 電力設備　● 受電及び変電設備 ● 電源設備　● 照明設備 ● 自家発電設備　● 通信情報設備 ● 中央監視制御設備
その他の設備	● ガス設備（都市ガス，液化石油ガス） ● さく井設備　● し尿浄化槽設備 ● 昇降機設備（エレベーターなど）

洗面器に「JWWA」の記号が付いているのを見つけました．これには何の意味があるのですか？

よく見つけましたね．この記号は，日本水道協会規格の略号なんです．洗面所で見つけた製品は，日本水道協会規格の略号で適合品であるということなんです．この他にも，これから学ぶ建築設備ではよく使われる規格がありますから，表1・3にまとめておきました．

表1・3 建築設備でよく使われる規格の一覧

正式名称	略号	
日本産業規格	JIS	Japan Industrial Standard
空調調和・衛生工学会規格	SHASE	The Society of Heating, Air-Conditioning and Sanitary Engineers of Japan Standard
日本冷凍空調工業標準規格	JRA	the Japan Refrigeration & Air-conditioning
日本水道協会規格	JWWA	Japan Water Works Association
ステンレス協会規格	SAS	Stainless Association Standard
日本銅センター規格	JCDA	Japan Copper Development Association
日本水道鋼管協会規格	WSP	Japan Water Steel Pipe association
日本金属継手協会規格	JPF	Japan Pipe Fittings Association
排水鋼管継手工業会規格	MDJ	Mechanical Drainage Joint standard
日本鋳鉄ふた・排水器具工業会規格	JCW	Japan Cast iron cover & Waste fitting association standard
日本電機工業会標準規格	JEM	the Japan Electrical Manufacturers' association
日本電線工業会規格	JCS	Japanese Cable makers' association Standard
電池工業会規格	SBA	Standard of Battery Association
日本バルブ工業会規格	JV	Japan Valve manufacturers' association

また，雨水の利用や排水熱の再利用などの未利用エネルギーの有効活用の研究，冷凍機の冷媒として主役であったフロンの代替品の問題やその解決，LCC[1]やLCCO$_2$[2]の評価手法，ISO9000[3]やISO14000[4]など，様々な問題を解決し，より快適な環境を求める建築設備の技術は，地球環境問題を考えながら進歩している．地球温暖化問題，省資源問題，省エネルギー化問題や視聴覚情報化社会への対応など，建築設備の技術はますます重要になる．

そこで，近年クローズアップされている技術の一例として，次のものを示す．

a）一次エネルギーの効率的な利用例である「コジェネレーションシステム」
b）電子関連部品の製造などに欠かすことのできない「クリーンルーム」，「バイオクリーンルーム」
c）中高層建築物で上水道の水を直接使用できる「増圧直結給水設備」
d）より良い快適環境の創造を目指し，居住環境におけるIAQ（Indoor Air Quality）「室内空気質」のひとつである「香りのコントロール」（図1・6）
e）地球の資源である水の有効利用を進める「排水再利用」（図1・7），「雨水利用」（図1・8）

- コジェネレーションシステムは，効率的にエネルギーを利用するために発展した設備システムである．ガスや重油などの一次エネルギーを発電用のガスエンジンのエネルギーとして使い，排熱回収の能率を高め，給湯や冷暖房に使うシステムである．熱と電気を供給することができる．

　電力と熱をバランス良く利用することで，さらに省エネルギーシステムとなる．具体的な建築物としては，大規模なホテルや総合病院が該当する．システムの概念を図1・9に示す．

- クリーンルーム（無塵室）は，めざましく発展をする産業界において，なかでも電子関連部品や精密光学部品などの研究・製造において不可欠なものになった．一般的に米国連邦規格の1立方フィート中の0.5μmの粒子の数を基準とし，クラス1，クラス10，クラス100，…クラス100000がある．とくにクラス1，10，100に相当するものをスーパークリーンルームと呼ぶ．

　主に医学や微生物学などの分野において，空気中の浮遊物質をとくに生物微粒子として着目し，管理する場合に区別して，バイオクリーンルーム（無菌室）という．無菌手術室では，不可欠なものであるし，製薬，食品に関連して安全性を確認するうえでも重要なものである．

- 増圧直結給水設備は，中高層のビルの場合は給水するときに，水道本管の水圧で給水できないため，受水タンク，給水ポンプ，高置タンクによる高置タンク式の給水方法を採用していたが，タンクの管理不足などによる水質低下が問題となった．そこで，増圧直結給水設備を採用することにより，浄水場から送られる新鮮な水を直接中高層階へ給水できるので水質劣化の恐れがなく，タンクスペース分が有効利用できる利点がある．図1・10に設備の一例を示す．

　欠点は，受水タンクの貯留機能はなく，非常時の飲料水を確保することができないことである．震災対策として，広域区場所単位としては，貯留機能は必要であるから，すべての面で増圧直結給水がよいとはいえない．学校や，病院のように断水による影響が大きい施設には，受水タンク方式が適している．

---

1) LCC：ライフサイクルコスト（建築物の耐用年数の全期間にかかるコスト）
2) LCCO$_2$：ライフサイクルCO$_2$（建築物の耐用年数の全期間に発生する二酸化炭素）
3) ISO9000：国際標準化機構（ISO：International Organization for Standardizationの略）による，品質管理・品質保証に関する規格．
4) ISO14000：ISOによる，環境管理・環境監査に関する規格．

1章 建築設備の概要　15

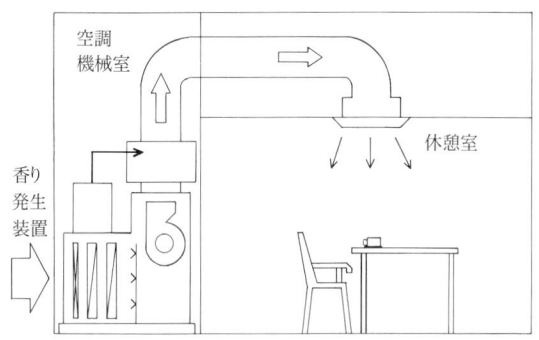

タバコの臭気や建材などからの揮発性有機物質による不快感を，「香り」の混入でコントロールし，リフレッシュ効果を高める．
図 1・6　香りのコントロールシステム

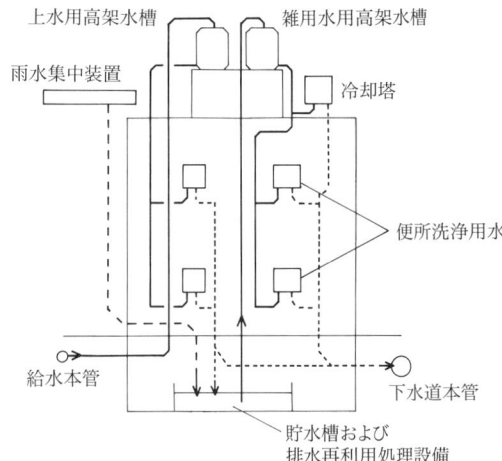

排水再利用をしない場合に給水を 100% とすれば，排水再利用の場合 1/3 程度，上水の給水を節約できる．
図 1・7　排水再利用（雨水利用）の例

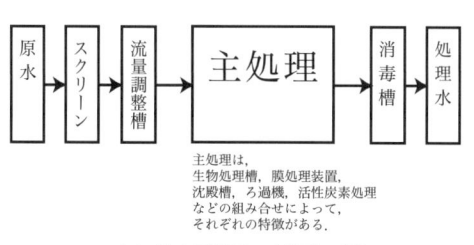

主処理は，生物処理槽，膜処理装置，沈殿槽，ろ過機，活性炭処理などの組み合せによって，それぞれの特徴がある．

（a）排水再利用の水処理の流れ

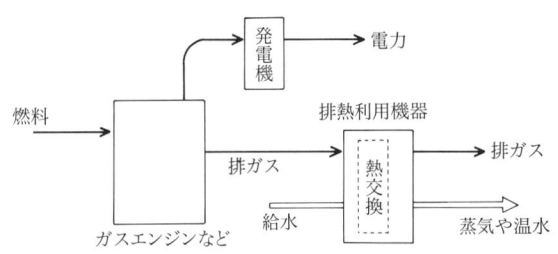

図 1・9　コジェネレーションの概念

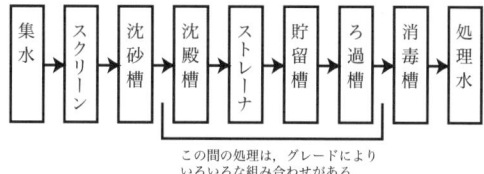

この間の処理は，グレードによりいろいろな組み合わせがある．

（b）雨水利用の水処理の流れ

図 1・8　排水再利用と雨水利用のシステムフロー

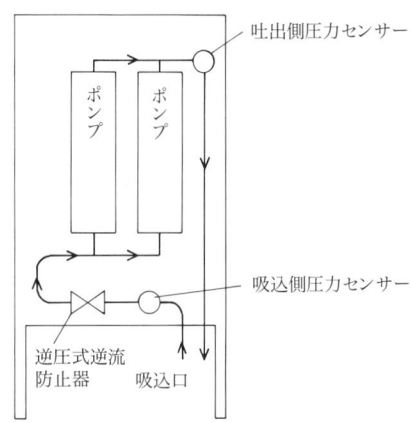

ポンプは，2 台以上あり，自動交互運転の方式をとる．圧力センサーにより，吸込側，吐出側ともに異常なく制御される．標準的な大きさは，口径が 50A のもので，高さ 2000 mm，幅 1000 mm 奥行き 300 mm 以下のものが多く，小スペース化が進んでいる．
図 1・10　増圧直結給水設備の例

表 1・4　わが国における建築設備の推移

西暦（年号）	空気調和設備関係	給排水衛生設備関係
1868（明治1）	築地のホテルの各室に暖炉を設置	同ホテルに水洗便所設置
1871（明治4）		横浜に私設水道敷設，全人口の1/2に相当する約3.4万人に給水
1874（明治7）		神戸居留地で瞬間湯沸かし器を使用
1876（明治9）	蒸気暖房竣工	
1877（明治10）		日本初のカラン製造
1882（明治15）	アンモニア吸収式，炭酸ガス冷凍機で製氷し，一般に氷を販売	
1885（明治18）	温水暖房竣工	
1887（明治20）		横浜市水道工事完成
1895（明治28）		大阪市水道工事竣工（給水人口約61万人）
1898（明治31）	帝国大学の7病棟で蒸気供給	
1902（明治35）	銀行に温風暖房	神戸に多槽式屎尿浄化槽設置 ホテルに人力揚水の高架水槽給水設備設置
1907（明治40）	紡績工場に空気調和設備設置	
1911（明治44）		工場に本格的な汚水浄化槽完成
1912（明治45）（大正1）		京都の浄水場で急速ろ過法を導入
1914（大正3）		みのくち式ポンプを製造
1920（大正9）		遠心ポンプを製造
1921（大正10）	人絹工場で完全空調	上水道の塩素滅菌採用
1925（大正14）	製菓工場にアンモニア冷凍機で冷房	
1927（昭和2）		サイホンゼット式の水洗便器製造
1930（昭和5）	遠心冷凍機試作成功 デパート，銀行で炭酸ガス冷凍機による冷房	
1932（昭和7）	外国製ターボ冷凍機納入	
1933（昭和8）	外国製ロータリー冷凍機納入	百貨店にスプリンクラー装置設置
1938（昭和13）	各階ユニット方式による空調採用	
1942（昭和17）	潜水艦用にフレオン冷凍機生産	
1946（昭和21）	進駐軍用の病院で高温水暖房	
1948（昭和23）		流し類にステンレス鋼鋼板使用
1950（昭和25）	フロン販売	
1951（昭和26）		硬質塩化ビニル管製造
1952（昭和27）	パッケージ空調機販売	
1954（昭和29）		ダクタイル鋳鉄管製造
1955（昭和30）	電気集塵器開発	
1957（昭和32）	本格的なエアカーテン採用	
1962（昭和37）	高温水利用の吸収式冷凍機使用	ホーロー浴槽販売
1964（昭和39）	二重効用吸収式冷凍機開発	
1966（昭和41）	クラス10000のクリーンルーム誕生	
1967（昭和42）		ユニット式浄化槽発売
1968（昭和43）	クラス100のクリーンルームが普及	硬質塩化ビニルライニング鋼管を本格的に採用
1970（昭和45）	大阪万博のために地域冷房設備開発：小型吸収冷温水機開発	各管のメカニカル継手が普及
1971（昭和46）	VAVユニットを各社で発売	
1972（昭和47）	バイオクリーンルームの手術室完成	ハロン消火設備認可
1973（昭和48）	電算室に空調制御，一部にDDC制御採用	
1976（昭和51）	ごみ焼却熱利用の地域暖房開始	洋風便器と和風便器の販売数がほぼ同じ
1980（昭和55）	太陽熱利用の大規模なソーラーシステム開発	中水利用，汚泥の肥料土化
1981（昭和56）	インバータ制御のルームクーラー販売	
1982（昭和57）	省エネ化が進み，PMVの考え方が環境評価になる	
1983（昭和58）		気泡浴槽や，高級衛生器具発売
1984（昭和59）	氷蓄熱空調システム開発	集合住宅にさや管ヘッダ配管方式採用
1985（昭和60）		大規模な雨水利用を実施
1987（昭和62）	ビルマルチを採用したインテリジェントビル	
1988（昭和63）	クラス1のスーパークリーンルーム開始	

2章

空気調和設備

2・1 空気調和設備の概要

空気調和とは，人間が快適な状態ですごせるように，室内または特定の場所の空気の温度，湿度，清浄度および流れの速さ（気流）を調整することである．

温度，湿度が適切に調整され，さらに「暑い時期には気流のある空間」が，「寒い時期には周囲より適度の放射熱が得られる空間」が，人間が快適にすごせる状態である．この快適な状態を維持するために，空間にとって過剰となる熱量を除去すること，あるいは不足となる熱量を補給することが空気調和の基本の仕組みである．

一般には，外気温の高い夏期には室温よりも低温に調整された空気を室内に送り，壁面，窓面などを通過して侵入する熱量を取り去り，外気温の低い冬期には室温よりも高温に調整された空気を室内に送り，壁面，窓面などを通過して逃げる熱量を補うことといえる（図2・1）．

2・2 空調負荷

《1》 設計条件

1） 室内条件

一般に事務所の室内設計条件として，次の値が用いられている．

- 夏期（冷房）では，室内乾球温度を26～27℃，相対湿度を50%に調整する．
- 冬期（暖房）では，室内乾球温度を20～22℃，相対湿度を40～50%に調整する．

また，建築基準法では室内環境基準として，次の基準値が定められている．これらの値は中央管理方式の空気調和設備のもつべき性能であるとされている．

a) 浮遊粉塵量　　空気1 m^3 につき0.15 mg以下．
b) CO含有率　　10 ppm[1] 以下．
c) CO_2 含有率　1000 ppm以下．
d) 温　　度　　①17℃以上，28℃以下．
　　　　　　　　②居室における温度を外気の温度より低くする場合には，
　　　　　　　　　その差を7℃以上としないこと[2]．
e) 相対湿度　　40%以上，70%以下．
f) 気　　流　　0.5 m/s以下．

COとCO₂の特徴，およびその濃度が人間に与える影響を図2・2に示す．

---

1) ppmとは，百万分の一を表す単位である．1%（体積）=10000 ppm．
2) 過大な温度差は不快感を与える．

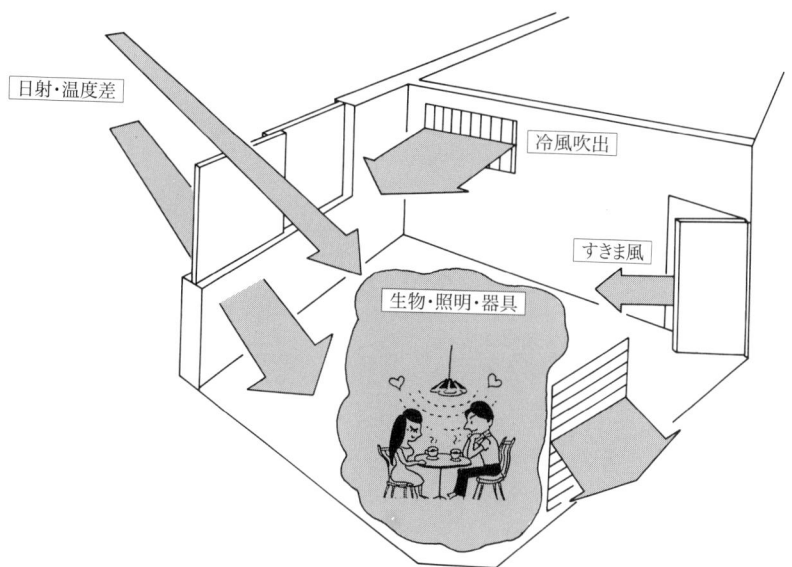

図2・1　夏期の熱取得の例

CO と CO_2 の特性

(1) CO	①空気より軽い． ②無色無臭 ③極めて毒性が強い．
(2) CO_2	①空気より重い． ②無色無臭 ④空気の汚染度と並行する．

〈濃度と人間に与える影響〉

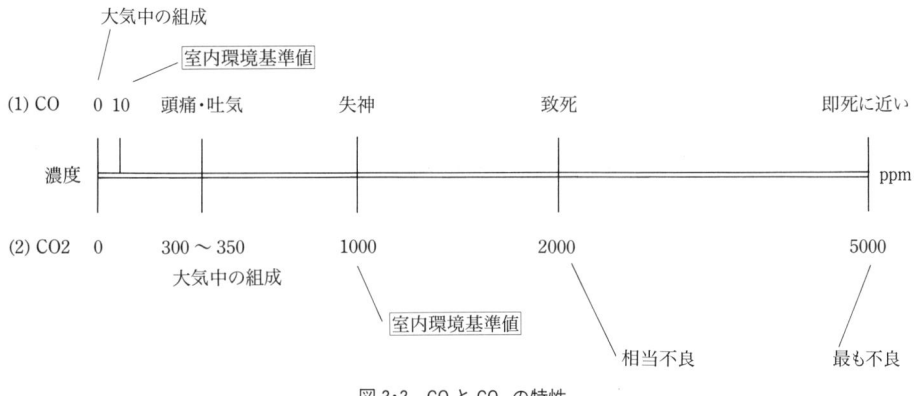

図2・2　CO と CO_2 の特性

2) 外気条件

空気調和設備の設計条件には，乾球温度，露点温度，相対湿度があり，表2・1は一般に用いられている各地域の値を示したものである．冷房設計用外気温度は夏期（＝6～9月），冬期（＝12～3月），それぞれ4ヵ月間の毎時外気温度の測定値を統計的に処理したものである．

空気調和が必要とされる時間は，建築物の用途によって異なるので，連続使用される建築物には0～24時の値が，使用時間が昼間である一般的な建築物には8～17時の値が適用される．

地下階のある建築物の暖房計画には，地中の温度も必要となる．一般に用いられている各地域の地中温度を表2・2に示す．なお，地中温度は，図2・3に示す位置の値が採用される．

《2》 冷房負荷

夏期には室の温度，湿度を上昇させる様々な熱や水蒸気が室に侵入してくる．快適にすごせるように設定された室内条件を保つためには，侵入してきた熱量と同等の熱量を室外へ持ち出すことが必要となる．このために除去すべき熱量を冷房負荷という．

空気調和装置の冷凍機，空気冷却コイル，送風機などの機器仕様が冷房負荷から決定される．

1) 冷房負荷の種類

冷房負荷には次の種類がある．

a）建築構造体から入る取得熱負荷（顕熱負荷[1]）
　①外壁，屋根から取得するもの（日射と温度差による）
　②内壁，床から取得するもの（室内外の温度差による）
b）窓ガラスから入る取得熱負荷（顕熱負荷）
　（日射と温度差による）
c）室内で発生する取得熱負荷（顕熱負荷と潜熱負荷[2]）
　①人間による取得熱負荷
　②照明による取得熱負荷
　③事務機器などによる取得熱負荷
d）すきま風による取得熱負荷[3]（顕熱負荷と潜熱負荷）
e）外気取入換気による取得熱負荷（顕熱負荷と潜熱負荷）
f）機器による取得熱負荷（顕熱負荷）
　①ダクト系への熱侵入，発熱による取得熱負荷
　②配管系への熱侵入，発熱による取得熱負荷

2) 冷房負荷の集計

一般的な負荷計算は以下の手順で行う．

a）1日のうち，負荷計算を行う時刻を決める．たとえば，9時，12時，14時および16時とする．
b）9時の負荷の値を各項目について計算する．
c）9時の室内顕熱負荷合計，室内潜熱負荷合計および両者の合計を計算する．
d）他の各時刻の値を同様に計算する．

---

[1] 窓ガラスを通過して室内に入ってくる熱のように，室の温度を上昇させる熱量．
[2] 人間の発汗，呼吸によって増加した室の水蒸気量を，熱量に換算した値．
[3] 冷房設計においては無視できる場合が大半である．

表2・1　設計用外気温度

冷房設計用				地域	暖房設計用			
0〜24 時		8〜17 時			0〜24 時		8〜17 時	
乾球温度	露点温度	乾球温度	露点温度		乾球温度	相対湿度	乾球温度	相対湿度
27.4 ℃	21.5 ℃	29.0 ℃	22.0 ℃	札　幌	−12.0 ℃	71%	−9.4 ℃	62%
29.0 ℃	23.8 ℃	30.4 ℃	24.2 ℃	仙　台	−2.3 ℃	68%	−2.3 ℃	56%
31.5 ℃	24.8 ℃	32.6 ℃	24.9 ℃	東　京	−1.7 ℃	43%	0.6 ℃	34%
32.9 ℃	24.6 ℃	34.3 ℃	24.9 ℃	名古屋	−2.1 ℃	59%	0.3 ℃	45%
32.8 ℃	24.5 ℃	33.6 ℃	24.5 ℃	大　阪	−0.6 ℃	56%	1.1 ℃	49%
32.4 ℃	25.3 ℃	33.0 ℃	25.5 ℃	鹿児島	−0.5 ℃	68%	1.7 ℃	57%

表2・2　暖房設計用地中温度

地域	地表面温度	地中温度（深さ）			
		1 m	2 m	4 m	6 m
札　幌	−10.9 ℃	−3.1 ℃	1.5 ℃	5.7 ℃	7.2 ℃
仙　台	−4.1 ℃	2.5 ℃	6.4 ℃	10.1 ℃	11.3 ℃
東　京	−1.5 ℃	5.1 ℃	9.0 ℃	12.7 ℃	13.9 ℃
名古屋	−1.7 ℃	5.3 ℃	9.4 ℃	13.3 ℃	14.6 ℃
大　阪	0.2 ℃	6.9 ℃	10.8 ℃	14.5 ℃	15.8 ℃
鹿児島	1.4 ℃	7.6 ℃	11.3 ℃	14.7 ℃	15.9 ℃

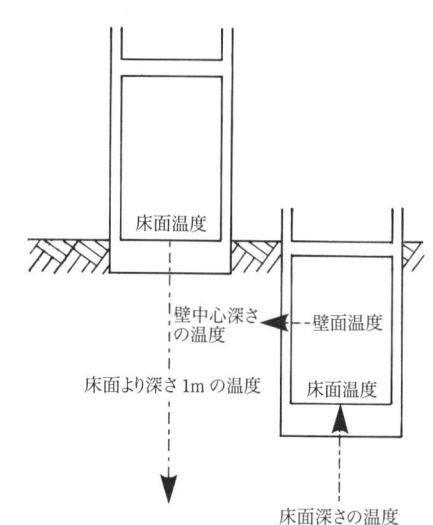

(a) 床面が地面より上の場合　(b) 床面が地面より下の場合

図2・3　地中温度の採用位置

◎顕熱と潜熱

e） 時刻ごとに合計した値を比較する．[1]
f） 最大の合計値を最大負荷とする．
g） 冷房用空気調和設備の主な仕様には，①送風量，②冷却コイルの容量，③冷凍機の容量がある．これらは最大負荷の値を用いて，次式のように求める．
　①冷房対象部分への送風量の算定
　　　　送風量 ≧ （室内顕熱負荷）÷（空気の比熱×吹出し温度差）……………………… [2-1]
　②空気冷却コイルの容量算定
　　　　コイル容量 ≧ （室内顕熱および潜熱負荷＋外気負荷）×（1＋余裕率[2]） ………… [2-2]
　③冷凍機の容量算定
　　　　冷凍機容量 ≧ （空気冷却コイル負荷＋配管負荷[3]）×（1＋余裕率[4]）…………… [2-3]

《3》 暖房負荷

暖房負荷には冷房負荷と同様の種類がある．ただし，暖房負荷の計算においては，日射の影響によるものや人間，照明，器具などからの発熱などは省略するのが一般的である．

1） 暖房負荷の種類

a） 建築構造体から逃げる損失熱負荷（顕熱負荷）
　①外壁，屋根から損失するもの（温度差による）
　②内壁，床から損失するもの（温度差による）
b） すきま風による損失熱負荷（顕熱負荷と潜熱負荷）
c） 外気取入換気による損失熱負荷（顕熱負荷と潜熱負荷）
d） 機器による損失熱負荷（顕熱負荷）
　①ダクト系からの熱損失
　②配管系からの熱損失

2） 暖房負荷の集計

冷房負荷の集計と同様の手順で暖房負荷を集計し，最大負荷の値を用いて暖房用空気調和設備の主な機器仕様を決定する．
a） 暖房対象部分への送風量を求める．
b） 空気加熱コイルの容量を求める．
c） ボイラの容量を求める．
　①暖房対象部分への送風量の算定
　　　　送風量 ≧ （室内顕熱負荷）÷（空気の比熱×吹出し温度差）……………………… [2-4]
　②空気加熱コイルの容量算定
　　　　コイル容量 ≧ （室内顕熱および潜熱負荷＋外気負荷）×（1＋余裕率） …………… [2-5]
　③ボイラの容量算定
　　　　ボイラ容量 ≧ （空気加熱コイル負荷＋配管負荷）×（1＋余裕率） ………………… [2-6]

---

1) ゾーンに分類している場合は，各ゾーン毎に最大負荷を求める．
2) 流れの偏流や汚れに対し 3〜5％程度余裕を見込む．
3) 全負荷の 5〜10％程度と見込む．
4) 経年劣化などに対して 2〜3％程度余裕を見込む．

表2・3 窓の熱通過率 K （W/m²·K）

種別＼場所	外壁 夏期	外壁 冬期	内壁
一重ガラス	6.0	6.4	4.2
二重ガラス	3.5	3.7	2.8

表2・4 建具の熱通過率 K （W/m²·K）

種別＼場所	外壁	内壁
木製フラッシュ	2.4	2.0
鋼製フラッシュ	3.1	2.4

表2・5 外壁・屋根の実効温度差 ETD（K）（地域＝東京，室内温度＝26℃の場合）
上記以外の条件に対して，$ETD_C = $ ［表の値］＋［26－設定室温］＋［地域補正値］によって修正する．

躯体	普通コンクリート 70〜110 t					普通コンクリート 110〜160 t				
方位	水平	北	東	南	西	水平	北	東	南	西
10時	17.5	4.8	18.3	5.4	4.1	12.8	3.9	14.2	4.0	3.3
12時	27.6	6.8	16.6	10.8	6.6	21.4	5.6	14.9	8.1	5.3
14時	32.3	8.1	11.8	13.6	11.1	27.2	7.0	12.4	11.2	8.7
16時	30.3	8.6	9.8	12.5	19.1	28.2	7.8	10.9	11.6	15.0

地域補正値

地域	補正値
札幌	−4.1
仙台	−2.1
東京	±0.0
名古屋	＋0.1
大阪	＋0.8
鹿児島	＋0.5

表2・6 窓ガラスの遮蔽係数 SC（−）

取付場所	種別	SC
内側ブラインド	ライトグレー	0.65
	クリーム	0.56
	アルミ	0.40
外側ブラインド	クリーム	0.15
	アルミ	0.15

表2・7 窓ガラスの標準日射熱取得 S （W/m²）

方位	水平	北	東	南	西
10時	732	45	363	117	45
12時	844	50	50	81	50
14時	82	45	45	363	363
16時	441	33	33	399	573

表2・8 人間による顕熱負荷 H_S （W/人），潜熱負荷 H_L （W/人）

室温(℃)	24	25	26	27	28	合計
H_S	63	59	55	51	47	119
H_L	56	60	64	68	72	

表2・9 換気回数 n

窓・外部扉の配置	換気回数 n
なし	0.5
一面	1.0
二面	1.5
三面〜	2.0

隙間風量＝換気回数×室容積で近似できる．

顕熱と潜熱をもって忍び込む外気

◀4▶ 冷房負荷の計算

1) 熱計算の前に，明らかにしておく事項

a) 計算対象室周囲の隣室，階下，階上および廊下の空気調和状態を調べる．
b) 外気条件，室内条件を調べる．
c) 床面積を求める．
d) 床面積に天井高を掛けて室容積を求める．
e) 単位床面積（1 m²）当たりに 0.2 人として，在室人員数を求める．
f) 単位床面積（1 m²）当たりに 20～30W 必要として，室内照明に用いる W 数を求める．

2) 熱計算の方法

a) 建築構造物を通過して侵入する取得顕熱負荷 Q_{1s}〔W〕

$$Q_{1s}=K \cdot A \cdot \Delta t \quad \cdots\cdots\cdots [2-7]$$

ここで，K は熱通過率〔W/m²·K〕（表 2·3，表 2·4）．

A は壁面積〔m²〕

ただし，壁面積は外壁の場合は，幅×階高で，内壁の場合は，幅×天井高とする．

Δt は温度差〔K〕

ただし，外壁の温度差は，日射の影響を加味した値（実効温度差）（表 2·5）を用い，内壁の温度差[1]は，隣室との温度差÷2 とし，窓の温度差は，外気温度と室内温度の差とする．

b) 窓ガラスを通過して侵入する日射による取得顕熱負荷 Q_{2s}〔W〕

$$Q_{2s}=A_W \cdot SC \cdot S \quad \cdots\cdots\cdots [2-8]$$

ここで，A_W は窓の面積〔m²〕

SC はブラインドの影響を考慮に入れる遮蔽係数〔－〕（表 2·6）．

S は標準日射熱取得〔W/m²〕（表 2·7）．

c) 照明によって室に放出される取得顕熱負荷 Q_{3s}〔W〕

$$Q_{3s}=1.2 \cdot 蛍光灯の消費電力の合計 \cdot 使用時間率 + 1.0 \cdot 白熱灯の消費電力の合計 \cdot 使用時間率 \quad \cdots\cdots\cdots [2-9]$$

d) 器具によって室に放出される取得顕熱負荷 Q_{4s}〔W〕

$$Q_{4s}=\Sigma（消費電力×使用時間率） \quad \cdots\cdots\cdots [2-10]$$

e) 人間によって室に放出される取得顕熱負荷 Q_{5s}〔W〕

$$Q_{5s}=H_s \cdot 在室人員数 \quad \cdots\cdots\cdots [2-11]$$

ここで，H_s は体表面から対流，放射により放出される熱量〔W/人〕（表 2·8）．

f) 人間によって室に放出される取得潜熱負荷 Q_{5L}〔W〕

$$Q_{5L}=H_L \cdot 在室人員数 \quad \cdots\cdots\cdots [2-12]$$

ここで，H_L は発汗，呼気により放出される熱量〔W/人〕（表 2·8）．

---

[1] 隣室が同じ室内条件で空調されていれば熱の出入りがないから，温度差＝0 となる．

2章 空気調和設備　25

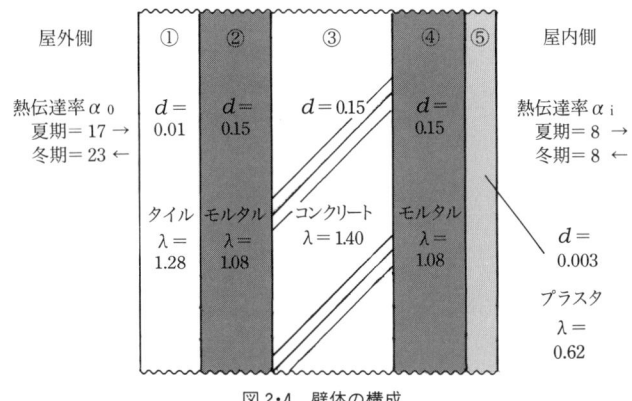

図2・4　壁体の構成

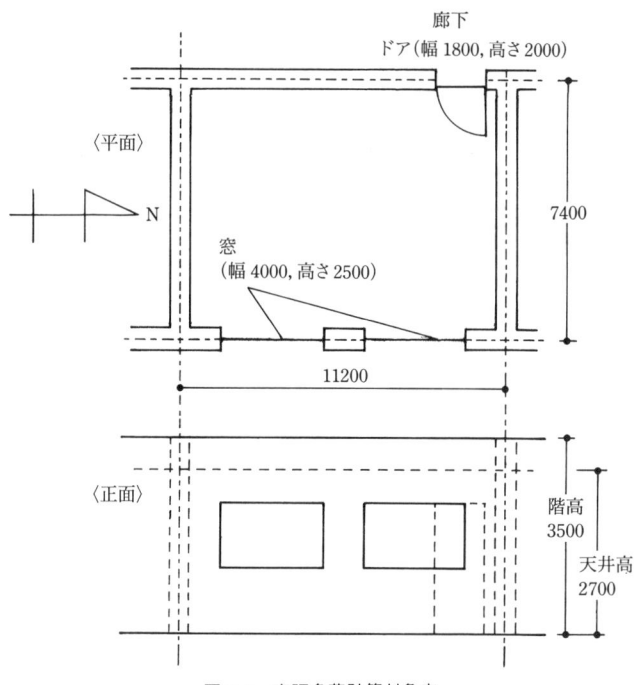

図2・5　空調負荷計算対象室

a) 地域　東京地方と仮定する．
b) 最上階の事務室で隣室，廊下，および階下は空調されている．
c) 冷房時

外気条件	乾球温度	32.6 ℃
	露点温度	24.9 ℃
	相対湿度	63.5%
	絶対湿度	0.0198 kg/kgDA
室内条件	乾球温度	26.0 ℃
	露点温度	14.6 ℃
	相対湿度	50%
	絶対湿度	0.0105 kg/kgDA

d) 暖房時

外気条件	乾球温度	0.6 ℃
	相対湿度	34.0%
	絶対湿度	0.0013 kg/kgDA
室内条件	乾球温度	22.0 ℃
	相対湿度	50%
	絶対湿度	0.0081 kg/kg

g）すきま風が室に持ち込む取得顕熱負荷　Q_{6s}〔W〕

$$Q_{6s} = 0.28^{1)} \cdot G_6 \cdot \Delta t \qquad\qquad [2-13]$$
$$= 0.34^{2)} \cdot Q_6 \cdot \Delta t \qquad\qquad [2-14]$$

ここで，G_6 はすきま風の風量〔kg/h〕（表2・9）．

Q_6 はすきま風の風量〔m³/h〕（表2・9）．

Δt は室外と室内空気の温度差〔K〕

h）すきま風が室に持ち込む取得潜熱負荷　Q_{6L}〔W〕

$$Q_{6L} = 695^{3)} \cdot G_6 \cdot \Delta x \qquad\qquad [2-15]$$
$$= 834^{4)} \cdot Q_6 \cdot \Delta x \qquad\qquad [2-16]$$

ここで，Δx は室外と室内空気の絶対湿度差〔kg/kg (DA)〕

i）換気の外気が室に持ち込む取得顕熱負荷　Q_{7s}〔W〕

$$Q_{7s} = 0.28^{1)} \cdot G_7 \cdot \Delta t \qquad\qquad [2-17]$$
$$= 0.34^{2)} \cdot Q_7 \cdot \Delta t \qquad\qquad [2-18]$$

ここで，G_7 はすきま風の風量〔kg/h〕

Q_7 はすきま風の風量〔m³/h〕

在室人員1人当たり25.5 m³ を見込めばよい．

Δt は室外と室内空気の温度差〔K〕

j）換気の外気が室に持ち込む取得潜熱負荷　Q_{7L}〔W〕

$$Q_{7L} = 695^{3)} \cdot G_7 \cdot \Delta x \qquad\qquad [2-19]$$
$$= 834^{4)} \cdot Q_7 \cdot \Delta x \qquad\qquad [2-20]$$

ここで，Δx は室外と室内空気の絶対湿度差〔kg/kg (DA)〕

【例題2・1】　図2・4に示す外気に面する側より，①タイル (10 mm)，②モルタル (15 mm)，③普通コンクリート (150 mm)，④モルタル (15 mm)，⑤プラスタ (3 mm)，で構成される壁体の壁体の熱通過率 K〔W/m²・K〕を求めよ．

【解】

$$K = \cfrac{1}{\cfrac{1}{\alpha_0} + \Sigma \left(\cfrac{d}{\lambda}\right) + \cfrac{1}{\alpha_i}} \qquad\qquad [2-21]$$

によって計算する．

ここで，α_0＝壁外側の熱伝達率〔W/m²・K〕

α_i＝壁内側の熱伝達率〔W/m²・K〕

d＝厚さ〔m〕

λ＝熱伝導率〔W/m・K〕

【答】　K（夏期）＝3・02 W/m²・K，K（冬期）＝3・16 W/m²・K となる．

---

1) W・h/(kg・K)
2) W・h/(m³・K)
3) W・kg(DA)・h/(kg)²
4) W・kg(DA)・h/kg・m³

表 2・10 冷房負荷計算書

構造の種別	方位	伝熱の区別	顕熱・潜熱の別	面積	熱通過率	時刻					
						12 時		14 時		16 時	
						温度差	熱量	温度差	熱量	温度差	熱量
外壁	東	通過	顕熱	19.2	3.17	14.9	907	12.4	755	10.9	663
外壁(屋根)	水平	通過	顕熱	82.88	1.46	21.4	2590	27.2	3291	28.2	3412
窓ガラス	東	通過	顕熱	20.0	3.50	6.6	462	6.6	462	6.6	462
	東	放射	顕熱	20.0		S＝50 SC＝0.56	560	S＝45 SC＝0.56	504	S＝33 SC＝0.56	370
照明			顕熱				2070		2070		2070
人間			顕熱				935		935		935
			潜熱				1088		1088		1088
室内負荷の集計			顕熱				7524		8017		7912
			潜熱				1088		1088		1088
			合計				8612		9105		9000
外気負荷の集計			顕熱				974		974		974
			潜熱				3366		3366		3366
			合計				4340		4340		4340

表 2・11 暖房負荷計算書

構造の種別	方位	伝熱の区別	顕熱・潜熱の別	面積	熱通過率	時刻					
						12 時		14 時		16 時	
						温度差	熱量	温度差	熱量	温度差	熱量
外壁	東	通過	顕熱	19.2	3.16	21.4	1298	21.4	1298	21.4	1298
外壁(屋根)	水平	通過	顕熱	82.88	1.76	21.4	3122	21.4	3122	21.4	3122
窓ガラス	東	通過	顕熱	20.0	3.70	21.4	1584	21.4	1584	21.4	1584
室内負荷の集計			顕熱				6004		6004		6004
			潜熱				0		0		0
			合計				6004		6004		6004
外気負荷の集計			顕熱				3158		3158		3158
			潜熱				2461		2461		2461
			合計				5619		5619		5619

【例題 2・2】 図 2・5 に示す空調負荷計算対象室について，
    1) 冷房時の室内負荷を求めよ．
    2) 冷房時の外気負荷を求めよ．
    3) 暖房時の室内負荷を求めよ．
    4) 暖房時の外気負荷を求めよ．

【解】

a) 床面積を計算する．

    7.4 m×11.2 m＝82.9 m²

b) 室容積を計算する．

    82.9 m²×2.7 m＝223.8 m³

c) 在室人員数を計算する．

    0.2〔人/m²〕×82.9 m²＝16.5 人　切り上げて 17 人とする．

d) 照明用 W 数を計算する．

    25〔W/m²〕× 82.9 m²＝2070W

e) すきま風量を計算する．

    表 2・9 より換気回数 n を 1.5 とする．

    1.5 ×223.8 m³＝335.7 m³/h

g) 外気取入量を計算する．

    在室人員 1 人当たり 25.5 m³ として，

    25.5 m³×17 人＝434 m³/h

h) e) と g) を比較すると，外気取入れ量がすきま風量より大きいので，すきま風については無視してよい．

【答】

1) 冷房時の室内負荷は，表 2・10 に示すように室内顕熱負荷の合計が 8017W，室内潜熱負荷の合計が 1088W となる．

2) 冷房時の外気負荷は，表 2・10 に示すように外気顕熱負荷の合計が 974W，外気潜熱負荷の合計が 3366W となる．

3) 暖房時の室内負荷は，表 2・11 に示すように室内顕熱負荷の合計が 6004W となる．

4) 暖房時の外気負荷は，表 2・11 に示すように外気顕熱負荷の合計が 3158W，外気潜熱負荷の合計が 2550W となる．

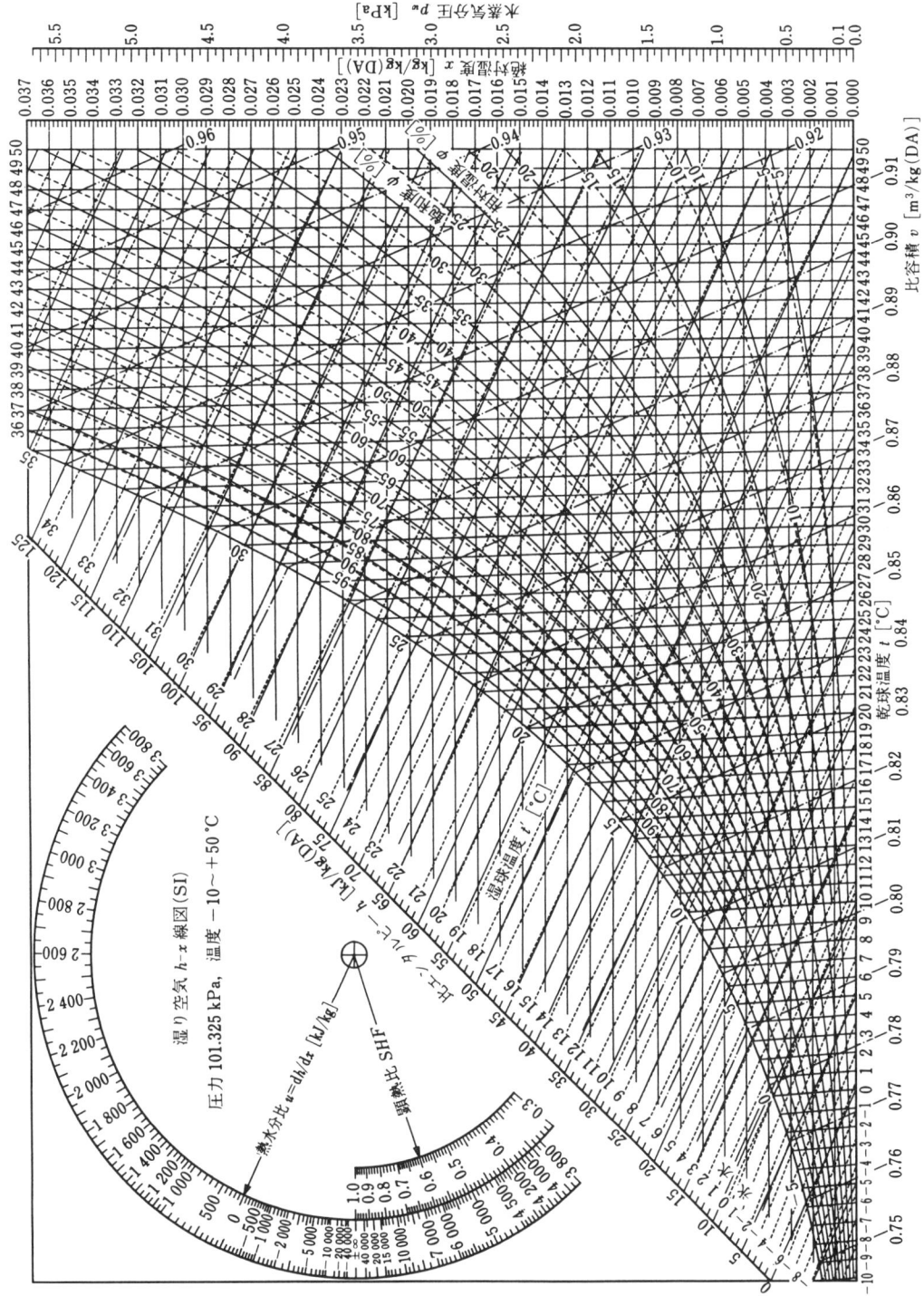

図 2・6 湿り空気線図
(空気調和・衛生工学会編『空気調和・衛生工学便覧』12版基礎編,藤田稔彦作成より)

《5》 湿り空気線図

1) 乾き空気と湿り空気

空気の状態が水蒸気を含むか，含まないかによって区別し，水蒸気を含まない状態を乾き空気，含む状態を湿り空気という．私たちが通常接している空気は湿り空気である．

地表近くの空気中に通常含まれている水蒸気量は，質量比で約1〜2％，最大で約4％程度であるが，空気のもつ熱量については，水蒸気量がその占める割合よりも大きく影響する．

2) 湿り空気の状態量

湿り空気の状態は，次の各値を用いて表わされる．

a) 全圧力 P 〔kPa〕　乾き空気の有する分圧と水蒸気の有する分圧の和．
b) 乾球温度 t 〔℃〕　温度計の感熱部を乾いた状態で計った温度．
c) 湿球温度 t' 〔℃〕　温度計の感熱部を湿らせた状態で計った温度．
d) 絶対湿度 x 〔kg/kg (DA)〕[1]　乾き空気 1 kg に含まれている水蒸気の質量 x kg．
　絶対湿度 x 〔kg/kg (DA)〕の湿り空気とは，乾き空気 1 kg と水蒸気 x kg の状態である．
e) 飽和（湿り）空気　相対湿度 ϕ＝100％の状態の湿り空気．
　乾き空気の相対湿度は ϕ＝0％となる．
f) 相対湿度 ϕ 〔％〕　湿り空気の水蒸気分圧と同じ温度の飽和空気の水蒸気分圧の割合．
g) 露点温度 t'' 〔℃〕　湿り空気を冷却していき，飽和空気となった時の温度．
h) エンタルピ i 〔kJ/kg〕　空気が有する内部エネルギーとその仕事を熱に換算した量の和，空気がその状態において有する全熱量と考えてよい．

3) エンタルピの状態式

乾球温度 t 〔℃〕，絶対湿度 x 〔kg/kg (DA)〕の湿り空気の保有するエンタルピ i 〔kJ/kg〕は，乾き空気 1 kg と水蒸気 x kg のエンタルピの合計であるから，次式で求められる．

$$i = 1.006t + (2501 + 1.846t) x \text{〔kJ/kg〕} \qquad [2-22]$$

ここで，1.006：乾き空気の定圧比熱〔kJ/kg・kg (DA)・k〕
　　　　2501：水蒸気の蒸発潜熱〔kJ/kg〕
　　　　1.846：水蒸気の定圧比熱〔kJ/kg・K〕

4) 湿り空気線図

湿り空気線図とは，全圧力が一定の湿り空気について，状態値のうちの二つ（たとえば乾球温度と相対湿度）が既知であれば，他の状態値を求めることができるように作成した線図のことで，代表的な例として図 2・6 に示す絶対湿度と比エンタルピを斜交座標で描いた $h-x$ 線図がある．

【例題 2・3】　〈1〉乾球温度 t＝28 ℃，〈2〉湿球温度 t'＝23 ℃ の湿り空気の状態値を求めよ．
【解】　図 2・7 に示すように，
　①相対湿度 ϕ＝65％，②絶対湿度 x＝0.016 kg/kg (DA)
　③水蒸気分圧 h＝2.48 kPa，④露点温度 t''＝21 ℃，
　⑤エンタルピ i＝68 kJ/kg，⑥比容積 v＝0.875 m³/kg，となる．

---

[1] 乾き空気であることを示すために付記する．Dry Air の略．

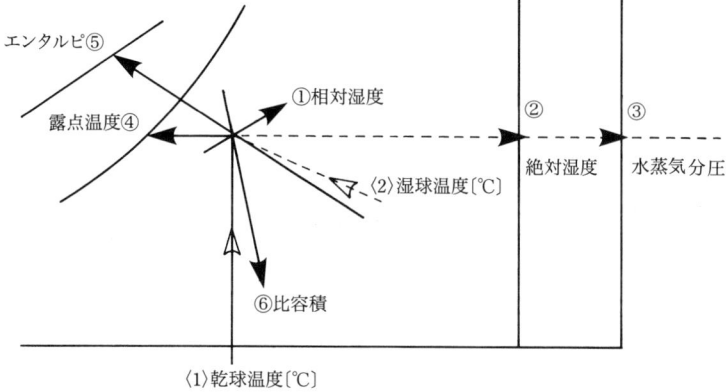

図 2・7　湿り空気の状態値の求め方

◎コラム　混合点

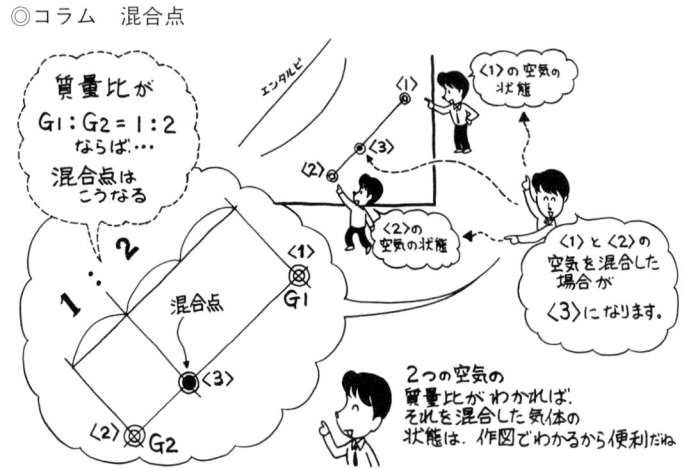

◖6◗ 冷暖房の基本プロセス

1) 混合

⟨1⟩の状態の空気（G_1, t_1, i_1, x_1）と⟨2⟩の状態の空気（G_2, t_2, i_2, x_2）を混合して，⟨3⟩の状態の空気（G_3, t_3, i_3, x_3）にすると，質量と熱量について式[2-23]の関係が成立するので，混合後の空気のエンタルピと絶対湿度は式[2-24]で示される．

$$\begin{cases} G_1 + G_2 = G_3 \\ G_1(1+x_1) + G_2(1+x_2) = G_3(1+x_3) \\ G_1 i_1 + G_2 i_2 = G_3 i_3 \end{cases} \quad \cdots\cdots [2-23]$$

$$i_3 = \frac{i_1 G_1 + i_2 G_2}{G_3}, \quad x_3 = \frac{x_1 G_1 + x_2 G_2}{G_3} \quad \cdots\cdots [2-24]$$

空気線図では図2・8(a)で示される動きとなる．

2) 加熱

水蒸気量の変化を伴なわない加熱では，空気の絶対湿度xは変化しないので，図2・8(b)[⟨1⟩→⟨2⟩]に示されるように，絶対湿度xが一定の線上を右方向へ移動する．

3) 冷却

一般に，空気の冷却に用いられるコイルの表面温度は，空気の露点温度より低いので，コイルに接する空気は表面温度と等しくなる．冷却された空気の状態点は点⟨1⟩と点⟨S⟩を結んだ線上にあり，その位置はコイルの有効部分の割合で決まることとなる．空気線図では図2・8(b)[⟨1⟩→⟨3⟩]に示される動きとなり，点⟨1⟩と点⟨3⟩の絶対湿度の差（$x_1 - x_3$）が，冷却コイルで除去される水分量〔kg/kg(DA)〕となる．

4) 加湿

空気に水蒸気を加える加湿時の空気線図における動きは，熱水分比の値で定まる．熱水分比とは，全熱量（エンタルピ）の変化量$\Delta i = i_2 - i_1$と絶対湿度の変化量$\Delta x = x_2 - x_1$の比であり，記号uで表す．

① 温水噴霧による加湿では，水温をt℃すると

$$u = 4.2^{1)} t \quad \cdots\cdots [2-25]$$

② 水蒸気噴霧による加湿では，水蒸気温度をt℃とすると

$$u = 2500^{2)} + 1.846^{3)} t \quad \cdots\cdots [2-26]$$

となり，図2・8(c)の⟨1⟩→⟨4⟩の動きと⟨1⟩→⟨5⟩の動きで表される．

5) 冷房のプロセス

図2・9は冷房のプロセスを示したものである．⟨1⟩は外気の状態点，⟨2⟩は室内よりの還気の状態点を示す．⟨1⟩と⟨2⟩は空調機入り口で混合され，⟨3⟩（冷却器入り口空気）の状態となる．

⟨S⟩は冷却コイルの表面，直線⟨3⟩⟨4⟩は冷却器による冷却・減湿の変化を示す．

⟨4⟩は冷却器出口空気（冷房対象室入り口空気）の状態点を示す．

---

1) 水の比熱　4.2 kJ/(kg・K)
2) 水の蒸発潜熱　2500 kJ/kg
3) 水蒸気の比熱　1.846 kJ/(kg・K)

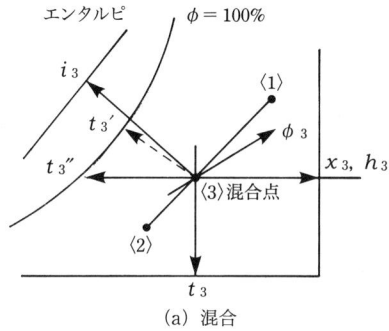

(a) 混合

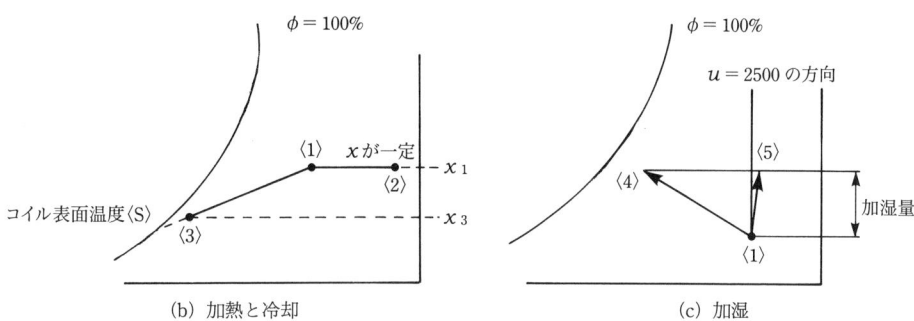

(b) 加熱と冷却　　　(c) 加湿

図 2・8　空気線図での状態値の変化

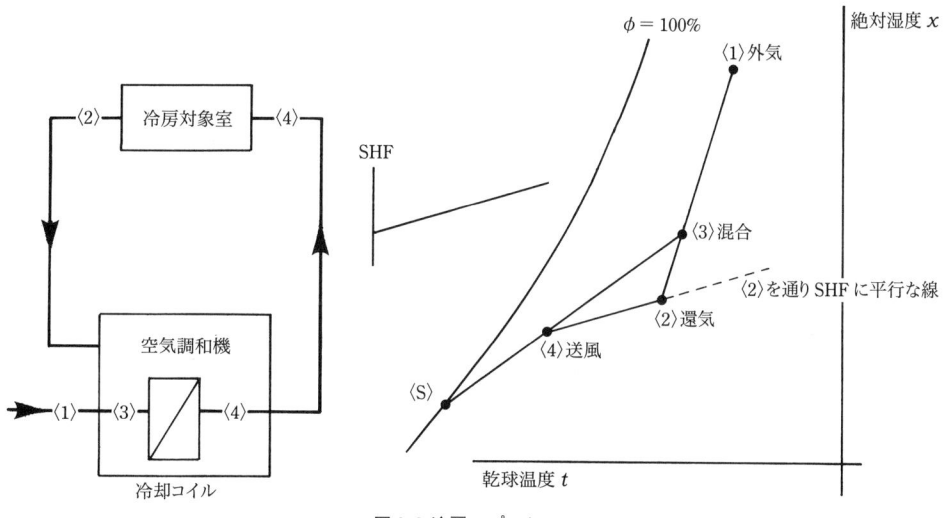

図 2・9　冷房のプロセス

6) 暖房のプロセス

図 2·10 は暖房のプロセスを示したものである．

外気 ⟨1⟩ と室内よりの還気 ⟨2⟩ が混合されて ⟨3⟩（加熱器入り口空気）の状態となる．

絶対湿度 x が一定の状態で加熱され ⟨4⟩（加湿器入り口空気）の状態となる．

循環水噴霧加湿器で ⟨4⟩ → ⟨5⟩ の方向（熱水分比 u の方向）へ加湿・冷却される．

吹出し温度差より送風空気 ⟨5⟩（暖房対象室入り口空気）の状態点が定まる．

【例題 2·4】 次の条件をもとに，冷房装置設計に必要な諸値を求めよ．

『条件』 外気 ⟨1⟩ 乾球温度 33 ℃，露点温度 25 ℃，室内 ⟨2⟩ 乾球温度 27 ℃，相対湿度 50%
室内取得顕熱負荷 q_s＝36000 W，室内取得潜熱負荷 q_L＝12000 W，
外気取入量 G_o＝2500 kg/h，吹出温度差 Δt＝10 K，冷凍機の余裕率 k＝2%
とする．

【解】
a) 送風量 G〔kg/h〕　G＝顕熱負荷÷（比熱×温度差）＝36000÷（0.28×10）＝12860〔kg/h〕
b) 還気量 G_R〔kg/h〕　G_R＝送風量－外気取入量＝12860－2500＝10360〔kg/h〕
c) 顕熱比 SHF　SHF＝顕熱負荷÷（顕熱負荷＋潜熱負荷）＝36000÷（36000＋12000）＝0.75
d) 冷却コイル負荷 q_c〔W〕　q_c＝0.28×G×(i_3－i_4)＝0.28×12860×(61.5－42)＝70220〔W〕
e) 冷凍機容量 q_{RM}〔W〕　q_{RM}＝q_c×(1＋k)＝70220×(1＋0.02)＝71620〔W〕
f) 除湿量 L〔kg/h〕　L＝G×(x_3－x_4)＝12860×(0.013－0.010)＝38.6〔kg/h〕

空気線図での状態変化と状態値を図 2·11 に示す．

⟨1⟩ 外気＋⟨2⟩ 室内＝⟨3⟩ 混合点，⟨4⟩ 送風である．

【例題 2·5】 次の条件をもとに暖房装置設計に必要な諸値を求めよ．

『条件』 外気 ⟨1⟩ 乾球温度 5 ℃，相対湿度 45%，室内 ⟨2⟩ 乾球温度 20 ℃，相対湿度 50%
室内取得顕熱負荷 q_s＝20000 W，室内取得潜熱負荷 q_L＝3000 W
外気取入量 G_o＝1500 kg/h，吹出し温度差 Δt＝8 K
加湿は 60 ℃ の水噴霧，ボイラの余裕率 k＝15% とする．

【解】
a) 送風量 G〔kg/h〕　G＝20000÷（0.28×8）＝8930〔kg/h〕
b) 還気量 G_R〔kg/h〕　G_R＝8930－1500＝7430〔kg/h〕
c) 顕熱比 SHF　SHF＝20000÷（20000＋3000）＝0.87
d) 熱水分比　u＝4.2×60＝252〔kJ/kg〕
e) 加熱コイル負荷 q_H〔W〕　q_H＝0.28×G×(i_4－i_3)＝0.28×8930×(48.5－31.5)＝42510〔W〕
f) ボイラ容量 q_B〔W〕　q_B＝q_H×(1＋k)＝42510×(1＋0.15)＝48890〔W〕
g) 加湿量 L〔kg/h〕　L＝G×(x_5－x_4)＝8930×(0.0076－0.0060)＝14.3〔kg/h〕

空気線図での状態変化と状態値を図 2·12 に示す．

⟨1⟩ 外気＋⟨2⟩ 室内＝⟨3⟩ 混合点，⟨3⟩ → ⟨4⟩ 加熱，⟨4⟩ → ⟨5⟩ 加湿である．

図 2·10　暖房のプロセス

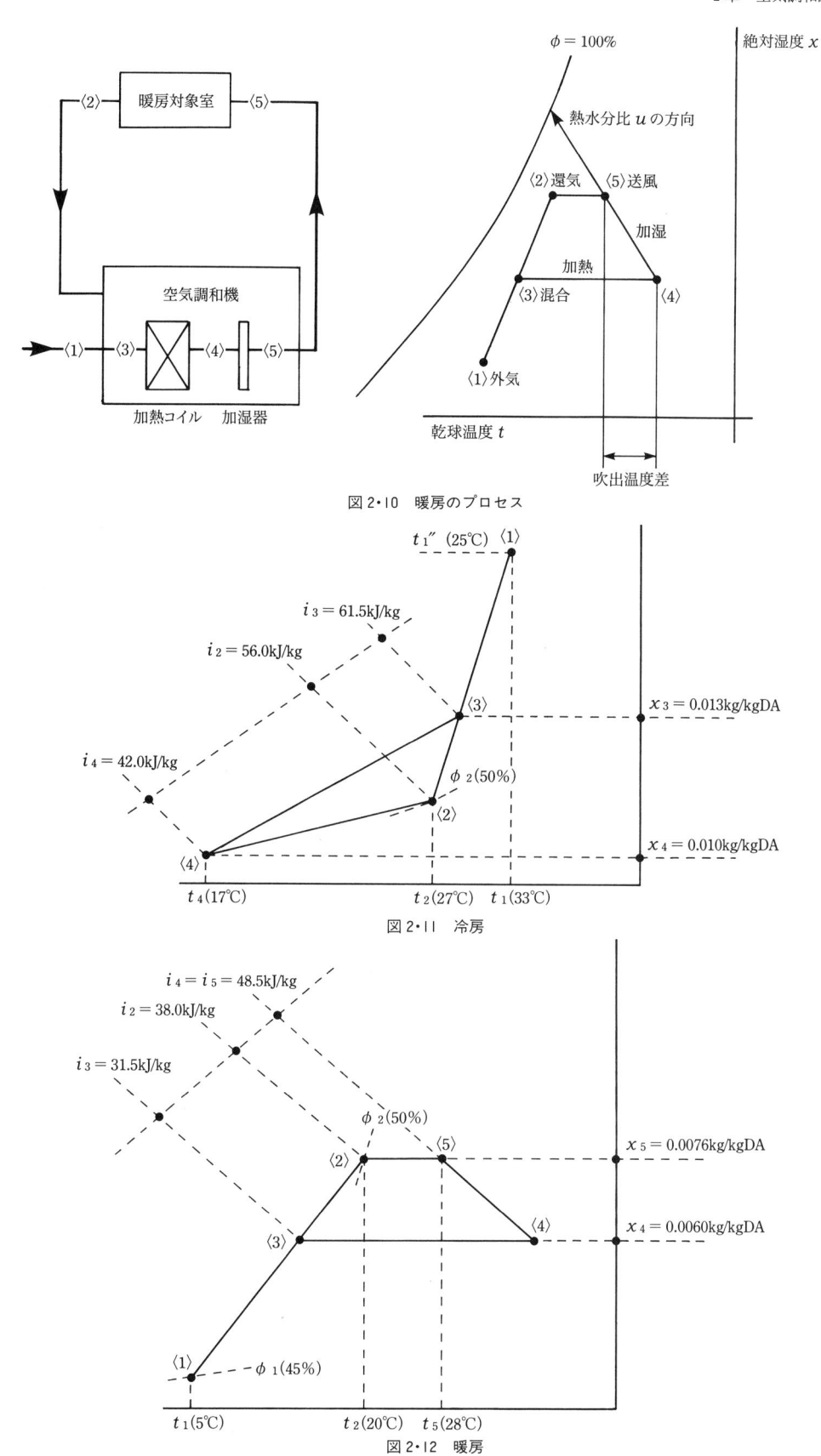

図 2·11　冷房

図 2·12　暖房

2・3　空気調和設備の計画と方式

《1》　空気調和設備の構成

空気調和とは，空気の温度，湿度，気流，清浄度の各要素の調整であり，このうち温度と湿度は熱的機能の調整，気流と清浄度は換気機能の調整にあたる．

熱的機能は，室内への送風空気を冷却，除湿，あるいは加熱，加湿することで，換気機能は，新鮮な外気を取入れ，塵埃，有害物質を除去することで果たされる．

これらの機能を果たすための空調設備には様々な方式があり，その構成も異なるが，最も基本的な全空気式の設備は，図2・13のように構成される．

《2》　空気調和設備の計画

空気調和設備の計画にあたって，検討しなければならない項目には，次のようなものがある．

①空気調和設備の方式
②熱源の方式
③機械室の位置と必要面（容）積
④主要機器の概略仕様
⑤主要ダクトのスペースと経路
⑥主要配管の経路

経済的で建物に適合した空調設備とするためには，初期段階より意匠・構造計画者と密な連携をとって計画を進めることが必要である．また，計画を進めるうえでとくに注意すべき事項を次に示す．

1）　ゾーニング

共通の性質あるいは要素などをもつ部分単位で，空気調和装置の受けもつ範囲を区域分けすることをゾーニングという．代表的なものとして，建築物の方位別の区域分けがある．ある程度以上の規模の建築物においては，図2・14のような「外周部4系統＋内周部1系統」の区域分けを基本とする．この外周部をペリメータゾーン，内周部をインテリアゾーンという．

建築物の外周部は日射や外気温度の変化の影響を大きく受ける．夏期（冷房実施時）において方位別に最大負荷を受ける時刻を考えると，

- 東面では，午前8時ごろに最大の日射を受け，最大負荷となる．
- 南面では，正午前後が最大負荷となる．
- 西面では，西日を受ける午後4時ごろが最大負荷となる．
- 北面では，日射の影響は少なく，外気温度が最高となる午後3時ごろが最大負荷となる．

このように，冷房の最大負荷を受ける時刻は，方位によって異なるので，建築物を方位によって分割し，区域分けすることが合理的である．ただし，建築物の内周部では，常時，照明や人体からの熱取得があり，時刻の影響は少ないので別の系統とする．

2）　年間空調

従来は，一般のビルでは，6月中旬から9月末にかけて冷房運転を，11月下旬から4月上旬までを暖房運転の期間とし，これ以外の中間期は換気運転が普通であった．しかし，建築物の構造材料の変化や窓ガラス面積比の増加により，冷房の期間は次第に延びる傾向があり，年間を通じて，あるいはかなりの期間に渡って冷暖房を行う，年間空調が行われている．

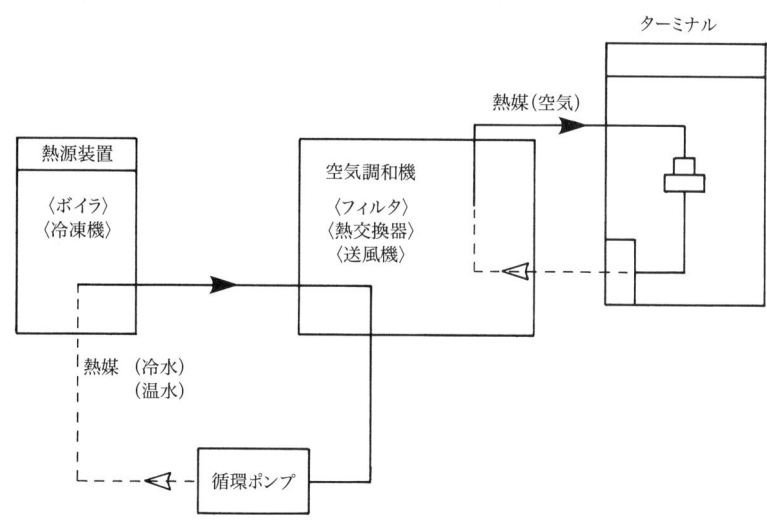

図 2・13 全空気方式の構成

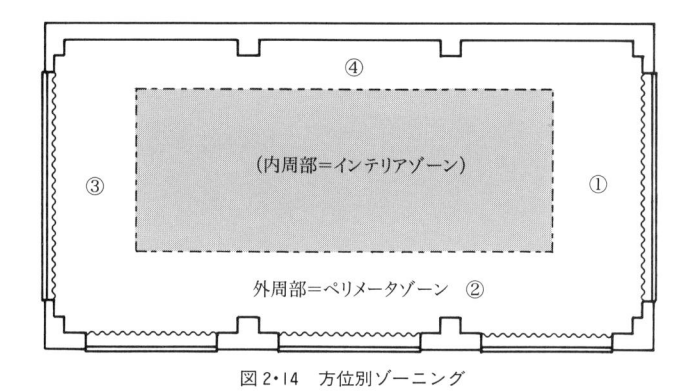

図 2・14 方位別ゾーニング

年間空調では，ターミナルユニットに冷・温双方の熱媒を送る必要があるので，複熱源方式が要求される．

3） 個別制御

方位別ゾーニングは，いわば最大公約数的な区域分けであるため，各室の個々の要求を満たすことは困難である．要求を満たすためには，室温の制御を各ゾーン別に行うのではなく，さらに細分化して室単位や，ターミナルユニット単位で制御する必要が生じる．

4） 省エネルギー

省エネルギーについては，以下の点について注意する必要がある．
　①外気取入れ量の最適化
　②適切なゾーニングの計画
　③エネルギー効率のよい空気調和方式の採用
　④中間期における外気冷房の採用
　⑤排気や照明熱などの回収再利用
　⑥搬送用動力の低減化
　⑦熱源システムの効率化
　⑧室内温度条件の見直し
　⑨自然エネルギーの利用

《3》 空気調和設備の方式

1） 方式の特徴

空気調和方式は，一般的に次のように分類される．

a） 搬送する熱媒体による分類
　①全空気方式〈ダクト方式〉
　②水・空気方式〈ファンコイルユニット＋ダクト併用方式〉
　③水方式〈ファンコイルユニット方式〉
　④冷媒方式〈パッケージユニット方式〉

これらの方式の概略的な特徴を比較すると表2・12のようになる．

とくに多く用いられる全空気方式と水・空気方式の利点の比較を表2・13に示す．

b） 空気調和機の設置方法による分類
　①中央式
　②個別式

c） 制御方法による分類
　①全体制御方式
　②ゾーン制御方式
　③個別制御方式

表2·12 空調方式の比較

方式 項目	全空気方式		水・空気方式	冷媒方式
	定風量	変風量	ファンコイルユニット ダクト併用式	水冷パッケージ ダクト式
設備工事費	～中	中～	～中	～中
運転経常費	～中	小～	小	小
動力費（ファン・ポンプ）	～中	小～	小	小
外気冷房	可能	可能	可能	不可
設備スペース	中～	中～	小	中
個別制御		○	○	
ゾーン制御	○	○	○	
年間運転		○		
設備変更			○	○
保守管理			○	
防災安全性				○
機器寿命	○	○		
ペリメータゾーン	○	◎	◎	
インテリアゾーン	◎	◎		◎

凡例　◎：最適である，○：比較的適している

表2·13 全空気方式と水・空気方式の比較

〈全空気方式の利点〉	〈水・空気方式の利点〉
1) 送風量が多いため，中間期または冬期において外気冷房が可能である． 2) 機器が一括して設置されるので 　1. 室内の有効面積が大きくなる． 　2. 機器・フィルタなどの保守管理に有利である． 　3. 高度の空気清浄，臭気除去，騒音対策が可能である．	1) 送風量が低減できるためダクトの納まりが容易になる． 2) 個別制御が可能である．

2) 定風量単一ダクト方式

定風量単一ダクト方式（CAV[1]）は，図2・15のように機械室に設置した空気調和機からダクトを経由して空気調和用空気を各室に送風する方式で，送風量を定量とするものである．

定風量単一ダクト方式は，空調方式の基本型であり，次のような特徴がある．

a) 利点
①機械，機器類を機械室にまとめて設置できるため，運転・保守管理が容易である．
②機械，機器類から発生する騒音・振動対策が容易である．
③送風量が大きいため新鮮外気の取入れが容易であり，中間期の外気冷房に有利である．
④大空間の空気調和に適する．

b) 欠点
①大規模建物や熱負荷特性の異なる空間に適用すると，温度・湿度のアンバランスを生じ，快適さの維持が困難である．
②ダクトスペース，機械室の必要面積が大きい．
③機械，機器類，およびダクトの経費にコストがかかる．

なお，温度湿度のアンバランスを改善する方式には，表2・14に示す，①ゾーンユニット方式，②ゾーンレヒート方式，③ターミナルレヒート方式，がある．

3) 変風量単一ダクト方式

変風量単一ダクト方式（VAV[2]方式）は，図2・16のようにダクトの末端に設けた変風量ユニットで，室内の熱負荷の変動に応じて送風量を変量させる方式である．

送風量を調節するには，空気調和対象の相違によって，以下の方法が用いられている．
①送風温度は一定とし，負荷変動に応じて送風量を調整する方法．
　この方法は，事務所ビルのインテリアゾーンのように負荷変動の小さい空間に適している．
②送風温度と送風量の両者を負荷変動に応じて調整する方法．
　この方法は，事務所ビルのペリメータゾーンのように負荷変動の大きい空間や換気条件の厳しい空間に適している．

変風量単一ダクト方式には，次のような特徴がある．

a) 利点
①変風量ユニットの設置単位で風量調節ができるので，吹出し風量の調節が容易であり，個別制御ができる．
②風量調節を行うことにより，動力費が低減できる．
③間仕切りの変更や負荷の変化に対応できる．

b) 欠点
①制御ゾーンごとにユニットが必要で，設備費が割高となる．
②最小風量時に外気取入れ確保ができない場合がある．

---

[1] CONSTANT AIR VOLUME
[2] VARIABLE AIR VOLUME

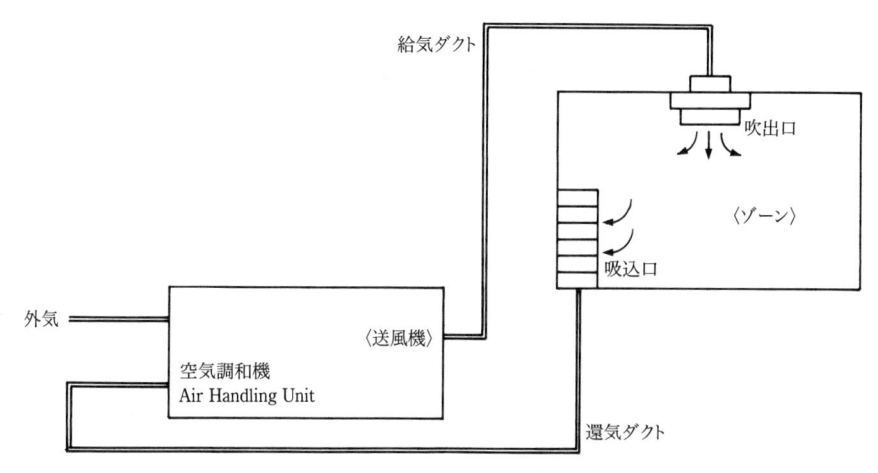

図2・15 定風量単一ダクト方式の構成

表2・14 定風量単一ダクト方式の制御性改善

	①ゾーンユニット式	②ゾーンレヒート式	③ターミナルレヒート式
要点	負荷特性の異なるゾーンごとに空調機を設置する.	空調機は1台設置. ゾーン単位にレヒータ(再熱器)を設ける.	空調機は1台設置. ターミナル単位にレヒータを設ける.
略図	空調機―ゾーンA 空調機―ゾーンB	空調機―再熱器―ゾーンA 　　　―再熱器―ゾーンB	空調機―再熱器―◎ターミナル1 　　　―再熱器―◎ターミナル2 　　　―再熱器―◎ターミナル3 　　　―再熱器―◎ターミナル4
特徴	ゾーンでの制御は良好. 保守管理の経費が増加.	温度制御に優れる. 熱エネルギー的には不利.	高精度の制御ができる. 設備費, 運転経費が増加.

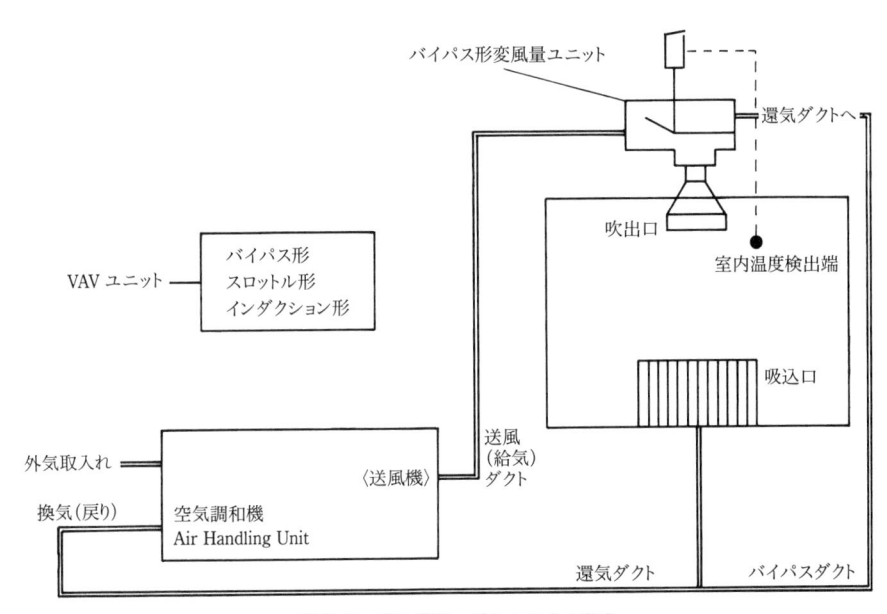

図2・16 変風量単一ダクト方式の構成

4) ファンコイルユニット・ダクト併用方式

　ファンコイルユニット・ダクト併用方式は，図 2・17 のように熱媒体に水を用いるファンコイルユニット設備と熱媒体に空気を用いるダクト設備を設け，同時にあるいは単独に運転を行うもので，大規模な事務所ビルなどに用いられる方式である．ファンコイルユニット設備は，熱負荷変動の大きいペリメータゾーンの構造体負荷やガラス面負荷の処理を，ダクト設備は熱負荷変動の比較的小さいインテリアゾーンの負荷処理と必要外気の供給を受けもたせるよう計画される．

　ファンコイルユニット設備とは，小型キャビネット内に冷却と加熱兼用のコイル（冷温水コイルという），フィルタ，小型送風機を収納した室内用小型空気調和機のことをいい，中央機械室よりユニット内のコイルに冷水（冷房用）または温水（暖房用）を配管によって供給し，キャビネット内の送風機によって室内空気を循環させ，各室の空気調和を行う機器である．

　ファンコイルユニット設備のみを用いる方式は，容量の小さい個別式空気調和機であるため，高度な温湿度条件が求められる場合や清浄度を必要とする空調には不向きである．一般にホテル客室や事務所ビル個室などに用いられる．

　なお，併用方式には次のような特徴がある．

a）利点
　①ファンコイルユニット単位で調節が可能であるから，個別制御ができる．
　②ダクト設備のみの方式と比較して送風量が少ないため，ダクトスペースが小さくできる．

b）欠点
　①ファンコイルユニットが各室ごとに設置されているので，保守管理が繁雑である．
　②単一ダクト方式と比較して送風量が少ないので，浮遊粉塵の処理に劣る．

5) パッケージ方式

　パッケージ方式は，ケーシング内にエアフィルタ，送風機，冷凍機および自動制御機器を収納したパッケージユニットを，単独または複数基設置して空調を行う方式である．冷房専用機が主体であるが，冷暖房に併用可能な機種には，空気熱源ヒートポンプ式（補助ヒータを内蔵する場合もある）が一般に用いられている．

　パッケージ方式は，システムの相違によって次のように区別される．
　①単独設置式
　②ダクト接続式：パッケージユニットに送風用ダクトを接続して，建築物全体またはゾーンを全空気式で空調する方式（図 2・18）．
　③マルチパッケージ式：1 台の屋外ユニットと複数台の屋内ユニットを冷媒配管で連絡する方式（図 2・19）．

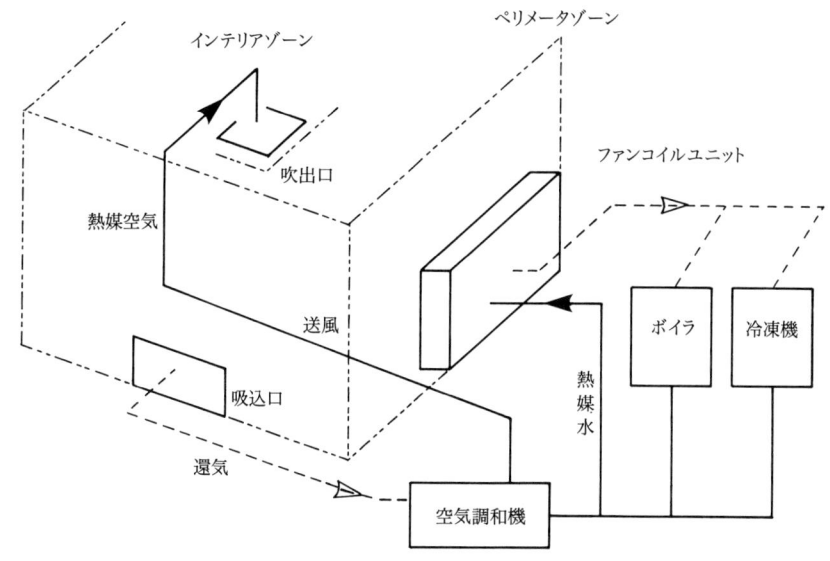

図 2・17 ファンコイルユニット・ダクト併用方式の構成

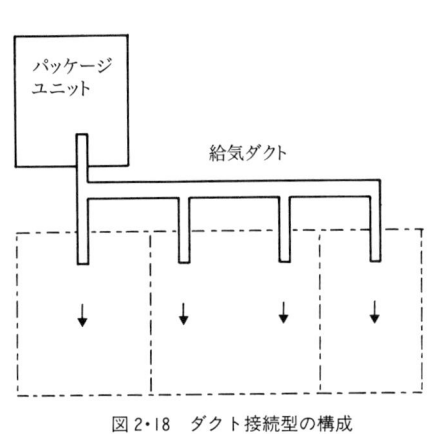

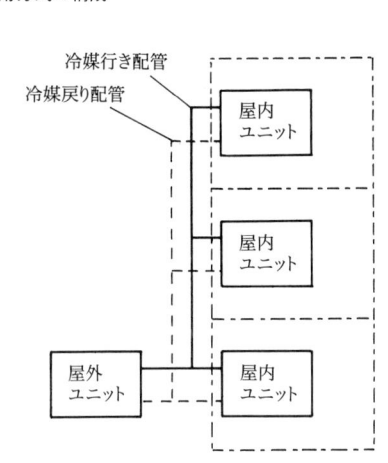

図 2・18 ダクト接続型の構成

図 2・19 マルチパッケージ方式の構成

なお，パッケージ方式には，次のような特徴がある．

a）利点
　①施工が容易で，工期が短い．
　②設備費，運転経費が安くできる．
　③既存建物への追加設置も容易である．
　④取り扱いが簡単で，単独運転も可能である．

b）欠点
　①制御性に劣り，除塵効率も劣る．
　②一般にユニットが分散配置されるため，保守管理が繁雑である．
　③ユニットを室内に設置した場合，騒音・振動が大きく不快感を与える．

6） 放射冷暖房方式

居室の周壁面と在室者との間の放射熱交換は，快適感に大きな影響を与える．この方式は，図2・20のような天井，床などの構造躯体内にあらかじめパイプを埋設しておき，冬期にはパイプ内に温水を流し躯体全体の温度を高め，在室者に放射熱を与え，また夏期には冷水を流して躯体全体の温度を下げ，放射熱を吸収する快適度に優れた方式である．

放射冷暖房方式には，次のような特徴がある．

a）利点
　①快感度に優れている．
　②送風量が少なくてよい．
　③室内に機器を設置しないので，室面積の有効利用ができる．

b）欠点
　①工事が複雑なため，設備費が高価となる．
　②建築構造体の熱容量が大きいため，余熱に時間がかかり，間欠運転には適さない．
　③埋め込みパネルの補修が困難である．

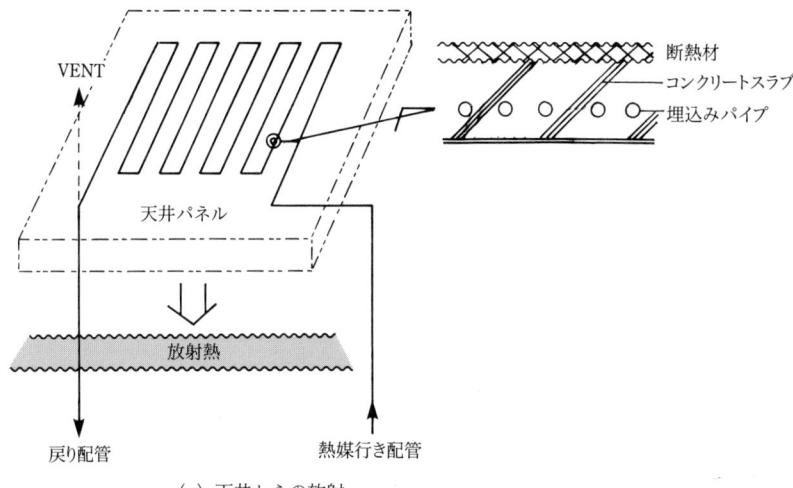

(a) 天井からの放射

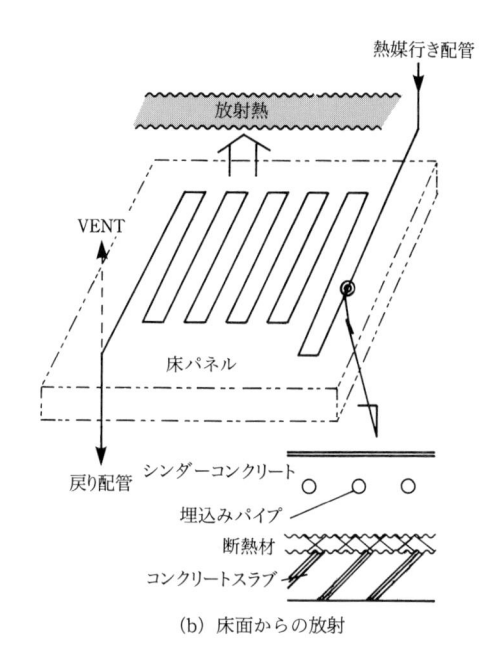

(b) 床面からの放射

図 2・20 放射冷暖房方式の構成

◀4▶ 暖房設備

暖房設備の方式は，図 2・21 に示すように「個別式暖房」と「中央式暖房」に区別できる．

個別式暖房は，ストーブ，ファンヒータ，エアコンなどを用いて居室を暖房する方式である．

中央式暖房には，機械室でつくった温水あるいは蒸気を熱媒として居室へ送水あるいは送気し，放熱器で放熱させる方式である直接暖房と，空気調和機で温風を作り居室へ送風する方式である間接暖房がある．

1） 熱媒の種別による直接暖房の特徴

a） 熱媒に温水を用いる場合

暖房には，放熱器における温水の温度降下による放出顕熱を利用する．

一般には，100 ℃ 程度の温水を放熱器で 10〜20 ℃ 程度，温度を降下させる．

温水暖房は，装置全体の熱容量が大きいため，起動に時間がかかるが，制御性には優れている．

b） 熱媒に蒸気を用いる場合

暖房には，放熱器における蒸気の凝縮による放出潜熱を利用する．

一般には，100〜120 ℃ 程度の低圧蒸気を放熱器で水に状態変化させる．

蒸気暖房は，間欠運転にも対応できるが，制御性には劣る．

なお，図 2・22 に温水暖房の構成と循環方式などを示す．

2） 直接暖房の留意点

直接暖房を計画するにあたっては，次の点に注意する必要がある．

a） 湿度と換気について

冬期の気象は，外気温度が低く相対湿度も低いのが一般である．暖房室内では，温度が高いためさらに相対湿度が低下し，不快感が増加する．加湿器の設置，適度の換気などの配慮が必要である．

b） 暖房室内の温度分布について

暖房室内での気流の動きをみると，放熱器で加熱された空気は上昇し，天井面に沿って移動する．そして，窓ガラスに接触すると，熱損失が大きいので冷却されて降下する．この対流現象により，在室者は頭熱足寒となり不快感を覚えることが多い．不快感を与える原因となる，窓ガラスやすきまによって冷やされ床面をはう気流を，コールドドラフトという．暖房中も快適に過ごすには，コールドドラフトを生じさせない対策が要求される．

c） コールドドラフトの防止方法

① 外壁面からの熱損失を減らす構造とすること．
② すきま風を減らす構造とすること．
③ 放熱器の配置を窓側下部とすること．
④ 送風量を増やし，室内の空気を撹拌（かくはん）すること．

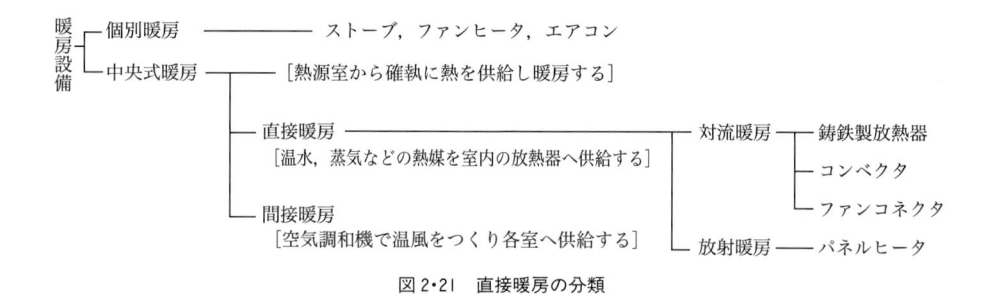

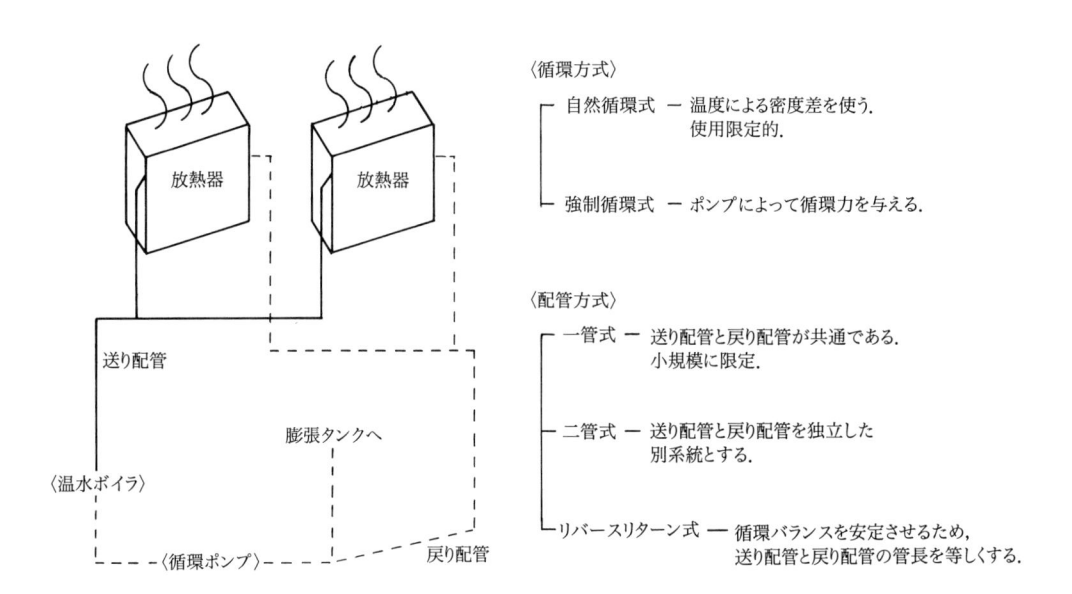

```
暖房設備 ─┬─ 個別暖房 ──────────── ストーブ, ファンヒータ, エアコン
         └─ 中央式暖房 ─┬─ [熱源室から確実に熱を供給し暖房する]
                       ├─ 直接暖房 ─────┬─ 対流暖房 ─┬─ 鋳鉄製放熱器
                       │  [温水, 蒸気などの熱媒を室内の放熱器へ供給する]  ├─ コンベクタ
                       │                              └─ ファンコネクタ
                       └─ 間接暖房       └─ 放射暖房 ── パネルヒータ
                          [空気調和機で温風をつくり各室へ供給する]
```

図 2・21　直接暖房の分類

〈循環方式〉
├─ 自然循環式 ─ 温度による密度差を使う.
│   使用限定的.
└─ 強制循環式 ─ ポンプによって循環力を与える.

〈配管方式〉
├─ 一管式 ─ 送り配管と戻り配管が共通である.
│   小規模に限定.
├─ 二管式 ─ 送り配管と戻り配管を独立した
│   別系統とする.
└─ リバースリターン式 ─ 循環バランスを安定させるため,
                        送り配管と戻り配管の管長を等しくする.

〈供給方式〉
　　上向き式と下向き式に区別される.

図 2・22　温水暖房の構成

2・4　空気調和設備機器と材料

ここでは，空調方式の一つである定風量単一ダクト方式（図2・23）をもとに，それぞれの機器の役割を学ぶ．

中央空気調和機で暖房する場合は，加熱コイルに温水を流し，温まった空気を各室に送る．その温水をつくる装置をボイラという．冷房する場合は，冷却コイルに冷水を流し，冷やした空気を各室に送る．この冷水をつくる装置を冷凍機という．

冷水や温水を循環させるためには，ポンプや配管が必要である．また，新鮮な外気を空気調和機に送ったり，空気調和された給気を各室に送ったり，各室から空気調和機に戻し（還気）たりするために送風機やダクトが必要である．

その他の機器として，より快適な室内環境を求めるため，あるいは熱エネルギーの無駄を省くためにエアフィルタ，加湿器，熱交換器などがある．

◀1▶　熱源設備

1)　ボイラ

ボイラは，温水をつくったり大気圧を超える高圧蒸気を発生させたりする機器である．空調用ボイラには，蒸気ボイラと温水ボイラがあり，それらの種類と特徴を表2・15に示す．

ボイラの容量は，一般に定格出力〔W〕として示されるが，蒸気ボイラの場合は，蒸気の蒸発量〔kg/h〕で示すこともある．蒸発量には，実際蒸発量と換算蒸発量がある．蒸気ボイラにおけるエネルギーと水と蒸気の流れを図2・24に示す．給水量と蒸発量の損失を無視して両者が等しいものと考え，燃料のうちの実際にボイラの水に伝わった熱量を Q〔W〕とすると，次式が成り立つ．

$$Q = G(h_2 - h_1) \quad \cdots\cdots\cdots\cdots\cdots\cdots\cdots\cdots\cdots\cdots\cdots\cdots\cdots\cdots\cdots\cdots\cdots [2-27]$$

G　：実際蒸発量〔kg/h〕
h_1　：給水の比エンタルピ〔kJ/kg〕
h_2　：蒸気の比エンタルピ〔kJ/kg〕

ボイラ効率 η（％）は，次式によって求める．

$$\eta = Q / G_n H \times 100 \quad \cdots\cdots\cdots\cdots\cdots\cdots\cdots\cdots\cdots\cdots\cdots\cdots\cdots\cdots\cdots [2-28]$$

G_n　：燃料消費量〔kg/h〕
H　：燃料の発熱量〔kJ/kg〕（表2・16）

実際蒸発量（G）は，蒸気圧力や飽和蒸気の乾き度，給水温度などの諸条件によって異なるために，客観的な容量を示す換算蒸発量によってボイラの容量を示す場合が多い．実際蒸発量と換算蒸発量の関係は次式で示される．

$$G_e = Q / 2256 \quad \cdots\cdots\cdots\cdots\cdots\cdots\cdots\cdots\cdots\cdots\cdots\cdots\cdots\cdots\cdots\cdots\cdots\cdots [2-29]$$

G_e　：換算蒸発量〔kg/h〕

分母の2256〔kJ/kg〕は，100℃の蒸気の比エンタルピと100℃の水の比エンタルピとの差で，100℃の水の蒸発潜熱である．

なお，ボイラは表2・17に示す付属品によって，温水ボイラとしても蒸気ボイラとしても使用できる．

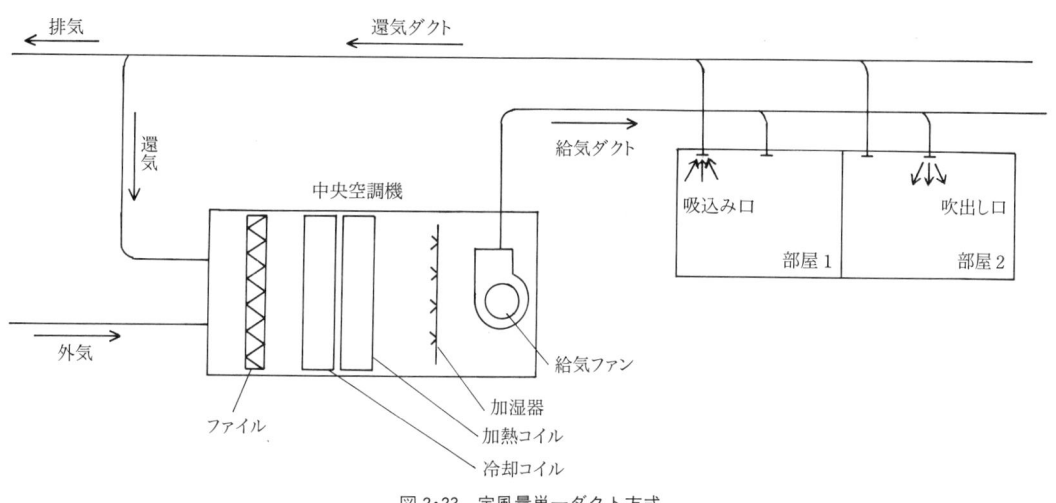

図 2・23 定風量単一ダクト方式

表 2・15 ボイラの種類と特徴

種 類	能 力	特 徴
鋳鉄製ボイラ	蒸気圧力 0.098 MPa 以下 温水 120 ℃ 以下 効率 80〜86％	低圧蒸気と温水用であり，いくつかのセクションを連結しているため，セクショナルボイラとも呼ばれる．分割搬入ができるが，セクション内部の清掃が困難である．取り扱いが容易で寿命も長く，中小規模の建築物に適する．
炉筒煙管ボイラ	蒸気圧力 1.6 MPa 以下 温水 170 ℃ 以下 効率 85〜90％	蒸気容量として 20 t/h 程度まで対応できるので，大規模建築物の高圧蒸気ボイラとして使用できる．保有水量が多いので，負荷変動に対して安定している．空気調和用としては，付属品をつけて，パッケージ形式のボイラとなる．
水管ボイラ	蒸気圧力 0.68 MPa 以上 効率 85〜90％	蒸気容量として 5〜500 t/h，蒸気圧力 14.7 MPa の使用範囲があるため，大規模な病院，ホテルなどの高圧蒸気を多量に必要とするところに適する．水処理が必要で，価格も他のものよりは高価であるが，負荷変動に対して追従性がよい．
小形貫流ボイラ	蒸気圧力 0.98 MPa 以下 効率 75〜90％	保有水量が少なく，始動時間が短い．小型であるが，他の形式に比べ高圧に適している．負荷変動に敏感であるため，高度の制御装置と組み合わせができる．小容量の蒸気ボイラとしての用途が多い．
電気ボイラ	温水 120 ℃ 以下 効率 98％	燃焼による廃ガスがでないので，静粛である．設備費も安く，取り扱いが容易であるが，電力が高価である．深夜電力利用の貯湯式給湯器として用いられている．

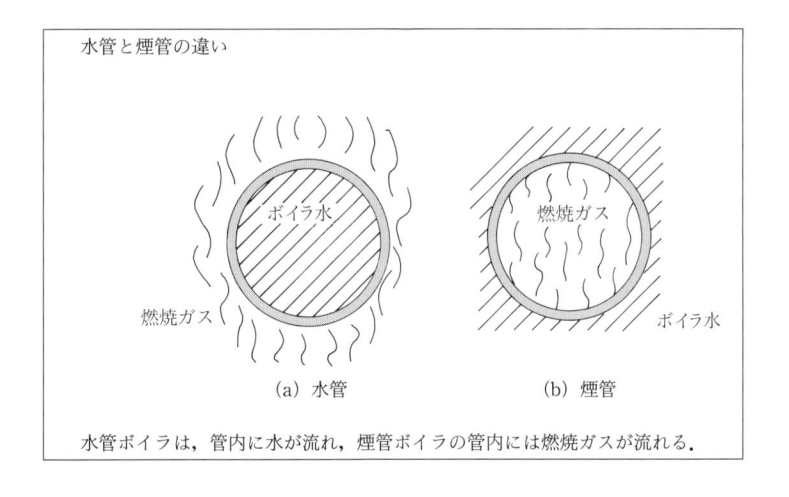

水管と煙管の違い

(a) 水管 (b) 煙管

水管ボイラは，管内に水が流れ，煙管ボイラの管内には燃焼ガスが流れる．

【例題 2・6】 給水温度 15°C（水の比エンタルピは 62.8 kJ/kg とする），蒸気圧力 500 kPa（蒸気の比エンタルピは 2748 kJ/kg とする）のボイラの実際発熱量が 4500 kg/h であるときの，換算蒸発量を求めなさい．また，燃料に A 重油を 350 kg 使用した場合のボイラ効率を求めなさい．

【解】 式 [2-27]，[2-29] を合成すると，$G_e = G(h_2 - h_1)/2256$ となり，それぞれの値を代入すると，換算蒸発量 G_e は

$$G_e = 4500 \times (2748 - 62.8) / 2256 = 5356$$

換算蒸発量は，5356 kg/h となる．

ボイラ効率は式 [2-28] により計算する．ただし，重油の発熱量は，表 2・16 より 41860 kJ/kg とする．

$$\eta = 4500 \times (2748 - 62.8) \times 100 / (350 \times 41860)$$
$$= 82.5$$

【答】 82.5%

2) 冷凍機

冷凍機は，冷水をつくる機器で，原理的に蒸気圧縮式と吸収式に分けられる．冷凍機の能力は，単位時間に奪う熱量〔kW〕で表すが，「冷凍トン(Rt)」という単位も使用される．1 日本制冷凍トン(JRt) とは，0°C の水 1ton (1000 kg) を 1 昼夜，すなわち 24 時間に 0°C の氷にするために必要な冷凍能力のことである．水の凝固熱を 333.2 kJ/kg とすれば，

1JRt = $(333.2 \times 1000) / (24 \times 60 \times 60) = 3.86$ kJ/s = 3.86 kW　(13883 kJ/h である)．

アメリカ制冷凍トン(USRt)は，日本制冷凍トン(JRt)より約 1 割小さい，3.52 kW である．

a) 蒸気圧縮式の冷凍機

蒸気圧縮式冷凍機は，圧縮機，凝縮器，膨張弁(キャピラリーチューブ)，蒸発器の 4 つの部分から構成される．圧縮機の動力には電動機を用い，冷媒にふっ化ハロゲン化水素系（フロン系）のものを用いる．

圧縮式冷凍機の原理は，図 2・25 のように示すことができる．冷媒はまず圧縮機で圧縮され高温高圧のガスになり，次に凝縮器で冷やされて液化する(このとき水で冷やせば水冷式，空気で冷やせば空冷式となる)．次にこの液は膨張弁で減圧され，最後に蒸発器によって周囲から熱を奪って蒸発する(結果として熱を奪われた周囲の温度が下がる)．蒸発した低圧の冷媒ガスは，再び圧縮機にもどる．このような冷媒のサイクルをモリエ線図上に示したものを冷凍サイクルという．

モリエ線図とは，冷媒の圧力を縦軸に比エンタルピを横軸にとり，各部における状態を表したもので，図 2・26 のようにその図上に冷凍サイクルが表される．この冷凍サイクルの冷凍効果，圧縮仕事を基に成績係数を考えると，次のようになる．

成績係数とは，冷凍機の効率を表し，この数値が大きい冷凍機ほど効率がよい．

冷凍効果　$Q_o = h_a - h_d$ 〔kJ/kg〕
圧縮熱量　$A_L = h_b - h_a$ 〔kJ/kg〕
凝縮熱量　$Q = h_b - h_c$ 〔kJ/kg〕（凝縮器の放熱量）
成績係数　$\varepsilon = Q_o / A_L = (h_a - h_d) / (h_b - h_a)$ ……………………………… [2-30]

冷媒循環量がわかれば，冷媒循環量 × 冷凍効果 = 冷凍能力となる．

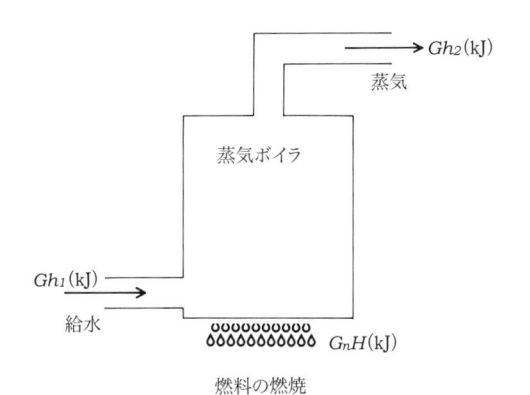

図 2・24　ボイラにおけるエネルギーと物質の流れ

表 2・16　燃料の発熱量

燃料の名称	発熱量 kJ/kg
石炭	23023
灯油	43500
A 重油	41860
B 重油	41441
C 重油	40604
都市ガス	15069
天然ガス	39767
LP ガス	50232

表 2・17　鋼製ボイラの付属品

共通付属品	蒸気用に必要		温水用に必要
給水弁　逆止弁	蒸気止め弁	安全弁	逃し弁
吹出弁　ダンパー	圧力計	水面計	温度計
扉類	水位制御装置	低水位警報装置	水高計

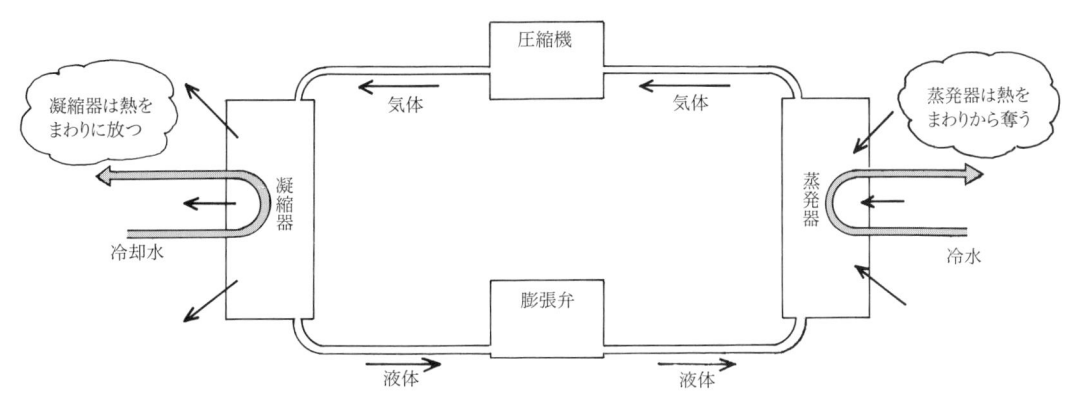

図 2・25　圧縮式冷凍機の原理

冷媒の変化は，圧縮機で高圧になった蒸気が凝縮器に送られ，熱量を放熱して液化する．膨張弁を通過する時に圧力が低下し，蒸発しやすくなり，蒸発器で外部から熱を吸収して蒸発する．

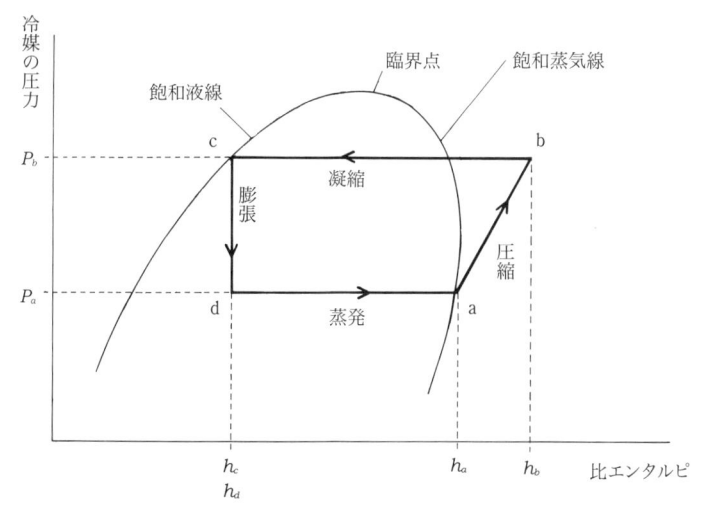

図 2・26　モリエ線図上の冷凍サイクル

実際の冷凍サイクルでは，冷媒が圧縮機，凝縮器などの各機器や配管などの摩擦損失によって，また，外部との熱の損失などから，成績係数は理論値よりも必ず小さくなる．

b) 吸収冷凍機

吸収冷凍機は，再生器，蒸発器，吸収器，凝縮器の4つの部分から構成される．動力のかわりに加熱用の熱源として蒸気や高温水を用い，冷媒に水を，吸収液に臭化リチウム溶液が用いられる．

吸収冷凍機の原理は，図2・27のように表すことができる．吸収液は，吸収器と再生器の間を循環している．冷媒は，蒸発器で蒸発することにより冷凍作用をする．水蒸気は，吸収器で吸収液に吸収され，次に再生器で沸騰し吸収液から水蒸気として放出される．最後に，凝縮器で冷却された水蒸気は液化し，蒸発器で蒸発することを繰り返す．

この理論では，通常，大気圧のもとで水の蒸発温度は100℃であるが，低圧状態になれば蒸発温度が下がることを利用している．たとえば，蒸発温度を2℃とすると，圧力は0.7 kPa（大気圧は，101.325 kPa）である．

吸収冷凍機には，蒸気や高温水を加熱源とする単効用吸収冷凍機と，高温再生器と低温再生器をもち，高圧蒸気や高温水によって高温再生器を加熱し，そこで発生した水蒸気をさらに低温再生器の加熱源とする二重効用吸収冷凍機がある．

c) 直だき吸収冷温水機

直だき吸収冷温水機とは，図2・28のように二重効用吸収冷凍機の加熱源として，ガス，灯油，重油などの燃焼で直接加熱する方式のものである．この方式は，冷水と温水を同時に取り出せるため，ボイラと冷凍機を設置する必要がなく，建築スペースを有効に利用できる．温水の取出し方法には，冷房運転時に冷却水配管から取出すものや，高温再生器内または外部に温水熱交換器を設けて取出すものがある．

d) ヒートポンプ

前述した冷凍サイクルを考えると，凝縮器では水や空気に熱を放出している．この加熱作用を暖房や給湯の熱源に利用するものがヒートポンプである．図2・26の冷凍サイクルでは，凝縮熱量は$Q=h_b-h_c$〔kJ/kg〕であったので，ヒートポンプの成績係数は次のようになる．

$$\varepsilon h = Q/A_L = (h_b-h_c)/(h_b-h_a) = \varepsilon + 1 \quad \cdots\cdots\cdots \text{[2-31]}$$

このように，理論的には冷凍機の成績係数に1を加えた値になるが，蒸発温度と凝縮温度により変わる．一般のエアコンにおいて冷房，暖房の切替えは，図2・29に示す四方弁によって簡単に行うことができる．

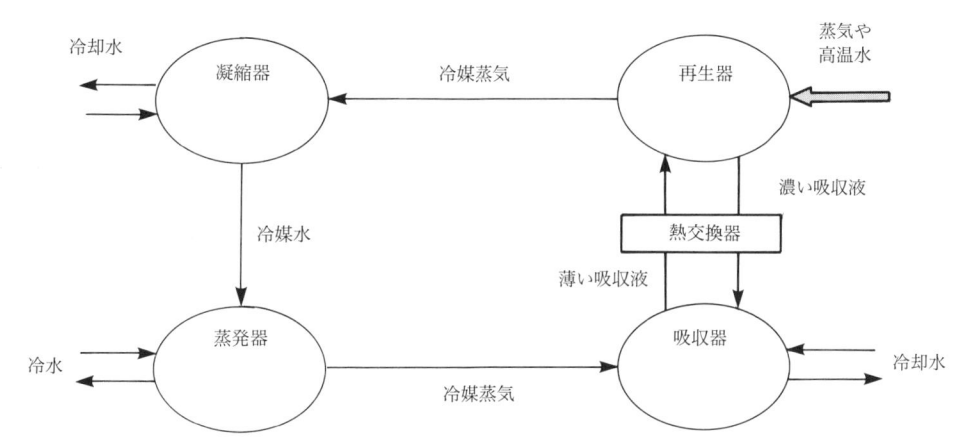

冷凍機内の冷媒は水であり，水が蒸発と凝縮を繰り返している．低温で蒸発させるために，蒸発器内の圧力を下げ，蒸気が飽和状態にならないように吸収液によって水を吸収する．水で薄くなった吸収液の能力を高めるために，熱によって水分を蒸発させ濃い吸収液の状態を保つ．

図2・27　吸収冷凍機の冷凍サイクル

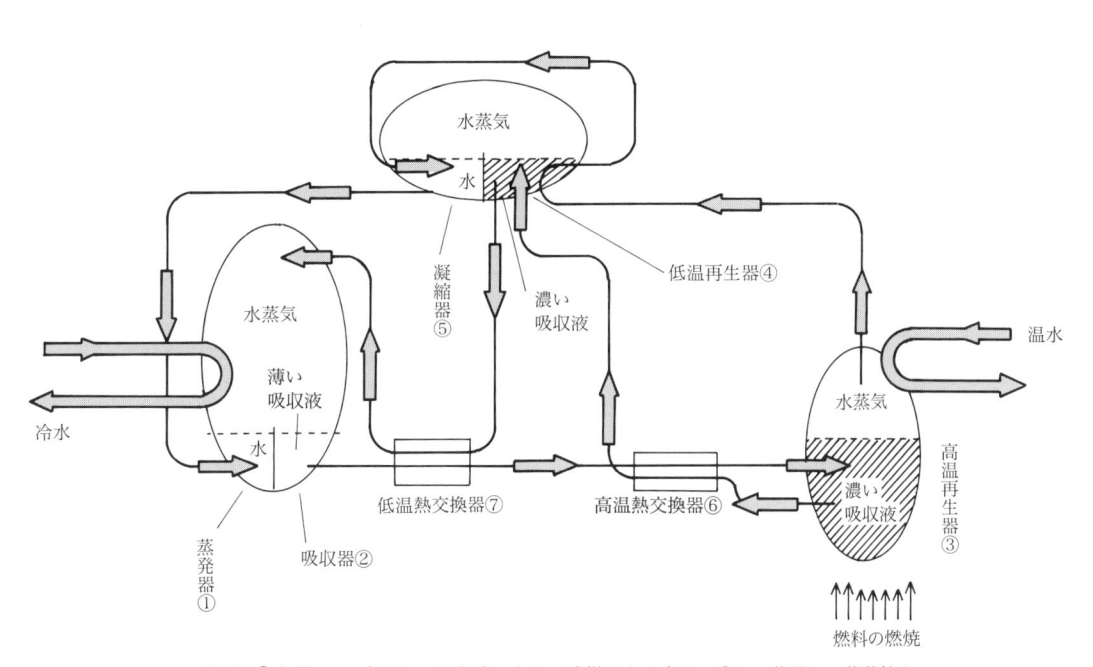

　蒸発器①内は，0.01気圧，5℃程度であり，冷媒である水は，盛んに蒸発し，蒸潜熱を奪うことにより，冷水を得ることができる．吸収器②では，散布された吸収液が，どんどん水蒸気を吸収する．水蒸気を吸収して薄くなった吸収液は，高温再生器③に送られる．加熱され，吸収液は濃縮される．高温再生器内は，0.9気圧，160℃程度である．次に低温再生器④に移る．低温再生器内は，0.1気圧，95℃程度であるので，さらに水蒸気を発生させて，より濃い吸収液となる．濃い吸収液は，低温交換器で冷やされて，吸収器へ送られ散布される．

図2・28　直だき吸収冷温水機

【例題 2·7】 図 2·30 に示す冷凍サイクルの成績係数 ε と，ヒートポンプとした場合の成績係数 ε_h を求めなさい．

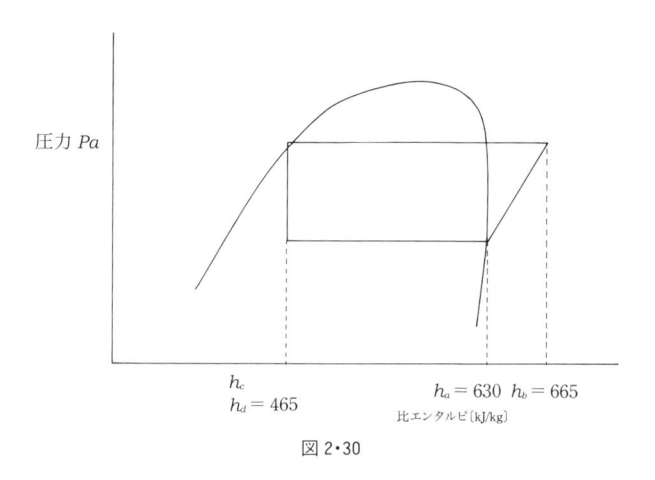

図 2·30

また，冷媒循環量が 4000 kg/h であった場合，冷凍能力は約何冷凍トンか求めなさい．

【解】 式［2-30］より

$\varepsilon = (h_a - h_d) / (h_b - h_a) = (630 - 465) / (665 - 630) = 4.7$

成績係数 ε は，4.7 となる．

式［2-31］より

$\varepsilon_h = (h_b - h_c) / (h_b - h_a) = (665 - 465) / (665 - 630) = 5.7$

成績係数 ε_h は，5.7 となる．

冷凍能力は，冷媒循環量×冷凍効果であるから，

冷凍能力 = 4000 × (630 - 465) = 660000 kJ/h

1 日本制冷凍トンは，13883 kJ/h であるから，660000 / 13883 = 47.5

【答】 47.5 JRt

(2) ポンプと配管

1) ポンプ

ポンプの種類には，図 2·31 のようにターボ形，容積形，特殊形がある．一般にポンプといえば，羽根車の回転によって水に圧力と速度のエネルギーを与え，速度エネルギーを効率よく圧力エネルギーに変換する，ターボ形のことをいう．このポンプには遠心式，斜流式，軸流式があり，表 2·18 のような特徴がある．

a) 全揚程と揚水量

ポンプの能力とは，どれだけの水量を，どの高さまで汲上げることができるかである．そこで，汲上げる水の量を揚水量または吐出し量といい，汲上げることのできる高さを全揚程または汲上げ高さという．全揚程とは，たとえば，実際に 30 m の高さまで水を揚げる場合には，30 m という実際の高さ（実揚程という）の他に管路の抵抗などを加味したものとなる．すなわち，

全揚程＝実揚程＋損失水頭＋速度水頭 ･･･ [2-32]

(a) 冷房　　　　　　　　　　　　　　　(b) 暖房

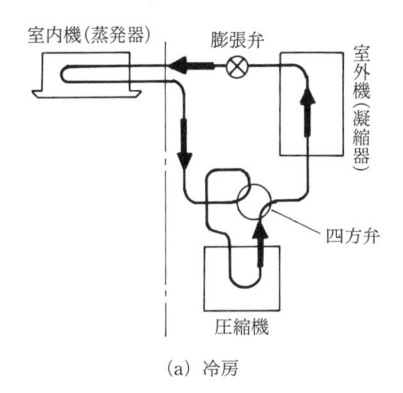

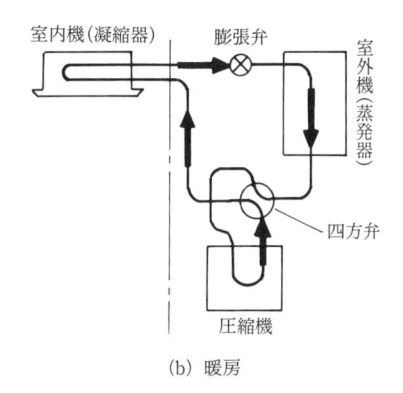

　四方弁を切替えると，図に示すように冷媒の流れが簡単に切りかえられる．したがって，室内機や室外機を移動しなくとも，それぞれの役割を代えることによって，エアコンで夏の冷房，冬の暖房ができる．

図2・29　四方弁の働き

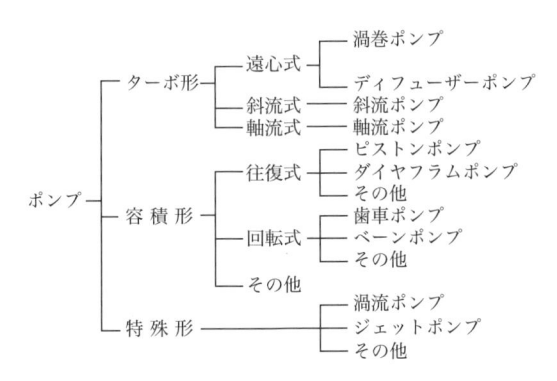

```
              ┌─ ターボ形 ─┬─ 遠心式 ─┬─ 渦巻ポンプ
              │           │         └─ ディフューザーポンプ
              │           ├─ 斜流式 ── 斜流ポンプ
              │           └─ 軸流式 ── 軸流ポンプ
              │
              │           ┌─ 往復式 ─┬─ ピストンポンプ
ポンプ ───────┤           │         ├─ ダイヤフラムポンプ
              ├─ 容積形 ──┤         └─ その他
              │           ├─ 回転式 ─┬─ 歯車ポンプ
              │           │         ├─ ベーンポンプ
              │           │         └─ その他
              │           └─ その他
              │
              └─ 特殊形 ──┬─ 渦流ポンプ
                          ├─ ジェットポンプ
                          └─ その他
```

図2・31　ポンプの分類

表2・18　ポンプの特徴

種　類	遠　心　式		斜　流　式	軸　流　式
	渦巻きポンプ	ディフューザーポンプ		
吐出し量	0.05～50〔m³/min〕		3～200〔m³/min〕	10～500〔m³/min〕
全揚程	5～100〔m〕		2～30〔m〕	1～5〔m〕
ポンプの特性上の特徴	揚程曲線は右下がりのなだらかな曲線となる．ポンプ効率は，水量の広範囲にわたって良い．水量の増大に伴ない軸動力は増加する．	渦巻きポンプと似ているが，ポンプの効率は高く，高効率の水量範囲は狭い．	遠心式と軸流式の中間的な特性を示し，水量の増大に対して，軸動力はあまり変化しない．	揚程曲線が急勾配で，締切り動力が高く，水量の増大に対して，軸動力は低下する．
用　途	給水・揚水用・冷却水・冷温水・給湯・消火・排水・農業用など，用途は広い．	ボイラ給水・鉱山排水など小水量・高揚程に適する．	火力発電所冷却水・農業かんがい・下水排水など中水量・中揚程に適する．	河川排水・農業排水など大水量・低揚程に適する．

となる．ポンプで吸上げて使用する場合に，吸込み側と吐出し側に真空計と圧力計をつけると，それぞれ，

　　　　真空計の読み＝吸込み側実揚程＋吸込み側損失水頭＋吸込み側速度水頭
　　　　圧力計の読み＝吐出し側実揚程＋吐出し側損失水頭

を示す．このポンプの全揚程の関係は図2・32のように表すことができる．

b）　ポンプの特性

　縦軸に揚程と軸動力を，横軸に水量をとり，水量の変化に対する揚程などの変化を示したものをポンプの性能曲線という．図2・33は性能曲線の一例を示したものである．

c）　ポンプの選定

　様々な使用条件があるため，その選定にあたっては，次のような条件を考慮する必要がある．
　(1)運転条件，駆動方法，電源，回転数など
　(2)性能条件，所要水量，全揚程，吸込み揚程など
　(3)液質条件，比重，温度，粘性，腐食性など

　理論的には，所要水量と全揚程を基本とし，ポンプの型式や回転数を決定するために比速度を利用した計算に基づいて，ポンプの型式を求めることができる．しかし，この方法で最適のポンプを決定することは相当の経験を要するため，実用的には図2・34のような型式選定図を使うことが多い．

d）　ポンプの据付けと試運転

　ポンプを据付ける基礎は，コンクリート造とし，荷重や外力に耐えうる強度が必要である．

　振動を防ぐため図2・35のような防振基礎とする．据付位置は，吸水面に対してできるだけ近く設置し，吸込み管は，できるだけ短く，空気だまりができないようにポンプに向かって1/30〜1/100の上り勾配とする．

　試運転調整は，軸受けの注油の確認から始まり，回転むらの有無，グランドパッキンの締めすぎがないか，などを点検する．起動は，弁を閉めた状態で行う．回転方向を確認し，吐出弁を徐々に開いて水量の調整を行う．異常音や異常振動に注意し，軸受け温度が周囲の温度より40℃以上高くならないようにする．キャビテーションやサージング現象が生じていないか注意する．

キャビテーションとサージングとは？

1）キャビテーション
　ポンプなどの内部では，流速の急変や渦流の発生により，局部的に飽和蒸気圧以下の状態となることがある．そのとき，液体から気化して部分的な空洞ができる．この現象を，キャビテーションといい，一般的に羽根車入口部分で起りやすい．ポンプにキャビテーションが起ると，騒音や振動が生じる．

2）サージング
　ポンプなどに外力が働かないのに，吐出量，圧力，回転数などが周期的に変動する現象をサージングという．ポンプや送風機において正規の量より少ない吐出量のときに，起りやすい．下記の条件が当てはまるときに，サージングを起す．
　●揚程曲線が山形で，右上がりの部分で運転するとき
　●吐出配管中に空気溜りがあるとき
　●吐出管の調整弁が空気溜りより下流側にあるとき

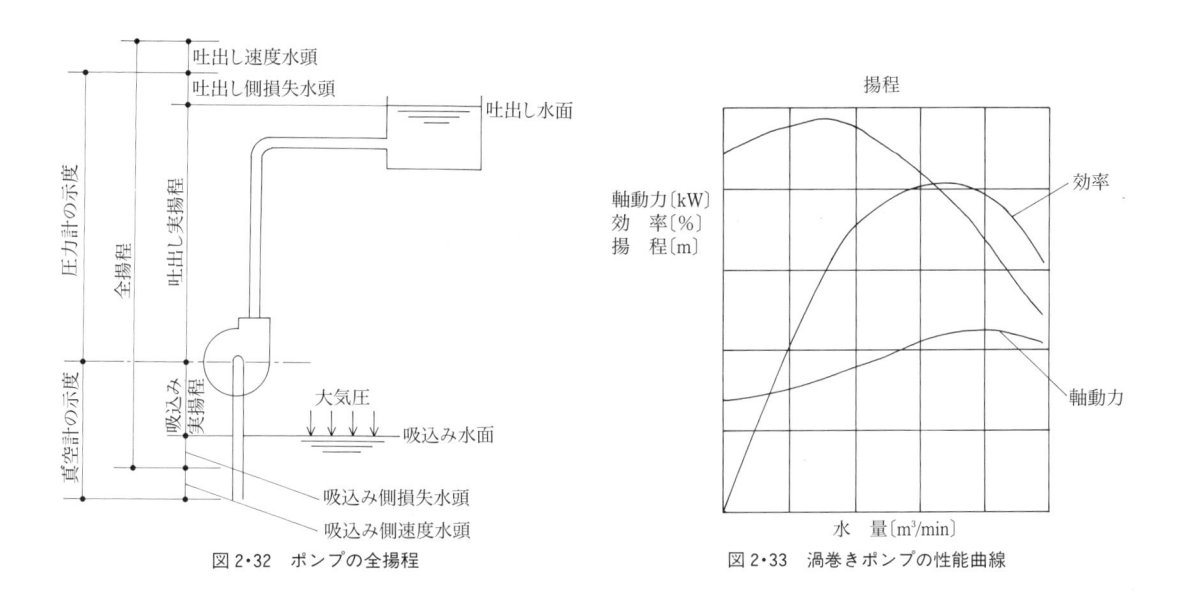

図 2・32　ポンプの全揚程

図 2・33　渦巻きポンプの性能曲線

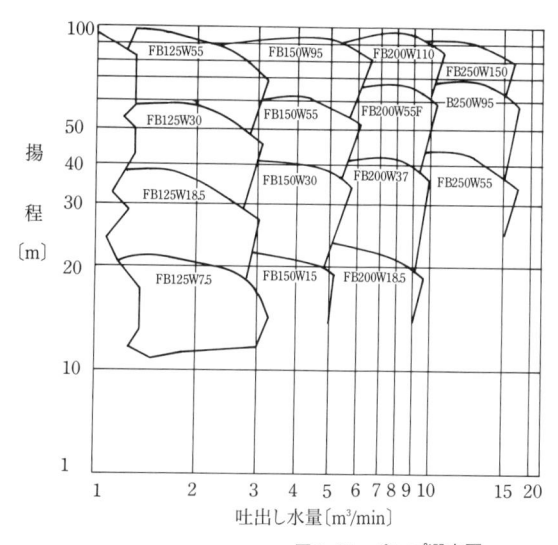

形番表示例

FB125W18.5 とあれば
FB…構造形式
125…口径 125mm
W…60Hz（E は 50Hz）
18.5…電動機 kW

図 2・34　ポンプ選定図

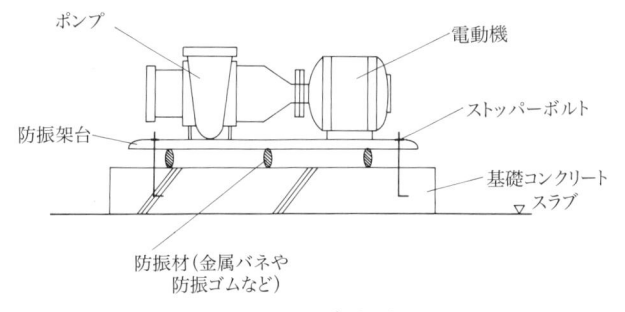

図 2・35　ポンプの据付け例

【例題2・8】 次の条件を満たす片吸込み渦巻きポンプを選定しなさい．

条件　水量 5 m³/min，揚程 30 m

【解】　ポンプ選定図の使い方

【答】　図 2・36 より，

形式 FB，口径 150 mm，

60 Hz 用 30 kW が選定できる．

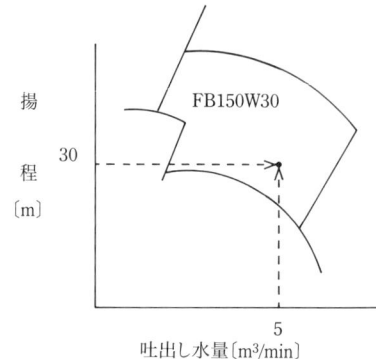

図 2・36　【例題 2・8】のポンプの選定

2) 配管

温水や冷水を空気調和機に循環させるために，ポンプと空気調和機を管で結ぶことを配管するという．材料としての管と管継手，弁類を接合することを配管施工または管工事という．

a) 管

建築設備に用いられる管には，鋼管，鋳鉄管，銅管，鉛管，セメント管，陶管，プラスチック管などがあるが，これらのうち鋼管，プラスチック管が主に用いられる．

主な鋼管には，表 2・19 のようなものが用いられる．配管用炭素鋼鋼管はガス管とも呼ばれ，ガス配管に用いられるが，その他にも多用される．給水用には，錆による赤水を防ぐために亜鉛メッキを施した水道用亜鉛めっき鋼管の他，水道用硬質塩化ビニルライニング鋼管や水道用ポリエチレン粉体ライニング鋼管などの鋼管と樹脂の複合管が，多く用いられている．耐食性や耐熱性を要求される場合には，ステンレス鋼鋼管が適している．

プラスチック管としては，硬質塩化ビニル管とポリエチレン管が主に用いられる．硬質塩化ビニル管には，使用圧力によって管の肉厚の違いがある．また，熱や衝撃に弱いという欠点があるが，耐熱性や耐衝撃性を高めたものもある．

b) 継手・弁類

管の接合方法は，管種により様々である．鋼管には，主に溶接とねじ接合が用いられるが，口径の大きなものにはフランジ接合も用いられる．また，ステンレス鋼鋼管には，圧縮接合やプレス接合があり，それぞれ目的に応じた様々な継手がある．図 2・37 はねじ接合と溶接接合の主なものを示したものである．溶接する継手は，接合しやすいようにベベル角度をつけたベベルエンドとしている．エルボなどの継手の他に，配管の伸縮量を吸収する伸縮継手がある．

弁類の主なものに，仕切弁，玉形弁，逆止弁がある．伸縮管継手としては，ベローズ形伸縮管継手，スリーブ形伸縮管継手，ベンド（曲管）継手，ボールジョイントなどがある．仕切弁は，図 2・38 のように流体の管路を垂直に遮断する弁で，全開か全閉の状態で使用する．これは，全開で使用すると圧力損失が非常に小さいが，半開状態で使用すると，弁体の背面に渦が生じ，圧力損失が大きくなるだけでなく，振動や，弁体腐食の原因ともなるためである．玉形弁は，図 2・40 のように弁箱内の弁体が玉形の弁であり，流体は弁体の下から上に流れ，全開で使用してもある程度の圧力損失はあるが，半開状態でも使用可能で，流量調整用の弁として使用できる．逆止弁は，図 2・41 のように流体を一方向

表 2・19 鋼管の名称と適用範囲

名　　　称	記　号	適　用　範　囲
配管用炭素鋼鋼管	SGP	一般的な蒸気，水，油，ガス，空気などの配管に用いることができる．
水道用亜鉛めっき鋼管	SGPW	使用圧力1MPa以下の水道給水用
圧力配管用炭素鋼鋼管	STPG	350℃以下で，使用圧力が1～10MPaの範囲
高圧配管用炭素鋼鋼管	STS	350℃以下で，10MPaを超える場合
高温配管用炭素鋼鋼管	STPT	350℃を超える場合
一般配管用ステンレス鋼鋼管	SUS−TPD	給水，給湯，排水，冷温水などの一般配管用
配管用ステンレス鋼鋼管	SUS−TP	耐食用，高温用，低温用の配管
水道用硬質塩化ビニルライニング鋼管	SGP−VA など	使用圧力1MPa以下の水道給水用
水道用ポリエチレン粉体ライニング鋼管	SGP−PA など	使用圧力1MPa以下の水道給水用
ポリエチレン被覆鋼管	P	ガス，油，水の地中埋設用

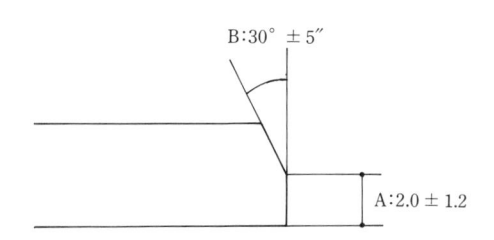

※水道用硬質塩化ビニルライニング鋼管と水道用ポリエチレン粉体ライニング鋼管はJWWA規格，その他はJIS規格

図 2・37　ベベルエンドの形状

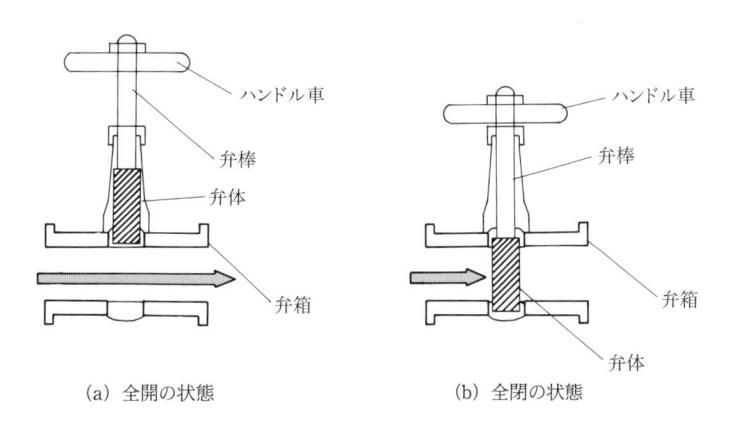

(a) 全開の状態　　　(b) 全閉の状態

図 2・38　仕切弁

のみに流し，逆流を防がなければならない箇所に取付ける弁である．スイング式とリフト式があり，スイング式は角度に関係なく利用できるが，リフト式は水平配管にしか利用できない．

c） 配管

建築設備工事の大半は，各種機器の選定とその機器を結ぶ管工事（いわゆる配管施工，図2・39）が大きなウエイトを占める．また，建築躯体の耐用年数は50〜100年であるが，各管の耐用年数は，はるかに短く10年〜15年で大きな取替え時期を迎える．したがって配管施工は，そのような改修工事に対応できるものでなければならない．

主なものとして，鋼管には，ねじ接合，溶接接合，フランジ接合がある．塩化ビニルライニング鋼管やポリ粉体ライニング鋼管には，小口径の場合のねじ接合と大口径の場合のフランジ接合がある．

その他の樹脂被覆鋼管の接合には，口径や用途によって，ねじ接合，メカニカル接合，溶接接合がある．ステンレス鋼鋼管の大口径における溶接接合やフランジ接合の他に圧縮接合，プレス接合，スナップリング接合などがある．硬質塩化ビニル管にはTS接合（接着剤による接合）があり，ポリエチレン管には熱溶着とメカ継手接合がある．

その他，異種管の接合方法には様々なものがあるが，代表的なものとして，鋼管と銅管，鋼管と硬質塩化ビニル管の例を図2・42に示す．

他にも鋼管と鋳鉄管，鋼管と鉛管，ステンレス鋼管と異質管など組合わせは多い．

(a) 開先加工 　　(b) 継手の取付け

(c) 排水勾配の確認

図2・39　管工事の例

(a) 全開の状態　　　　(b) 全閉の状態

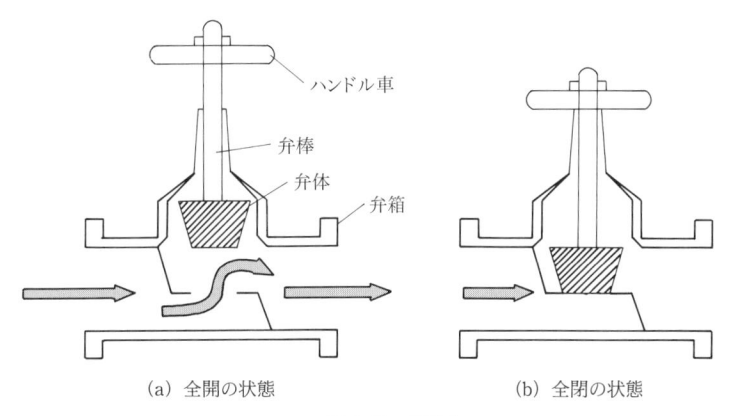

図 2・40　玉形弁

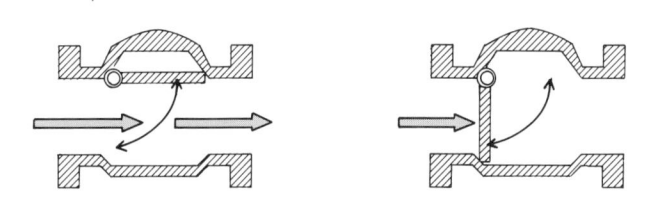

図 2・41　逆止弁（スイング式）

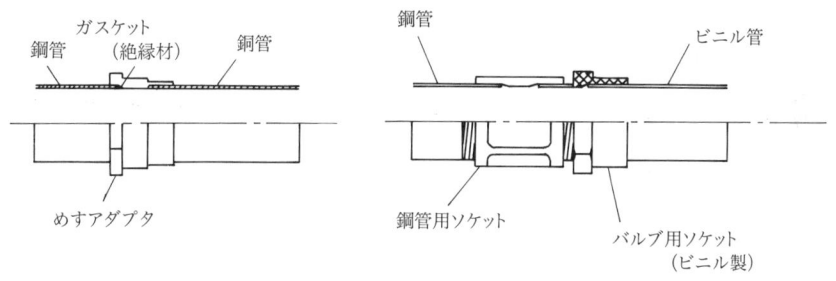

(a) 鋼管と銅管　　　　(b) 鋼管と硬質塩化ビニル管

異種管接続で金属管については，特に，異種金属接触による腐食を注意し，絶縁継手や適切な絶縁材が必要である．

図 2・42　異種管の接続方式

《3》 空気処理装置

1） 熱交換器

熱交換器とは，流体と流体との間で熱の交換を行う機器の総称であり，様々な構造，形式のものがある．熱交換器の選定条件としては，次の点に留意する必要がある．

①構造が簡単であること．
②熱交換効率がよいこと．
③圧力損失が少ないこと．
④耐圧，耐熱および耐食が目的に適していること．
⑤据付け面積が少ないこと．
⑥清掃，補修が容易であること．
⑦安価であること．

一般には，排気する空気と取入れる外気との熱交換が考えられる．これには，図2・43のような全熱交換器が用いられる．全熱交換器は，特殊加工和紙の熱伝達と透湿の性質を利用したもので，特殊加工和紙の仕切板と間隔板で構成されている．給気と排気の通路は別々で，空気の混合はほとんどない．

熱交換器の省エネルギー効果については，図2・44の空気線図での状態変化で示すことができる．

2） エアフィルタ（空気清浄装置）

エアフィルタとは，空気中の塵や埃などを取除く機器であり，空気清浄装置の種類には図2・45のようなものがある．

- 乾式フィルタ：ガラス繊維や合成樹脂の繊維のようなろ過媒体に空気をろ過させる方式のもの．
- 静電集塵器：空気中の粉塵を帯電させて，電気的に吸着除去するもの．
- 粘着式フィルタ：粉塵を粘着油などに浸した金網などに付着させろ過するもの．
- 湿式フィルタ：水や薬品液で洗浄，ろ過するもの．
- 活性炭エアフィルタ：比較的分子量の大きい臭気などを吸着除去するもの．

室内空気の清浄度については，建築基準法の室内環境基準において，浮遊粉じん量で空気$1\,m^3$につき$0.15\,mg$以下と規定している．空気清浄度の非常に高い空間を無塵室（クリーンルーム）という．

クリーンルームの規格には，米国連邦規格があり，1立方フィート中の$0.5\mu m$の粒子数を基準にしている．

3） 加湿器

加湿器とは，室内の湿気を増すために絶対湿度を増加させる機器であり，空気調和機内部において給湿するタイプと直接室内に給湿するタイプがある．ここでは，空気調和機内部において給湿するものを示す．

スプレー形加湿器は，噴霧ノズルで水，温水または低圧蒸気を直接噴霧させるもので，水や温水に$0.1\sim0.3\,MPa$の圧力をかけ，霧状に噴霧する．水や温水噴霧の場合は，空気の温度がかなり下がり，蒸気噴霧の場合は，若干の温度上昇をともなう．この変化を空気線図上で示したものが図2・46である．

その他の加湿器・減湿器について，表2・20に示す．

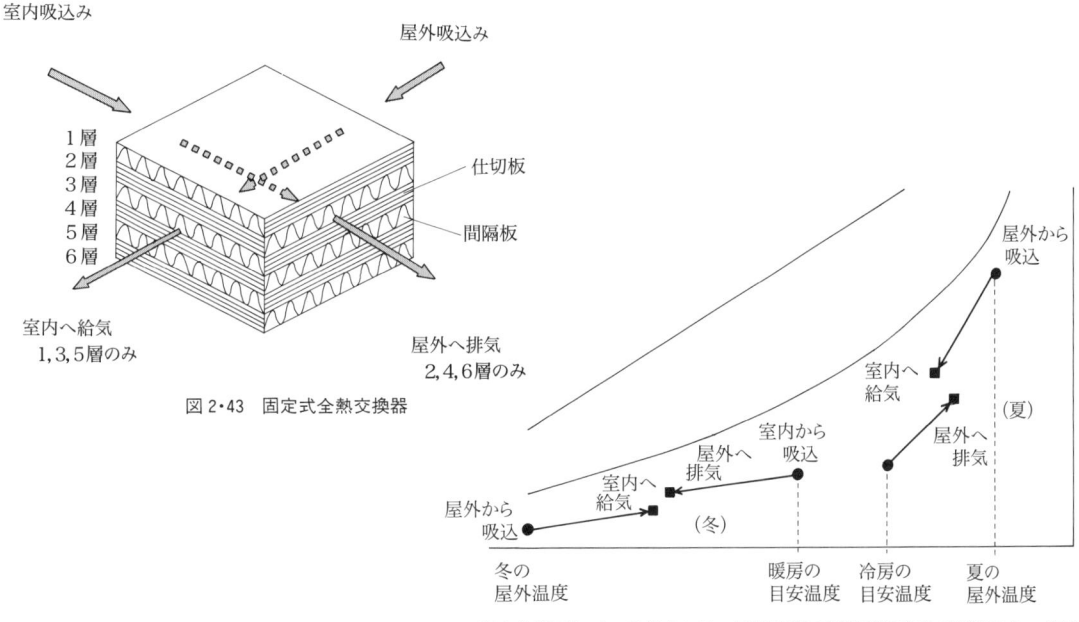

図2・43 固定式全熱交換器

室内吸込み / 屋外吸込み
1層／2層／3層／4層／5層／6層
仕切板
間隔板
室内へ給気 1, 3, 5層のみ
屋外へ排気 2, 4, 6層のみ

室内を冷房している場合には，高温高湿の夏期外気条件が緩和され，室内を暖房している場合には，低温低湿の冬期外気条件が緩和されることにより，冷房負荷や暖房負荷が低減され，それぞれの機器容量が小さくなり，省エネルギー化，省資源化になる．

図2・44 全熱交換器による空気線図上の状態変化

（冬）屋外から吸込／室内へ給気／室内から吸込／屋外へ排気
（夏）屋外から吸込／室内へ給気／室内から吸込／屋外へ排気
冬の屋外温度／暖房の目安温度／冷房の目安温度／夏の屋外温度

- 乾式フィルタ
  - ユニット形
    - パネル形
    - 折込み形
    - 袋形フィルタ
    - 高性能フィルタ
  - 自動巻取形
- 静電式集塵器
  - 電気集塵器
  - ろ材誘電形集塵器
  - 帯電粒子中性化集塵装置
- 粘着式フィルタ
- 湿式フィルタ
  - キャピラリーフィルタ
  - エアワッシャー
- 活性炭エアフィルタ

図2・45 空気清浄装置の分類

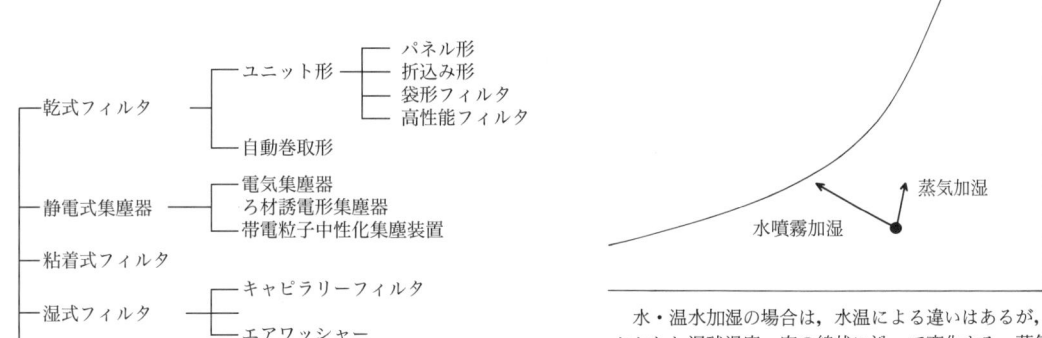

蒸気加湿／水噴霧加湿

水・温水加湿の場合は，水温による違いはあるが，おおむね湿球温度一定の線状に沿って変化する．蒸気加湿の場合は，おおむね乾球温度線に沿って変化し，若干温度が上がる．

図2・46 加湿した場合の空気線図の変化

清浄とは？

「数」数えていくときに，一，二，三，……と続いていく．八，九の次に十がくる．十の位の次には，百がある．このような数の位を表すものを数詞といいます．数詞は次のようになります．

一，十，百，千，万，億（オク），兆（チョウ），京（ケイ），垓（ガイ）……と続く．

一方，十分の一，百分の一と小さくなる数の位を表す数詞は，次のようになる．

割（ワリ），分（ブ），厘（リン），毛（モウ），糸（シ），忽（コツ），微（ビ），繊（せん），沙（サ），塵（ジン），埃（アイ），渺（ビョウ），漠（バク）……，清（セイ），浄（ジョウ）……

塵，埃の一兆分の一が，それぞれ清，浄である．

このように，細かい塵埃であるが，空気を清浄にするということは「無に等しい」ぐらいの何もない状態のきれいさを示している言葉なのです．

◀4▶ 送風機・ダクト

1） 送風機

　送風機とは，強制的に空気を送る機器であり，その種類には遠心式と軸流式がある．空気調和用としては，一般に遠心式が用いられている．

　遠心式には，空気の吸込方法，動力の伝達方法，軸の支持方法などによって，様々な分類があるが，多翼送風機，後向き羽根ファン，横流送風機がよく用いられている．

　多翼送風機は，遠心式の代表的なもので大きい風量が得られる特徴がある．小型で，所要の風量と風圧が得やすいため，空気調和用としての利用が多い．羽根の形状は，図 2・47 に示すように高さは低く，幅の広い前向き羽根である．羽根の外径を D とすれば，羽の高さは約 $D/15$，羽の幅は約 $D/2$ 程度となる．一般に鋼板製であるが，腐食性ガスの排気用などには，塩化ビニル製が用いられる．

　後向き羽根ファンは，高風圧を必要とする場合に適している．羽根が図 2・48 に示すように，回転方向に対して後向きに湾曲している．高速回転が可能で，静圧約 3000 Pa 程度まで使用できるのが特徴である．

　横流送風機は，多翼送風機に似た形状であるが，さらに羽根の幅が直径に比べて非常に大きい形状である．風圧が低く，効率が悪いが，膜状の気流が得られるため，エアカーテン，サーキュレーターやファンコイルユニットなどに利用されている．

a） 送風機の理論

　送風機によって気体に与えられる圧力の増加量を送風機全圧といい，吐出側の全圧と吸込側の全圧の差で表される．吸込口と吐出口の面積が等しく，それぞれにダクトが付けられている場合の送風機の圧力は，図 2・49 のように変化する．

　送風機の効率は，空気動力を軸動力で除した値で示され，空気動力は風量 Q と全圧 P が決まれば求めることができる．

b） 送風機の特性

　送風機の特性を表すには，風量変化を横軸に，圧力変化や効率，軸動力を縦軸にとった性能曲線があり，図 2・50 は，多翼送風機の性能曲線を示したものである．

　性能曲線は，送風機の回転数を変えると相似法則にしたがって変化するため，風量，回転数，圧力，軸動力は次式のようになる．

$$Q_2 = Q_1 \cdot (N_2/N_1) \quad \cdots\cdots\cdots\cdots\cdots\cdots\cdots\cdots\cdots\cdots\cdots\cdots\cdots\cdots [2-33]$$

$$P_2 = P_1 \cdot (N_2/N_1)^2 \quad \cdots\cdots\cdots\cdots\cdots\cdots\cdots\cdots\cdots\cdots\cdots\cdots\cdots [2-34]$$

$$W_2 = W_1 \cdot (N_2/N_1)^3 \quad \cdots\cdots\cdots\cdots\cdots\cdots\cdots\cdots\cdots\cdots\cdots\cdots\cdots [2-35]$$

　　Q_1, Q_2：変更前と後の風量〔m³/min〕
　　N_1, N_2：変更前と後の回転数〔rpm〕
　　P_1, P_2：変更前と後の圧力〔Pa〕
　　W_1, W_2：変更前と後の軸動力〔kW〕

表2·20 加湿器・減湿器

気化式加湿器	空気の持つ顕熱により水が気化することで加湿する．加湿装置についた残留物の洗浄用に水が必要であるため，加湿量の1.5〜3倍程度の給水量が必要である．
パン形加湿器	パン（蒸気皿）の水をヒーターで加熱して給湿する．水中に溶けた不純物が濃縮されるため，スケールが付着し，寿命が短い．大容量の空調機には適さないが，パッケージ形空気調和機，温風暖房機などに利用される．
遠心加湿器	水を回転拡散させ，霧状にして給湿する．ダクト内に直接付けるタイプの利用が一般的である．
超音波加湿器	超音波の利用で，噴水状の水柱ができると，その先端から微細な粒子となった水は，常温で霧化する．冷房時の加湿に適する．
冷却形減湿器	空気を露点温度以下まで冷却し，水分を結露し減湿する．空気温度が低下するので再熱する．
吸収形減湿器	吸湿性の固体や液体を利用するが，塩化リチウム水溶液，トリエチレングリコールの液体吸収剤が広く利用される．塩化リチウムの発する吸収熱を冷却する装置と，薄くなった吸収液を濃縮する装置が必要となる．
吸着形減湿器	固体減湿剤で水蒸気を吸着する．吸収熱による温度上昇が少ないので，低温低湿の実験室など，小規模の装置として使用される．吸着剤には，シリカゲル，活性アルミナ，ドリーライト，酸化バリウム，生石灰などがある．

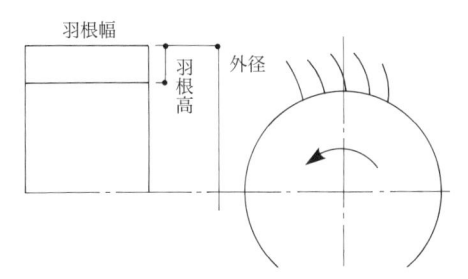

図2·47 多翼送風機の羽根

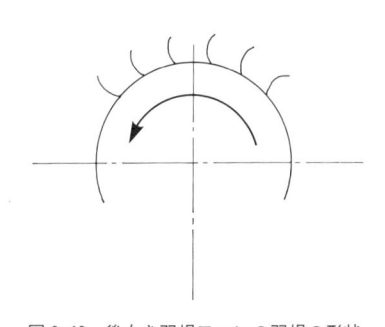

図2·48 後向き羽根ファンの羽根の形状

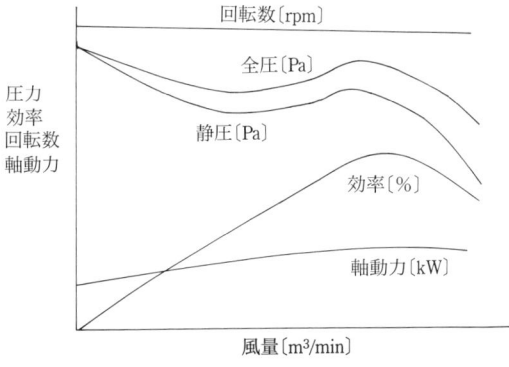

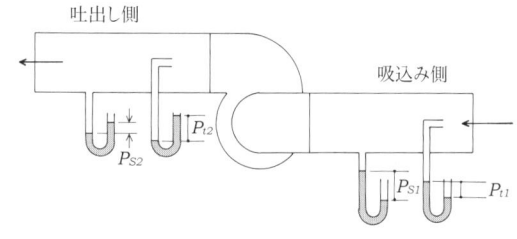

(a) 送風機の圧力測定

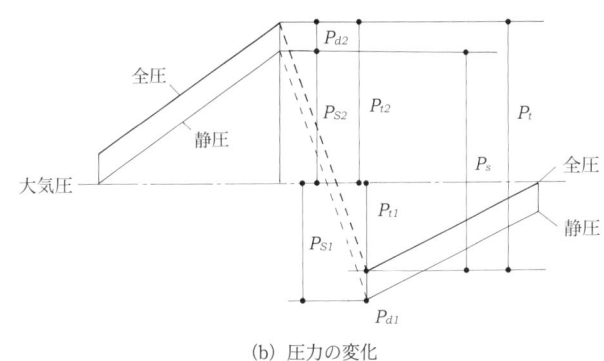

(b) 圧力の変化

ここで，P_t：送風機全圧
P_{t1}：吸込み全圧，P_{s1}：吸込み静圧，P_{d1}：吸込み動圧
P_{t2}：吐出し全圧，P_{s2}：吐出し静圧，P_{d2}：吐出し動圧

送風機静圧（P_s）とは，送風機全圧（P_t）から吐出し動圧（P_{d2}）を引いたものである．図のように，吸込みダクトと吐出しダクトがある場合には，それぞれ以下の関係式が成り立つ．

$$P_t = P_{t2} - P_{t1} \qquad P_S = P_t - P_{d2}$$
$$= P_{s2} - P_{s1} \qquad = P_{s2} - P_{s1} - P_{d2}$$

図2·49 送風機の圧力変化

図2·50 多翼送風機の性能曲線

【例題 2・9】 風量 440 m³/min の送風機がある．風量 500 m³/min に変更した場合，回転数は何倍になるか．また，所要動力，圧力は何倍になるか．

【解】
式 [2-33] より　　$Q_2/Q_1 = N_2/N_1$ より　$N_2/N_1 = 500/440 = 1.136$

式 [2-34] より　　$P_2/P_1 = (N_2/N_1)^2 = (1.136)^2 = 1.29$

式 [2-35] より　　$W_2/W_1 = (N_2/N_1)^3 = (1.136)^3 = 1.47$

【答】変更後回転数は，1.136 倍になる．

変更後圧力は，1.29 倍になる．

変更後所要動力は，1.47 倍になる．

　風量の調整方法には，吐出ダンパ制御，吸込ダンパ制御，回転数制御（インバーター制御）などがある．これらのうち回転数制御は，図 2・51 に示すように省エネルギーの手法として適している．

c)　据付けと試運転調整

　据付け用の基礎はコンクリート造とし，大型の場合は鉄筋を配筋する．軸心に注意し，シャフトを水平レベルの基準とする．Vベルトの張り加減を見極める．送風機と電動機が直結している場合は，とくに軸心のずれに注意する．振動・騒音の対策として，必要に応じて防振基礎とする（図 2・52）．

　試運転は，軸受けの注油を確認し，手で廻して違和感がないかを確認する．吐出ダンパを全閉にし，回転方向を確認して，吐出ダンパを徐々に開いて規程風量に調整する．軸受け温度が周囲よりも 40 ℃以上高くならないように注意するとともに，異常音や異常振動に気をつける．

2)　ダクト

　調整された空気を，空調機から各室に運ぶ空気の通り道をダクト（風道）という．

a)　ダクトの種類

　ダクトは，用途によって空調用，換気用，排煙用などの種類がある．また，形状やダクト内圧によって矩形（長方形）ダクト，円形ダクト，低圧ダクト，高圧ダクトなどに分類される．材質は，亜鉛鉄板製が多く，他には鋼板製，ステンレス鋼板製，塩化ビニル板製，グラスファイバーボード製などがある．

　亜鉛鉄板ダクトの施工方法には，アングル工法とコーナーボルト工法がある．

　ここでは，アングル工法について概略を述べる．矩形ダクトの隅部の継目は，図 2・53 のようにダクトの強度を保つために 2 ヵ所以上とし，図 2・54 に示すような継目とする．ダクトの接続には，フランジ継手（図 2・55）を用いるのが一般的であるが，小型の場合は立はぜや補強立はぜと呼ばれるはぜ継手が用いられる．

　大型のダクトになると，亜鉛鉄板だけでは矩形を保てないので，補強することになる．ダクトの補強にはダイヤモンドブレーキ，補強リブ，形鋼補強，立てはぜ補強，タイロッド補強などがある．グラスウールダクト（グラスファイバーの一種）は，板厚が 25 mm 程度で，内面を繊維飛散防止処理したもので，保温性が良く，接合部も接着剤を塗布し外周部にアルミ粘着テープを巻くとできる（図 2・56）．

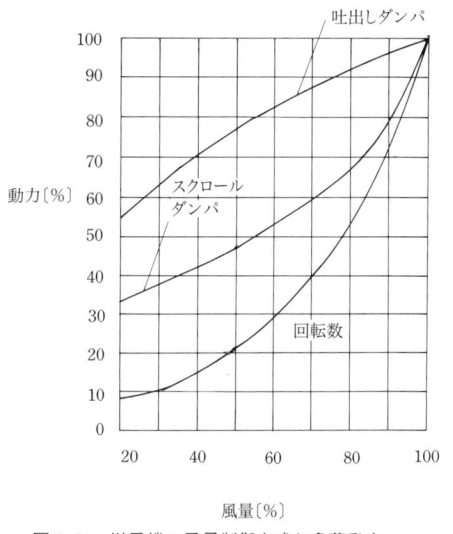

図 2・51　送風機の風量制御方式と負荷動力

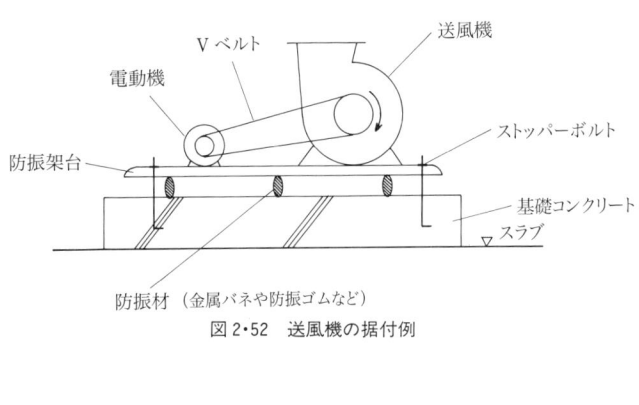

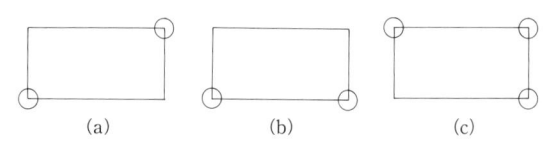

図 2・52　送風機の据付例

図 2・53　ダクト隅部の継目位置

図 2・54　継目の種類
(a) ピッツバーグはぜ
(b) 角甲はぜ
(c) ボタンパンチスナップはぜ
(d) 甲はぜ

図 2・55　フランジ継手

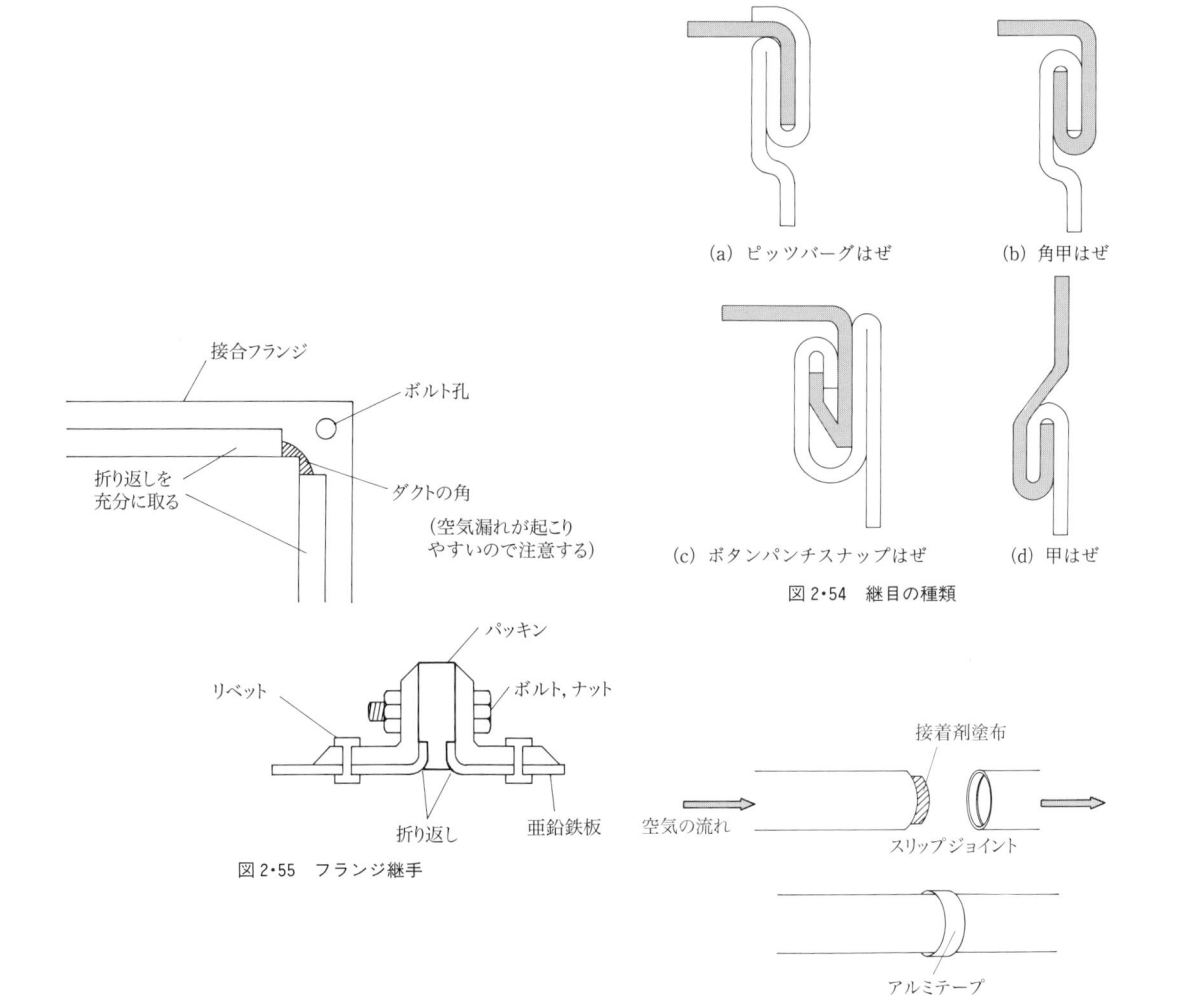

図 2・56　グラスウールダクトの接続

b) 寸法の決め方

　ダクトの寸法を決める方法には，等摩擦損失法，等速法，静圧再取得法などがあるが，ここでは，等摩擦損失法について述べる．この計算法は，ダクト系全体の単位長さ当たりの摩擦損失が一定（一般に圧力損失を，1 Pa/m とすることが多い）として計算する．このことから，等圧法とも呼ばれる．ただし，風量の分布が計算通りにならない場合は，ダンパを設けたりダクト寸法を小さくするなどの修正が必要となる．手順は，図 2・57 のダクト線図により丸ダクトの直径としての寸法を決め，表 2・21 の長方形ダクトの換算表または次式を変形して求める．長方形ダクトの長辺と短辺の比をアスペクト比といい，その値は，4 以下に抑えることが望ましい．

　ダクトの直径を d，長方形のそれぞれの辺の長さを a, b とすると，

$$d = 1.3 \times \{(a \cdot b)^5 / (a+b)^2\}^{1/8} \quad \cdots\cdots\cdots\cdots\cdots\cdots\cdots\cdots\cdots\cdots\cdots [2-36]$$

【例題 2・10】　送風量 100 m³/min を通すダクトの寸法の概算値を求めなさい．また，アスペクト比を 2 とした場合の寸法を求めなさい．

【解】　図 2・57 のダクト流量線図を用いて直径 $d = 540$ mm を求める．直径 540 mm を長方形ダクトに換算すると，

　　1150×250，900×300，750×350，650×400，600×450

　上記のようなそれぞれの寸法が求まる．

　（アスペクト比 4 以下にすることを考えると，1150 mm×250 mm はアスペクト比 4.6 となり，望ましくない．）

　　　ダクト寸法の概算値は，900 mm×300 mm，750 mm×350 mm
　　　　　　　　　　　　　650 mm×400 mm，600 mm×450 mm

長辺と短辺の比を 2 : 1 として計算で求めると式 [2-36] を変形して，

　$a : b = 2 : 1$ より，$a = 2b$ を式に代入すると，

　$d = 1.3 \times \{(a \cdot b)^5 / (a+b)^2\}^{1/8} = 1.523375 \times b$

　よって，$b = b/1.523375$ となる．$d = 540$ を代入し，$b = 360$，$a = 720$ が求まる．

【答】　長方形ダクトの寸法は，長辺 720 mm，短辺 360 mm

アスペクト比とは？

　ダクト計算の結果，ダクトの大きさとして円形ダクトの直径が求められる．換算表から，いろいろな長方形ダクトが選定できるが，適当なものを決める．そのときの長辺と短辺の比を，アスペクト比という．アスペクト比が 1 の場合は，正方形である．アスペクト比が大きいと，曲がり部分などでの損失が大きくなるので，一般に 4 以下におさえることが望ましい．

表 2·21 長方形ダクトの換算表（単位：cm）

b(短辺) a(長辺)	5	10	15	20	25	30	35	40	45	50	55	60	65	70
5	5.5													
10	7.6	10.9												
15	9.1	13.3	16.4											
20	10.3	15.2	18.9	21.9										
25	11.4	16.9	21.0	24.4	27.3									
30	12.2	18.3	22.9	26.6	29.9	32.8								
35	13.0	19.5	24.5	28.6	32.2	35.4	38.3							
40	13.8	20.7	26.0	30.5	34.3	37.8	40.9	43.7						
45	14.4	21.7	27.4	32.1	36.3	40.0	43.3	46.4	49.2					
50	15.0	22.7	28.7	33.7	38.1	42.0	45.6	48.8	51.8	54.7				
55	15.6	23.6	29.9	35.1	39.8	43.9	47.7	51.1	54.3	57.3	60.1			
60	16.2	24.5	31.0	36.5	41.4	45.7	49.6	53.3	56.7	59.8	62.8	65.6		
65	16.7	25.3	32.1	37.8	42.9	47.4	51.5	55.3	58.9	62.2	65.3	68.3	71.1	
70	17.2	26.1	33.1	39.1	44.3	49.0	53.3	57.3	61.0	67.4	67.7	70.8	73.7	76.5
75	17.7	26.8	34.1	40.2	45.7	50.6	55.0	59.2	63.0	66.6	69.7	73.2	76.3	79.2
80	18.1	27.5	35.0	41.4	47.0	52.0	56.7	60.9	64.9	68.7	72.2	75.5	78.7	81.8
85	18.5	28.2	35.9	42.4	48.2	53.4	58.2	62.6	66.8	70.6	74.3	77.8	81.1	84.2
90	19.0	28.9	36.7	43.5	49.4	54.8	59.7	64.2	68.6	72.6	76.3	79.9	83.3	86.6
95	19.4	29.5	37.5	44.5	50.6	56.1	61.1	65.9	70.3	74.4	78.3	82.0	85.5	88.9
100	19.7	30.1	38.4	45.4	51.7	57.4	62.6	67.4	71.9	76.2	80.2	84.0	87.6	91.1

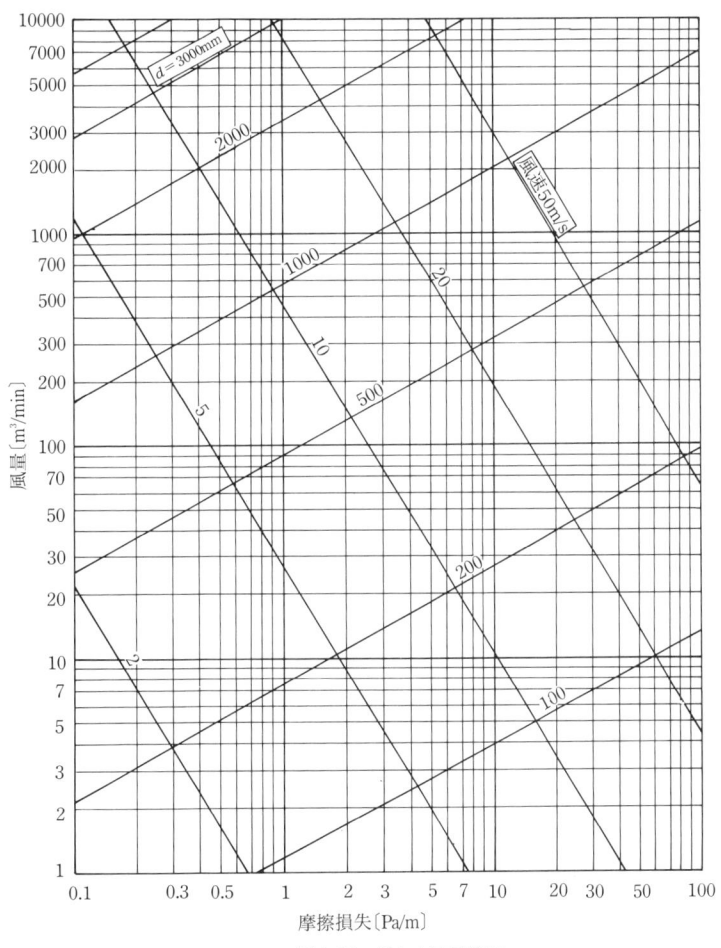

図 2·57 ダクト流量線図

《5》 ターミナル

ターミナルとは，一般に鉄道や長距離バスなどの終点のことであるが，空気調和設備では，ダクト末端に取付ける吹出口や吸込口などの総称である．

1) 吹出口の種類

吹出口は，気流の方向性によって軸流吹出口とふく流吹出口に分類され，それぞれ表2・22のような形状がある．

格子形には図2・58のようなものがあり，天井や壁面などに取付けられるものが多い．羽根を縦方向（V），横方向（H）あるいは縦横方向（VHまたはHV）に格子状に取付けたもので，羽根が可動式の吹出口をユニバーサル，固定式の吹出口をグリルという．また風量調節のシャッターを取付けたものをレジスターということもある．

ノズル形は，発生騒音が比較的小さく，吹出し風速を大きくすることができる．風の到達距離が長いので，講堂や大会議室などの大空間の空気調和に適している（図2・59）．

スロット形は，線状の吹出気流が得られ，風向調整ベーンにより気流方向を180度変化させることができる（図2・60）．

スポット形は，ノズル形が自由な方向に吹出せない欠点を補ったもので，吹出口が球面に沿って自由回転できる（図2・61）．

シーリングディフューザー形は，騒音が少なく，アルミニウム製または鋼板製で，ダンパ及び整流器が取付けられている．図2・62に示すように，複数のコーンによって空気が吹出されるので，誘引作用が大きく，不快感を感じることが少ない優れた吹出口である．設置にあたっては，気流特性を示す最大拡散半径と最小拡散半径の値に注意する．

パン形は，下部にパンを取付けたもので，天井高が低い部屋で，気流を拡散させたい場合に用いられる．

2) 吸込口の種類

吸込口は，吹出口のような羽根の可動や風向調整は不要である．設置場所は，吹出し気流分布に大きく影響するのでじゅうぶんな注意が必要である．代表的な吸込専用口として，図2・63のようなマッシュルーム形吸込口がある．また，吹出口を吸込口として使用することもある．

表2・22 吹出口の種類

分類	形式	名称
軸流吹出口	格子形	ユニバーサル吹出口 グリル吹出口
	ノズル形	ノズル
	スロット形	線状吹出口
	スポット形	パンカルーパー
	多孔パネル形	通気天井 パンチングメタル吹出口
ふく流吹出口	シーリングディフューザー	シーリングディフューザー吹出口
	パン形	ノウドラフト吹出口

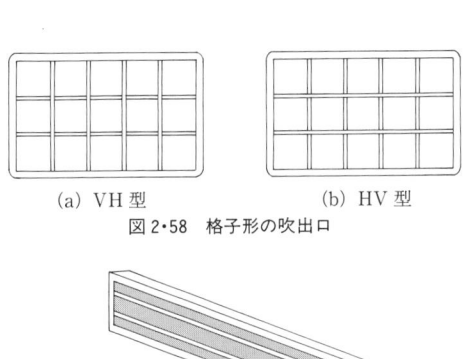

(a) VH型　　(b) HV型
図2・58　格子形の吹出口

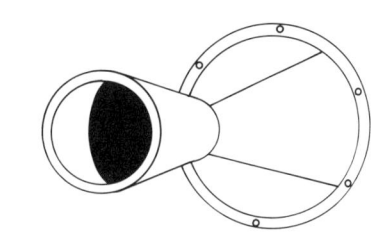

図2・59　ノズル形吹出口

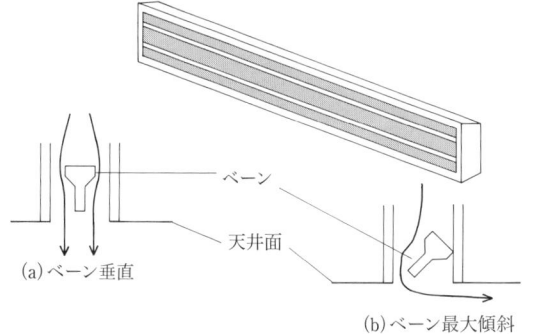

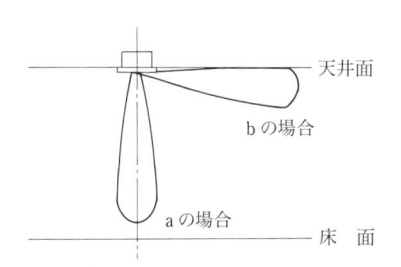

(a) ベーン垂直
(b) ベーン最大傾斜
ベーン
天井面

天井面
bの場合
aの場合
床面
図2・60　スロット形吹出口と気流特性

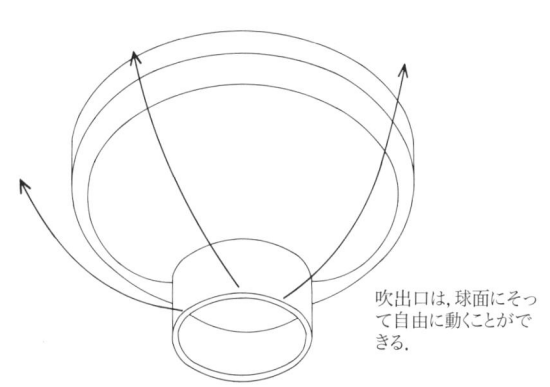

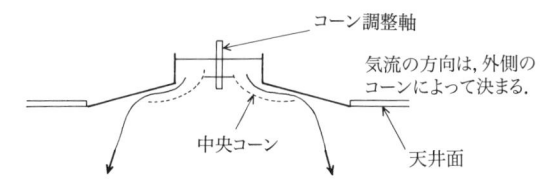

吹出口は，球面にそって自由に動くことができる．
図2・61　スポット形吹出口

コーン調整軸
中央コーン
天井面
気流の方向は，外側のコーンによって決まる．
(a) コーンを上げた場合

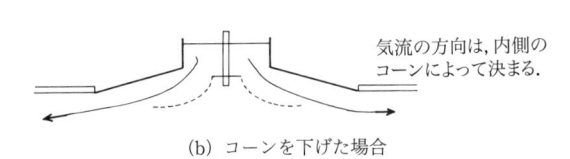

気流の方向は，内側のコーンによって決まる．
(b) コーンを下げた場合
図2・62　シーリングディフューザー形吹出口と気流特性

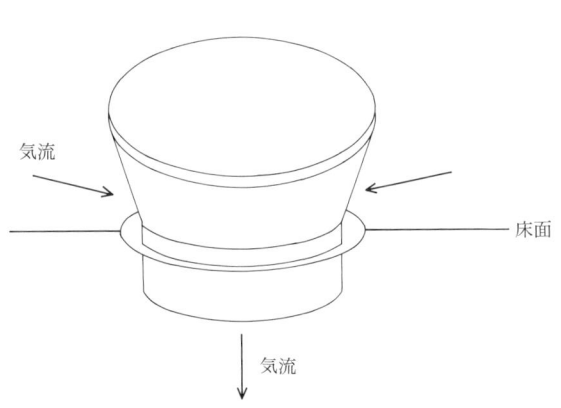

気流
床面
気流
劇場の客席など，座席下に設置される．
図2・63　マッシュルーム形吸込口

2・5 換気設備

換気とは，室内空気を外気と入れ換えることをいう．室内空気が，様々な要因によって汚れてくると在室者は不快になり，やがて居住不可能になる．とくに燃焼器具のある室では不完全燃焼になり，大変危険な状況となる．これを防ぐため，汚れた室内空気を希釈したり，交換することが必要となる．

換気の目的には，環境保持，熱などの排除，酸素の供給の3つがある．環境保持については，室内粉じんの除去と在室者の呼吸により発生する二酸化炭素の室内許容濃度の適正化が重要である．

◀1▶ 必要換気量

環境保持を目的とし，室内を快適で適正な状態に保つために必要な外気量を必要換気量という．一般の事務所などの居室においては，人体から発生する二酸化炭素を基準として，必要換気量を求めることが多い．たとえば表2・23は必要換気量を $30 \text{ m}^3/\text{h}$ として，居室の必要換気量を標準在室密度とともに表したものである．なお，建築基準法では，必要換気量を $20 \text{ m}^3/\text{h}$ と規定している．

燃焼器具の必要換気量は，完全燃焼させるための必要量であることから，各燃料に対しての理論空気量に空気比を乗じた値となる．室内の二酸化炭素を基準とした必要換気量は，次式によって求めることができる．

$$V = M / (K - K_o) \quad \cdots\cdots\cdots\cdots\cdots\cdots\cdots\cdots [2-37]$$

V：必要換気量〔$\text{m}^3/(\text{h}\cdot\text{人})$〕
M：二酸化炭素の発生量〔$\text{m}^3/(\text{h}\cdot\text{人})$〕
K：室内許容濃度（一般の場合0.1%とする）
K_o：取入れ外気中の二酸化炭素濃度（体積比0.03%とする）

呼吸による二酸化炭素の発生量は，個人差や性別，年齢差などによって異なるが，成年男子の基準値を表2・24に示す．

【例題2・11】 25人が働いている事務所がある．必要換気量を求めなさい．
ただし，作業程度は極軽作業とする．
【解】 表2・24より，極軽作業の二酸化炭素の計算用吐出量は $0.022 \text{ m}^3/(\text{h}\cdot\text{人})$ である．
式 [2-37] より
$$V = M / (K - K_o) = (25 \times 0.022) / (0.001 - 0.0003) = 785.7$$
【答】 $786 \text{ m}^3/\text{h}$

◀2▶ 自然換気設備

自然換気設備は，図2・64のように，給気口と排気筒付きの排気口で構成される．室内温度差からの浮力と排気筒の頂部にあたる風の強弱や向きによる吸引力によって，自然換気の能力が決まるが，浮力による換気を基本としている．

表 2・23　居室の必要換気量

室　名	在室密度 〔m²/人〕	必要換気量 〔m³/(h・人)〕
事務所（個室）	5.0	6.0
事務所（一般）	4.2	7.2
商店売場	3.3	9.1
デパート（一般売場）	1.5	20.0
デパート（特設売場）	0.5	60.0
宴会場	0.8	37.5
ホテル客室	10.0	3.0
小会議室	1.0	30.0
住宅・アパート	3.3	9.1
食堂（営業用）	1.0	30.0

表 2・24　作業程度による二酸化炭素の吐出量

作業程度	二酸化炭素の吐出量 〔m³/(h・人)〕	計算用の吐出量 〔m³/(h・人)〕
安　静　時	0.0132	0.013
極　軽　作　業	0.0132〜0.0242	0.022
軽　作　業	0.0242〜0.0352	0.030
中　等　作　業	0.0352〜0.0572	0.046
重　作　業	0.0572〜0.0902	0.074

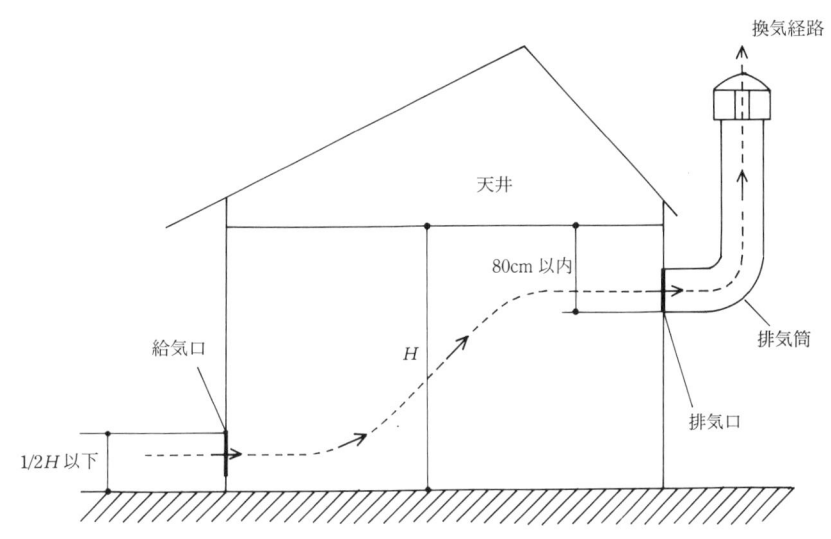

- 天井高を H とする．
- 室内温度が外気温度よりも高い．
- 給気口と排気筒付き排気口は常時開放されている．

図 2・64　自然換気方式

◀3▶ 機械換気設備

送風機によって，強制的に換気を行うもので，ダクトと送風機によって構成される．送風機の位置によって，第1種機械換気，第2種機械換気，第3種機械換気に分類される．

1) 第1種機械換気

図 2·65 (a) に示すように，給気側と排気側に送風機を設けることにより，最も確実な換気ができ，室内の圧力調整も容易に行える．無窓の居室や空気調和室，実験室の他，確実な換気を必要とする室に適している．

2) 第2種機械換気

図 2·65 (b) に示すように，給気側にだけ送風機を設けることによって，排気は室内の正圧分だけ排気口から排出される．給気量が確実に期待できるので，燃焼室などの換気に適している．

3) 第3種機械換気

図 2·65 (c) に示すように，排気側にだけ送風機を設けることによって，給気は，室内が負圧になった分だけ流れ込む．室内が負圧になるので，その部屋の臭気や有害ガスが外に拡散されないことが特徴である．便所や浴室などの臭気ならびに水蒸気の排気にはこの方式が適する．排気フードによる局所換気もこの方式が採用されている．

機械換気設備の有効換気量は，次式によって計算した値以上とする．

$$V = 20 A_f / N \quad \cdots\cdots\cdots\cdots\cdots\cdots\cdots\cdots\cdots\cdots\cdots\cdots\cdots\cdots\cdots\cdots [2-38]$$

V ：有効換気量〔m³/h〕
A_f ：居室の床面積〔m²〕
N ：1人当たりの占有床面積〔m²〕（最大は 10 m²）

【例題 2·12】 図 2·66 のような機械換気をする場合の有効換気量を求めなさい．

【解】 それぞれの部屋別に有効換気量を計算して，それらを合計する．

A の場合　$N = 40/5 = 8$, $V_A = 20 A_f / N = 20 \times 40/8 = 100$
B の場合　$N = 60/6 = 10$, $V_B = 20 A_f / N = 20 \times 60/10 = 120$
C の場合　$N = 150/10 = 15$ であるが最大は $N = 10$, $V_C = 20 A_f / N = 20 \times 150/10 = 300$

$V = V_A + V_B + V_C = 100 + 120 + 300 = 520$

【答】 520 m³/h

火気を使用する室の換気量は，次式によって計算した値以上とする．

$$V = kQ \quad \cdots\cdots\cdots\cdots\cdots\cdots\cdots\cdots\cdots\cdots\cdots\cdots\cdots\cdots\cdots\cdots\cdots\cdots\cdots\cdots [2-39]$$

k ：理論排ガス量に乗じた値で，条件により $k = 40, 30, 20, 2$ がある〔m³/kcal〕．
Q ：燃焼器具の燃料消費量〔kcal/h〕

〈k の値を決める条件〉

排気口に換気扇を設ける場合は，$k = 40$
簡易レンジフードを用いる排気設備に設ける場合は，$k = 30$
規程の排気フードを用いる排気設備に設ける場合は，$k = 20$
煙突を用いる排気設備に設ける場合は，$k = 2$

なお，規程の排気フードの規格を図 2·67 に示す．

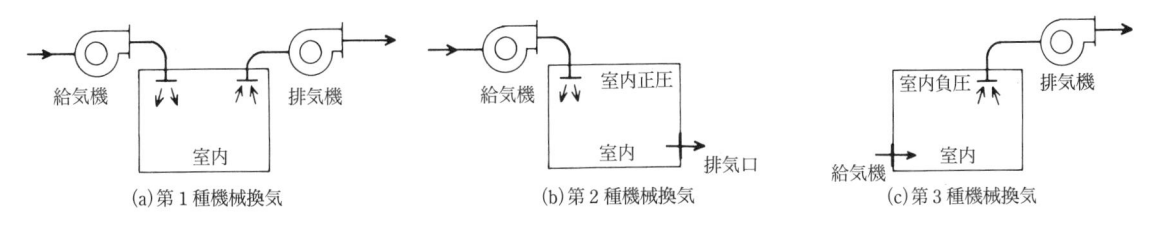

図2・65　機械換気の種類

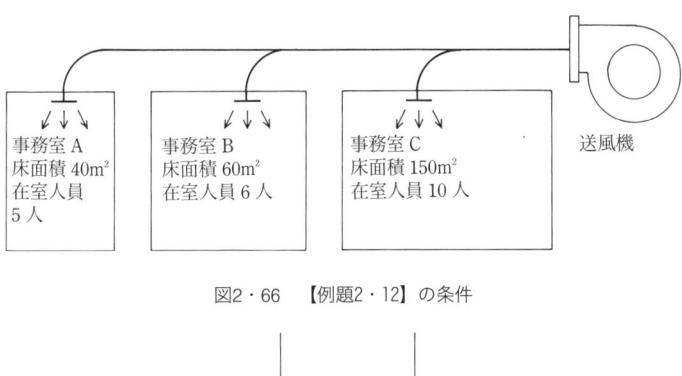

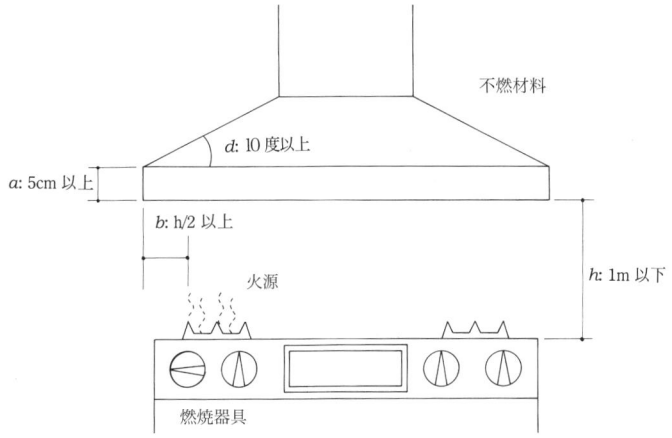

(a) 第1種機械換気
(b) 第2種機械換気
(c) 第3種機械換気

図2・66　【例題2・12】の条件

事務室A　床面積40m²　在室人員5人
事務室B　床面積60m²　在室人員6人
事務室C　床面積150m²　在室人員10人

図2・67　規定の排気フードの構造

a: 5cm以上
b: h/2以上
d: 10度以上
h: 1m以下
不燃材料
火源
燃焼器具

コラム

Q：シックハウス症候群の対策は？

A：新築やリフォームした住宅に入居した人が感じる症状として、目がチカチカする、喉が痛い、めまいや吐き気、頭痛がする、などの「シックハウス症候群」が問題になっています。
その原因の一部は、住宅に使用されている建材や家具、日用品などから発散するホルムアルデヒドやVOC（トルエン、キシレンその他）などの化学物質（揮発性の有機化合物）と考えられています。ホルムアルデヒドを発散する建材を使用しない場合でも、家具からの発散があるため、原則として全ての建築物に機械換気設備の設置が義務付けられます。
居室の場合、換気回数0.5回／h以上の機械換気設備の設置が必要となります。図は、24時間換気システムの一例です。

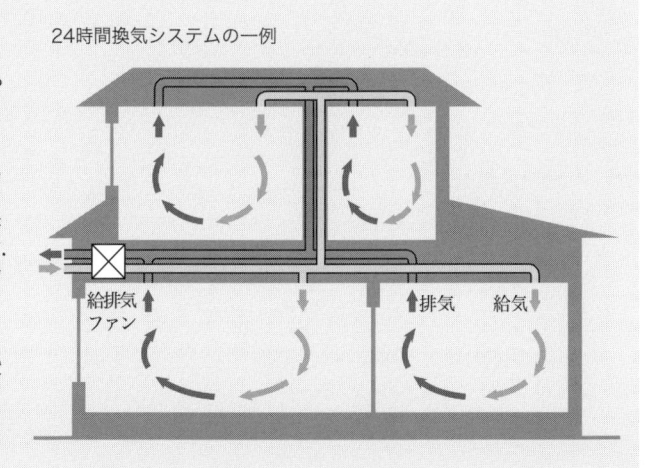

24時間換気システムの一例

給排気ファン　排気　給気

2・6 排煙設備

《1》 排煙設備の目的

耐火建築物の火災においては，火災時の煙，有害ガスによる被害が大きい．煙や有害ガスは，容易に建築物全体に広がり，人命に与える損害も大きく，避難活動や消火活動に支障をきたし，窒息死などの被害者を招くことになる．したがって，人命を守ることが排煙設備の大きな目的である．

図2・68は，出火から鎮火までの火災の進行過程を示すもので，火災時の煙は，進行に伴なって煙濃度を高め，避難者の視界を奪う．設置される誘導灯は，その中で視程距離を確保する必要がある．煙の流れは，図2・69のように初期には室内の可燃物が燃えるだけで天井面に拡がるが，煙は室外へ出ない．火災の成長期には煙の量も増大し，火災室のフラッシュ・オーバー後は，廊下に出た煙は横に流れ，階段室があれば上の階へと流れる．この状態になると建築物全体が一種の煙突となり，下から新しい空気を吸込み，最上階から下に向けて煙は拡がる．

《2》 排煙設備の構造

1) 防煙区画と防火区画

防煙区画は，火災発生で生じる煙の拡散を防ぐために設けられるものであり，間仕切区画と垂れ壁区画がある．

間仕切区画は，耐火構造の壁がよいが，不燃材料でつくられた遮煙効果があるガラススクリーンなどでもよい．また，木製の扉でも気密性が高ければ，焼け落ちるまでは防煙区画の役割をすることができる．防火シャッターで区画する場合もあるが，一般的に防火シャッターは，遮煙性能が良くないので，じゅうぶんな防煙区画とするための設備が必要である．

垂れ壁区画は，天井に沿って移動する煙の拡散をある範囲内に留めるためのものである．効果的に排煙するには，煙を貯め，煙層を厚くし，その区画の排煙口との水平距離を短くするとよい．また，区画が気密なものであれば，在室者が避難した後に火災室を密閉し，酸素と遮断することにより消火に役立たせることができる．

建築基準法に規定する防煙区画は，図2・70のような間仕切壁，または天井から50cm以上下方に突出した垂れ壁で，床面積500 m²以下に区画することを原則としている．排煙区画の排煙口は，図2・71のように室内の各部から水平距離30 m以下となるようにする．

防火区画は，火災の発生から鎮火に至るまで，火災の延焼を防ぐために設けられるものであり，防煙区画とは，密接な関係がある．防火区画は床面積1000 m²または1500 m²以下で区画することが原則で，防火区画の中を防煙区画で細分化する構造となる．火炎や煙の拡大を防止するには，防火区画を防煙区画と一致させるのが望ましい．

2) 排煙方式

排煙方式には，自然排煙と機械排煙があるが，一定規模以上の建築物には機械排煙が必要である．機械排煙に使用する1台の排煙機が受もつ排煙口の個数は，8～10個程度とし，1台の排煙機が受もつ防煙区画の面積は，排煙機の能力をじゅうぶん発揮できるように，できるだけ同一にするとよい．

排煙機の能力は，防煙区画の床面積と受もつ防煙区画数によって決まる．また，排煙機の排煙量と排煙ダクトの排煙量は，次のように求める．

図 2・68　火災の進行過程

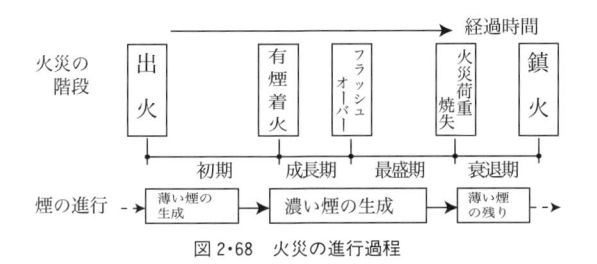

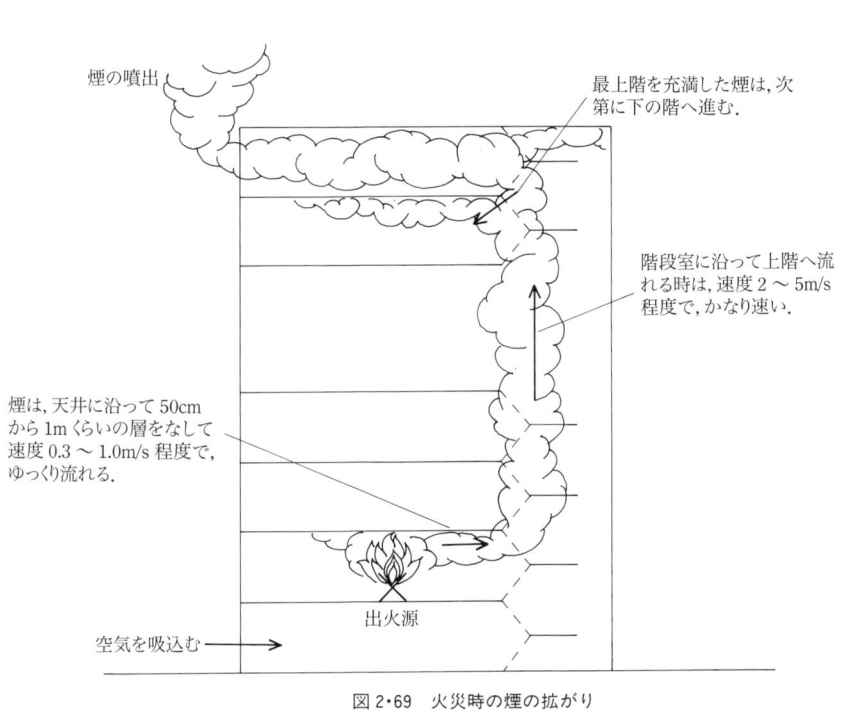

図 2・69　火災時の煙の拡がり

図 2・70　防煙壁の設置例

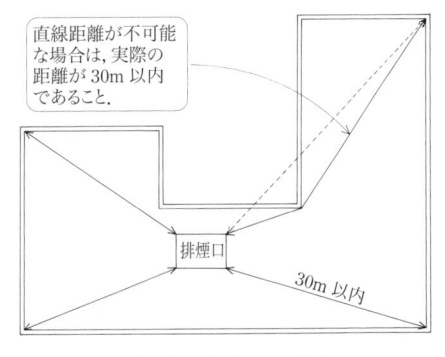

図 2・71　排煙口の水平距離

a) 排煙機の排煙量
 ●1つの防煙区画を受もつ場合

$$Q = 60 \times A \quad \cdots\cdots\cdots\cdots\cdots\cdots\cdots\cdots\cdots\cdots\cdots\cdots\cdots\cdots\cdots\cdots\cdots\cdots\cdots\cdots\cdots\cdots\cdots\cdots\cdots\cdots\cdots \quad [2-40]$$

Q：排煙機の排煙量〔m³/h〕
A：防煙区画の床面積〔m²〕

 ●2つ以上の防煙区画を受もつ場合

$$Q = 120 \times A_{\max} \quad \cdots\cdots\cdots\cdots\cdots\cdots\cdots\cdots\cdots\cdots\cdots\cdots\cdots\cdots\cdots\cdots\cdots\cdots\cdots\cdots\cdots \quad [2-41]$$

Q　　：排煙機の排煙量〔m³/h〕
$A_{\max}$：複数の防煙区画のうち，最大の区画の床面積〔m²〕

ただし，いずれの場合にも排煙量は7200〔m³/h〕以上でなければならない．

b) 排煙ダクトの風量
●各階の横引きダクト

　　排煙口の同時開放がない場合には，そのダクトが受もつ最大の防煙区画の床面積当たり60〔m³/h〕を乗じる．同時開放がある場合は，隣接する2つの防煙区画の合計風量が最大となる風量とする．

●縦ダクト（メインダクト）

　　各階ごとの排煙風量の大きい方の風量とする．なお，排煙ダクトと排煙機の風量算定の例を図2・72に示す．

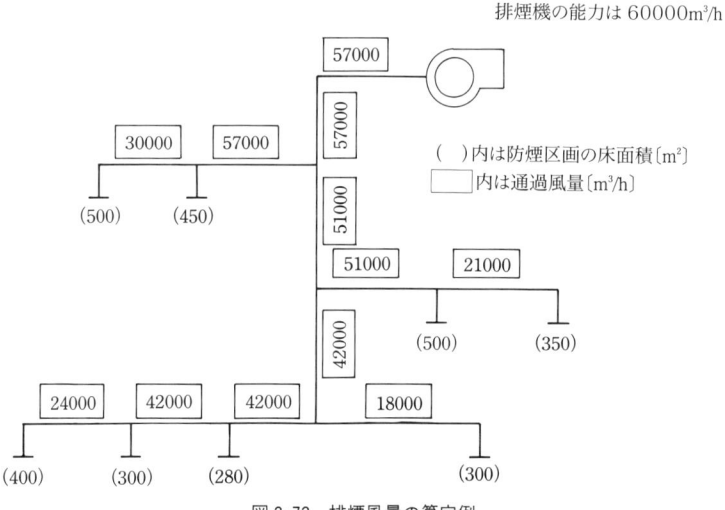

図2・72　排煙風量の算定例

3章

給排水衛生設備

3・1　給排水衛生設備の概要

　給排水衛生設備とは，人間が建築物およびその地域で衛生的でかつ，安全・快適な生活を営む状況を作ることを目的とし，図3・1のような水および湯を扱う器具まわりの諸設備の総称である．

3・2　給水設備

《1》　上水道施設

　上水道（以下水道と呼ぶ）施設とは，「水を人の飲用に適する水」として供給するための施設の総体をいう．水道施設は，水道法に基づいて設置され，水量・水質・水圧の3つの要素を備え，需要者に供給するものである．水道施設は，図3・2で示すような諸施設で構成されている．

　水道を法規的に分類すると，図3・3のようになる．専用水道は，水道事業の用に供する水道以外の水道で，100人を超える者に水を供給するものをいい，社宅・寮などにおける自家用の水道がこれにあたる．

《2》　給水方式

　給水方式は，水道直結式と受水タンク式に大別され，それぞれ表3・1のような種類がある．これらの方式には表3・2のような特徴があり，建築物の用途・規模・立地条件などにより適した方式が採用される．

《3》　水の使用量

　人々が日常生活で使用する生活用水量は，年々増加している．使用水量は，生活様式などによって大きく変化し，また，建築物の特性によっても変化するので，設計の段階であらゆることを考慮し，計画しなければならない．なお，計画にあたっての参考資料として，表3・3に建築物の種類別給水量，表3・4に住宅の用途別給水量，表3・5に事務所ビルの用途別給水量を示す．

《4》　給水量の算定

　建築物における給水量は，用途，使用時間，給水人員，その他様々な条件により異なる．したがって，算定方法は計画・設計の段階において把握している要素により決定する．

　一般に使用される給水量の算定方法は，生活に供する場合には給水人員による方法を，また給水人員が把握できない場合には，建築物の有効面積による算定方法が用いられる．

1）　人員からの算定

　給水人員が明確に把握できる場合の1日当たりの給水量は，次式により求める．

$$Q_d = N \cdot q \quad \cdots\cdots\cdots\cdots\cdots\cdots\cdots\cdots\cdots\cdots\cdots\cdots\cdots\cdots\cdots\cdots\cdots [3-1]$$

　　　Q_d：1日当たりの給水量〔l/d〕
　　　N　：給水人員〔人〕
　　　q　：建築物種類別給水量〔l/人・d〕

3章 給排水衛生設備 81

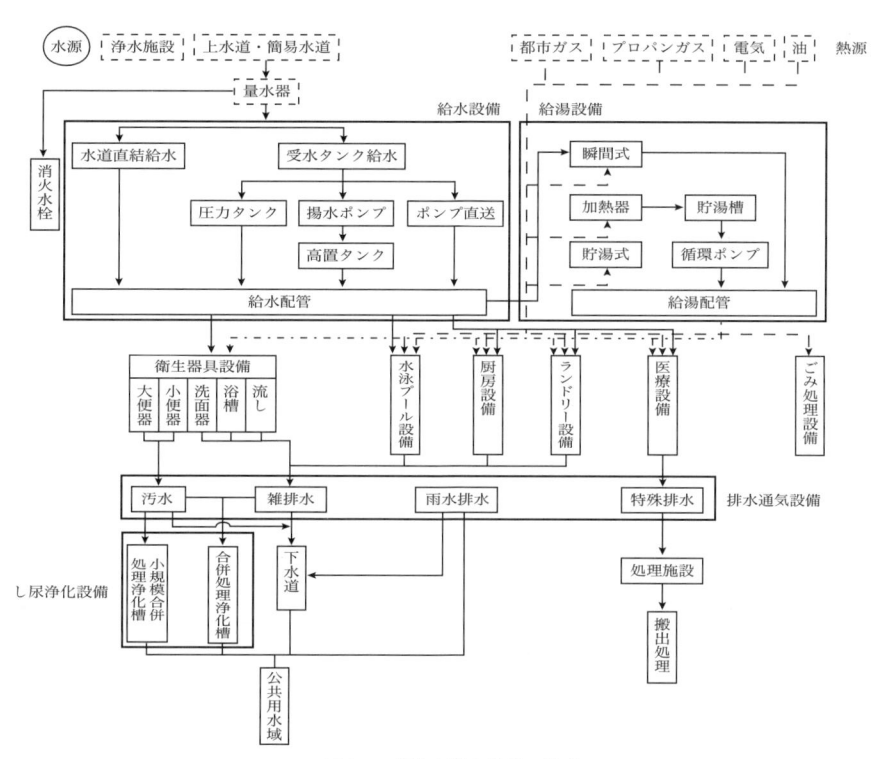

図 3・1 給排水衛生設備の構成

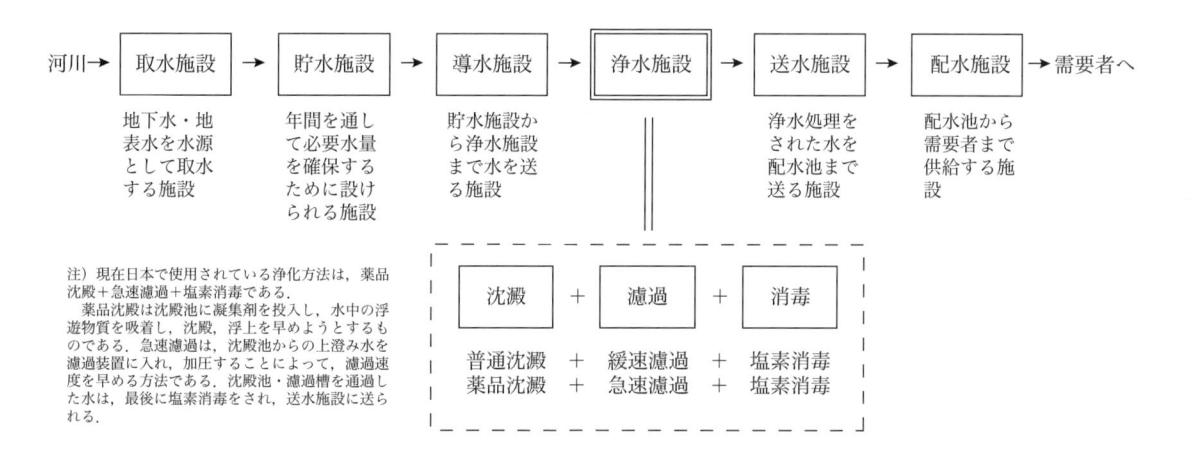

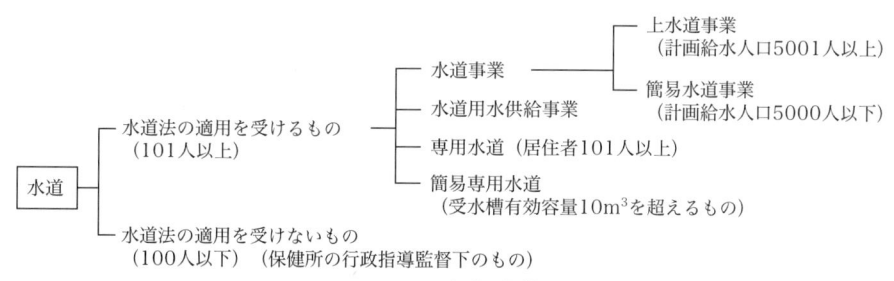

注）現在日本で使用されている浄化方法は，薬品沈殿＋急速濾過＋塩素消毒である．
薬品沈殿は沈殿池に凝集剤を投入し，水中の浮遊物質を吸着し，沈殿，浮上を早めようとするものである．急速濾過は，沈殿池からの上澄み水を濾過装置に入れ，加圧することによって，濾過速度を早める方法である．沈殿池・濾過槽を通過した水は，最後に塩素消毒をされ，送水施設に送られる．

沈殿 ＋ 濾過 ＋ 消毒

普通沈殿 ＋ 緩速濾過 ＋ 塩素消毒
薬品沈殿 ＋ 急速濾過 ＋ 塩素消毒

取水施設：地下水・地表水を水源として取水する施設
貯水施設：年間を通して必要水量を確保するために設けられる施設
導水施設：貯水施設から浄水施設まで水を送る施設
浄水施設
送水施設：浄水処理をされた水を配水池まで送る施設
配水施設：配水池から需要者まで供給する施設

図 3・3 水道の分類

水道
├ 水道法の適用を受けるもの（101人以上）
│ ├ 水道事業
│ │ ├ 上水道事業（計画給水人口5001人以上）
│ │ └ 簡易水道事業（計画給水人口5000人以下）
│ ├ 水道用水供給事業
│ ├ 専用水道（居住者101人以上）
│ └ 簡易専用水道（受水槽有効容量10m³を超えるもの）
└ 水道法の適用を受けないもの（100人以下）（保健所の行政指導監督下のもの）

2） 有効面積からの算定

給水人員が把握できない場合，建築物の有効面積をもとに1日当たりの給水量は，次式により求める．

$$Q_d = k \cdot A \cdot n \cdot q \quad \cdots\cdots\cdots\cdots\cdots\cdots\cdots\cdots\cdots\cdots\cdots\cdots\cdots\cdots\cdots\cdots [3-2]$$

k ：有効面積率（有効面積[1]と延べ面積の割合）
A ：建築物延べ面積〔m²〕
n ：有効面積当たりの人員〔人／m²〕

また，上記の給水量の他に，空調用冷凍機の冷却塔補給水，プール，池などの補給水量を加える．
圧縮式冷凍機の冷却水量は，1アメリカ制冷凍トン[2]当たり13 l/min，吸収式冷凍機の冷却水量は17 l/min で，冷却塔補給水量としては，この約2％と考える．

◀5▶ 予想給水量

給水設備のタンク容量や，機器能力および管径を決定するには，1日当たりの時間平均予想給水量，時間最大予想給水量およびピーク時最大予想給水量をもとに算定する．

1） 時間平均予想給水量 Q_h

時間平均予想給水量は，1日当たりの給水量を水の使用時間で割った値をいう．

$$Q_h = \frac{Q_d}{T} \quad \cdots\cdots\cdots\cdots\cdots\cdots\cdots\cdots\cdots\cdots\cdots\cdots\cdots\cdots\cdots\cdots\cdots\cdots\cdots [3-3]$$

Q_h ：時間平均予想給水量〔l/h〕
Q_d ：1日当たりの給水量〔l/d〕
T ：1日平均水使用時間〔h〕（表3·3）

2） 時間最大予想給水量 Q_m

時間最大予想給水量は1日のうち，最も多く使用される1時間当たりの使用量を意味し，給水ポンプの揚水量などの決定の基礎値となる．

$$Q_m = (1.5 \sim 2.0) \times Q_h \quad \cdots\cdots\cdots\cdots\cdots\cdots\cdots\cdots\cdots\cdots\cdots\cdots\cdots\cdots [3-4]$$

Q_m ：時間最大予想給水量〔l/h〕

3） ピーク時最大予想給水量 Q_p

ピーク時最大予想給水量は，1日のうち最も多く使用される1分間当たりの最大給水量を意味し，受水タンク，高置タンクおよび圧力タンクなどの容量決定の基礎値となる．

$$Q_p = \frac{(3 \sim 4) \times Q_h}{60} \quad \cdots\cdots\cdots\cdots\cdots\cdots\cdots\cdots\cdots\cdots\cdots\cdots\cdots\cdots [3-5]$$

Q_p ：ピーク時最大予想給水量〔l/min〕

---

[1] 有効面積：延べ面積から機械室，廊下，階段，倉庫などの非有効面積を除いたものをいう．
[2] 1アメリカ制冷凍トン：冷凍機の能力を表し，1時間に奪う熱量をkWで表したもの．1USRt＝3.516〔kW〕．

3章 給排水衛生設備

表3・1 給水方式の種類

水道直結方式		受水タンク方式		
水道直結方式	ブースタポンプ式	高置タンク式	圧力タンク式	ポンプ直送式
水道本管の水圧を利用し，本管から分岐して給水する方式	本管から分岐した給水管のメーター下流側にブースタポンプ（増圧用），逆送防止器を直結して給水する方式	本管からの水をいったん受水タンクに貯水し，揚水ポンプで屋上の高置タンクに揚水し，立下り管にて各階に給水する方式	本管から受水タンクへ，いったん貯水された水をポンプにて圧力タンクに給水し，コンプレッサと共にタンク内の圧力を上昇させ，その圧力を利用して必要箇所へ給水する方式	本管からいったん受水タンクに貯水し，ポンプにて，必要箇所に直接給水する方式

表3・2 給水方式の特徴

	水道直結方式		受水タンク方式		
	水道直結方式	ブースタポンプ式	高置タンク式	圧力タンク式	ポンプ直送式
給水圧力の変化	○	◎	◎	最大	◎
停電時の状態	◎	不可能	○	不可能	不可能
断水時の状態	不可能	不可能	◎	○	○
維持管理	◎	◎	○	○	制御機器管理複雑
機械スペース	◎	◎	○	タンク設置スペース必要	○
その他	設備費安い	設備費安い	柱への影響大	タンクへの空気補給必要	設備費高い
建築物用途	2階建までの小規模建築物	中規模建築物	中・大規模建築物	小・中規模建築物	中・大規模建築物

凡例 ◎：最適，○：適合

表3・3 建築物の種類別給水量

	A	B		C	
種 類	単位給水量 q	使用時間 T〔h〕	注記	有効面積当たりの人員など n	備 考
戸建住宅	200〜400 l/（人・d）	10	居住者1人当たり	0.16人/m^2	
集合住宅	200〜350 l/（人・d）	15	居住者1人当たり	0.16人/m^2	
独身寮	400〜600 l/（人・d）	10	居住者1人当たり		
官公庁 事務所	60〜100 l/（人・d）	9	在勤者1人当たり	0.2人/m^2	男子50 l/人，女子100 l/人，社員食堂・テナントなどは別途加算
総合病院	1500〜3500 l/（床・d） 30〜60 l/（m^2・d）	16	延べ面積1 m^2 当たり		設備内容等により詳細に検討する
ホテル全体	500〜6000 l/（床・d）	12			設備内容等により詳細に検討する
ホテル客室部	350〜450 l/（床・d）	12			客室部のみ
社員食堂	25〜50 l/（食・d） 80〜140 l/（食堂 m^2・d）	10	食堂面積には厨房面積を含む		同上
小・中・普通高校	70〜100 l/（人・d）	9	（生徒＋職員）1人当たり		教師・従業員分を含む，プール用水は（40〜100 l/人）は別途加算

（『空気調和・衛生工学便覧』11版Ⅲ巻より）

《6》 受水タンク・高置タンクの容量と設置高さの決定

3階建て以上の事務所ビルなどに多く用いられる，図3・4のような高置タンク給水方式のタンク容量・設置高さは，次のようにして決定される．

1) 受水タンク容量

高置タンク方式における受水タンクの容量は，図3・5に示す高置タンクへの揚水量の関係より，次式で表される．

$$V_R > (Q_{po} - Q_{so})T_1 + Q_{so} \cdot T_2 \quad \cdots\cdots\cdots\cdots\cdots\cdots\cdots\cdots\cdots [3-6]$$

V_R：受水タンク有効容量〔l〕
Q_{po}：揚水ポンプの揚水量〔l/min〕
Q_{so}：配水管からの給水量〔l/min〕
T_1：揚水ポンプの連続運転時間〔min〕（30分～50分程度）
T_2：水道引き込み管の連続給水最短時間〔min〕（30分程度）

受水タンクの容量は，断水時のことを考えれば大きいほどよいが，大きすぎると死水ができ，腐敗しやすくなるので，一般には1日の使用水量の1/2程度とする．ただし，各都市の水道事業者により，受水タンク容量が定められている場合があるので，事前に調査する必要がある．

2) 高置タンク容量

図3・6に示す高置タンク容量は，揚水量，ピーク時最大予想給水量およびその継続時間より決定する．

$$V_h > (Q_p - Q_{po})T_3 + Q_{po} \cdot T_4 \quad \cdots\cdots\cdots\cdots\cdots\cdots\cdots\cdots\cdots [3-7]$$

V_h：高置タンク有効容量〔l〕
Q_p：ピーク時最大予想給水量〔l/min〕
T_3：ピーク時最大予想給水量の継続時間〔min〕（30分程度）
T_4：揚水ポンプ運転最短時間〔min〕（10～15分程度）

高置タンクの容量も停電時を考えると大きいほどよいが，死水による腐敗，あるいは荷重による構造体への影響などから，あまり大きくしないほうがよい．一般的には，1日の使用水量の1/10～1/8程度とする．

3) 高置タンクの設置高さ

高置タンクの設置高さは，図3・7のように最高階に設置された水栓または器具の必要圧力（表3・6）と摩擦損失水頭により，次式で決定される．

$$H > \frac{P_1 + P_2}{g} \quad \cdots\cdots\cdots\cdots\cdots\cdots\cdots\cdots\cdots\cdots\cdots\cdots\cdots\cdots [3-8]$$

H：高置タンクの設置高さ〔m〕
P_1：最高位水栓あるいは器具の必要圧力〔kPa〕
P_2：高置タンクから最高位水栓あるいは器具までの摩擦損失水頭[1]〔kPa〕
　　　 0.5～1〔kPa/m〕
g：重力加速度9.8〔m/s^2〕

---

[1] 摩擦損失水頭：流体と固体との間に働く摩擦力で失われる損失エネルギーを水頭で表したもので，損失エネルギーを比重量で割った値．

表 3・4　住宅の用途別給水量

用途	給水量	
	1人当たり [l/人・d]	1戸当たり [l/戸・d]
飲用	2	—
炊事用	52	217
手洗い・洗面用	15	70
入浴用	51	187
洗濯用	54	220
便所用	39	136
掃除用	8	
洗車用	14	

（国土庁長官官房水資源部：昭和61年度水需給特定課題調査より）

表 3・5　事務所ビルの用途別給水量

用途		給水量
汚水系	男子小便器	11〜13 [l/人・d]
	男子大便器	4.5〜13.5 [l/人・d]
	女子便器	65.5〜77.2 [l/人・d]
雑排水系	男子洗面・手洗い	4.2〜4.8 [l/人・d]
	女子洗面・手洗い	5.8〜7.2 [l/人・d]
	湯沸し	3.7〜11.3 [l/人・d]
	掃除	0.6〜1.8 [l/人・d]
	厨房（社員食堂）	18〜42 [l/人・d]
夏期	冷却塔補給水	13.1〜20.5 [l/kw・d]
		146〜172 [l/usRT・d]
他	玄関まわりの散水	900〜1200 [l/箇所・d]
	駐車場	160〜360 [l/箇所・d]

（空気調和・衛生工学会編『給排水衛生設備計画設計の実務の知識』オーム社（空気調和・衛生工学会給排水設備規準委員会中間報告 給水小委員会：空気調和・衛生工学 昭和55年〜58年を元に作成）より）

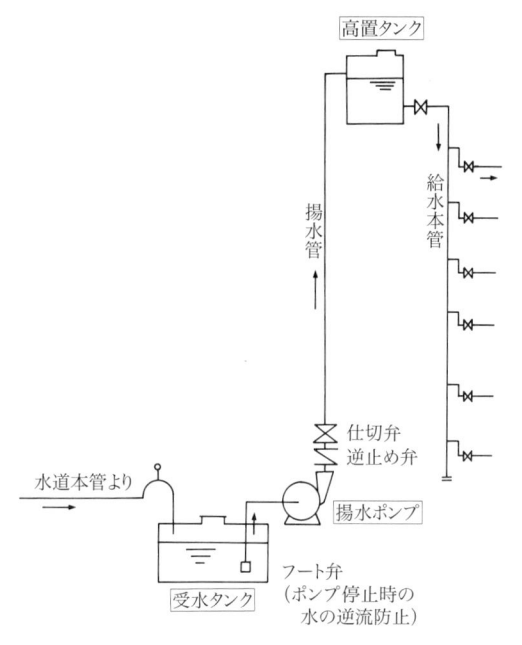

図 3・4　高置タンクの給水方式

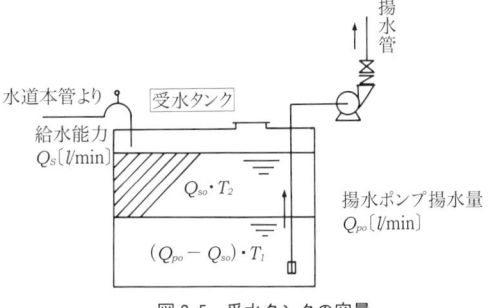

図 3・5　受水タンクの容量

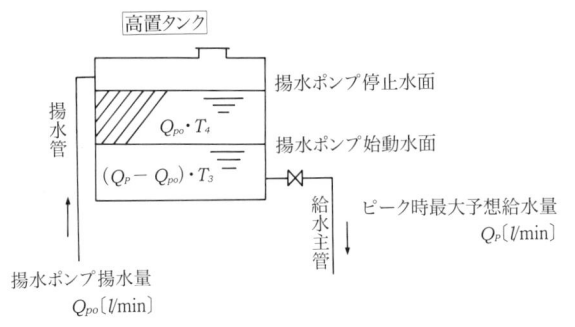

図 3・6　高置タンクの容量

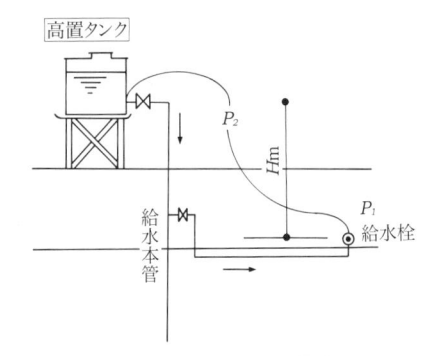

図 3・7　高置タンクの設置高さ

表 3・6　各器具の最低必要圧力

器具名		最低必要圧力 [kPa]
一般水栓		30
大便器洗浄弁		70
小便器洗浄弁	壁掛け形	30
	ストール形	70
シャワー		70
ガス瞬間湯沸器	4〜5号	40
	7〜6号	50
	22〜30号	70

【例題 3・1】 延べ面積 5000 m² の事務所建築において，1 日当たりの給水量，時間平均予想給水量，時間最大予想給水量を求めよ．ただし，延べ面積に対する有効面積の割合（有効面積率）は 60％とする．

【解】 1 日当たりの給水量 Q_d

表 3・3A 欄より，事務所建築における 1 人 1 日使用水量 $q = 100\,l/d$

表 3・3C 欄より，有効面積当たりの人員 $N = 0.2$ 人/m²

延べ面積 $A = 5000\,m^2$

有効面積率を 0.6 とすれば $k = 0.6$

1 日当たりの給水量は，式［3-2］より，

$$Q_d = 0.6 \times 5000 \times 0.2 \times 100 = 60000\,l/d = 60\,m^3/d$$

時間平均予想給水量 Q_h

1 日当たりの給水量 $Q_d = 60\,m^3/d$

表 3・3B 欄より，建築物使用時間 $T = 9h$

時間平均予想給水量は，式［3-3］より

$$Q_h = \frac{60000}{9} = 6700\,l/h = 6.7\,m^3/h$$

時間最大予想給水量 Q_m

時間平均予想給水量 $Q_h = 6700\,l/h$

時間最大予想給水量は，式［3-4］より

$$Q_m = 2 \times 6700 = 13400\,l/h = 13.4\,m^3/h$$

【答】 $Q_d = 60\,m^3/d$

$Q_h = 6.7\,m^3/h$

$Q_m = 13.4\,m^3/h$

【例題 3・2】 【例題 3・1】の事務所建築における受水タンク・高置タンクの容量を求めよ．ただし，配水管からの給水量は $50\,l/min$，連続給水最短時間 40 分，揚水ポンプの揚水量 $300\,l/min$，揚水ポンプの最短運転時間 15 分，連続運転時間 30 分，ピーク時継続時間を 30 分とする．

【解】 受水タンク容量 V_R

揚水ポンプの揚水量 $Q_{po} = 300\,l/min$

配水管からの給水量 $Q_{SO} = 50\,l/min$

揚水ポンプの連続運転時間 $T_1 = 30min$

水道引き込み管の連続給水最短時間 $T_2 = 40min$

受水タンクの容量は，式［3-6］より，

$$V_R > (300-50) \times 30 + 50 \times 40 = 9500\,[l] = 9.5\,[m^3]$$

高置タンク容量 V_h

ピーク時最大予想給水量 Q_p は，式［3-5］より

$$Q_p = \frac{4 \times Q_h}{60} = \frac{4 \times 6700}{60} = 447\,[l/min]$$

揚水ポンプの揚水量 $Q_{po} = 300\,l/min$

ピーク時継続時間 $T_3 = 30min$

揚水ポンプ運転最短時間　$T_4 = 15\text{min}$

高置タンクの容量は，式［3−7］より，

$$V_h > (447-300) \times 30 + 300 \times 15 = 8910 \,[l] \fallingdotseq 9 \,[\text{m}^3]$$

【答】　9 m³

【例題 3・3】　最上階に洗浄弁付き大便器が設置されているとき，洗浄弁から高置タンクまでの高さはいくら必要か．ただし，高置タンク出口から洗浄弁までの距離を 20 m とし，継手，弁類などの相当長を実長の 1/2 とする．また，配管 1 m 当たりの摩擦損失は 0.5 kPa とする．

【解】　最高位の器具必要圧力は，洗浄弁のため表 3・6 より，$P_1 = 70\,[\text{kPa}]$．高置タンク出口から洗浄弁までの摩擦損失 P_2 は，

$$P_2 = (20 + 20 \times 1/2) \times 0.5 = 15 \,[\text{kPa}]$$

式［3−8］より，

$$H > \frac{70+15}{9.8} = 8.7 \,[\text{m}]$$

【答】　8.7 m

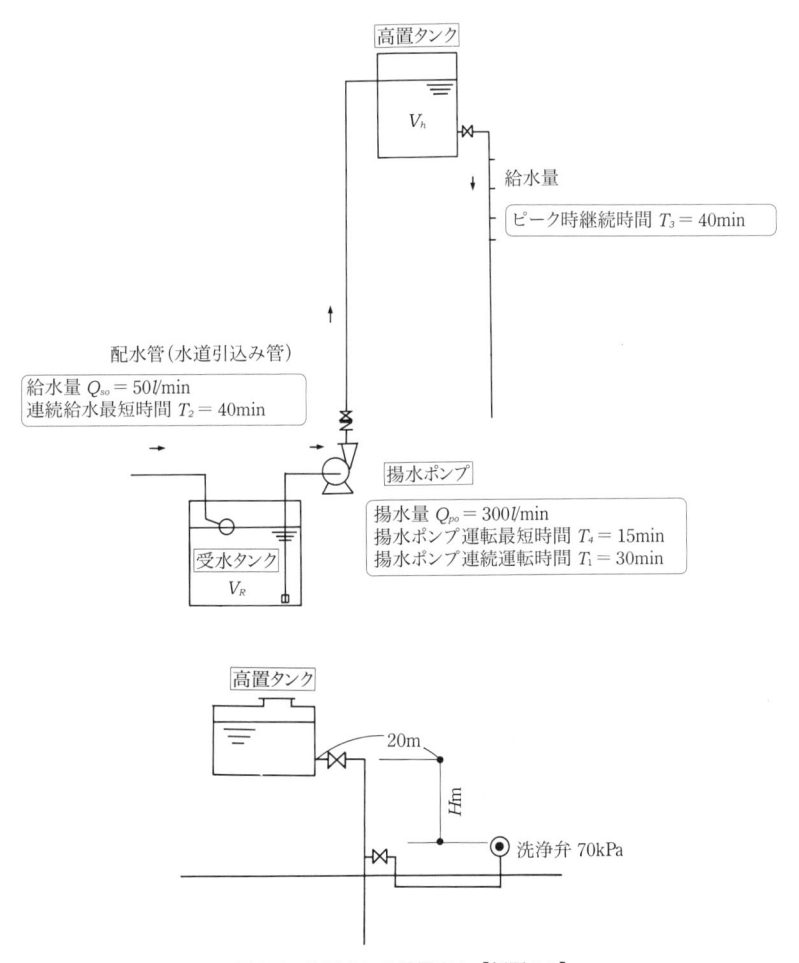

図 3・9　高置タンク設置高さ【例題 3・3】

《7》 揚水ポンプの能力

揚水ポンプの能力は，揚水量・揚程・モーター所要動力・口径などで表される．

揚水ポンプの特性は，横軸に揚水量，縦軸に回転数・全揚程・軸動力・効率をとった図 3・10 のような特性曲線で示される．

1) 揚水量 Q

揚水ポンプの揚水量は，一般に時間最大予想給水量以上とし，次式で求められる．

$$Q > \frac{Q_m}{60} \quad \cdots \cdots \cdots \cdots \cdots [3-9]$$

Q ：揚水量〔l/min〕

Q_m ：時間最大予想給水量〔l/h〕

2) 全揚程 H

揚水ポンプの全揚程（図 3・11）は，次式で求められる．

$$H = H_s + H_d + \frac{P_f}{g} + \frac{v^2}{2g} \quad \cdots \cdots \cdots \cdots \cdots [3-10]$$

H_s ：吸込み揚程〔m〕

　　　吸込み水面からポンプ中心までの垂直高さ

H_d ：吐出揚程〔m〕

　　　ポンプ中心より高置タンク流入口までの管内流速〔m/s〕

P_f ：フート弁より高置タンク流入口までの配管摩擦損失〔kPa〕

g ：重力加速度　9.8〔m/s²〕

v ：高置タンク流入口での流速〔m/s〕

3) 所要動力 L

モーターの所要動力は，ポンプの水動力，軸動力，伝導効率などから算出される．

(1) 水動力 L_w

水動力はポンプが Q m³/min の水を H m の高さまで押し上げるときの最小動力を意味し，次式で求められる．

$$L_w = \frac{\rho \cdot g \cdot Q \cdot H}{60 \times 1000} = \frac{g \cdot Q \cdot H}{60} = 0.163 Q \cdot H \quad \cdots \cdots \cdots \cdots \cdots [3-11]$$

L_w ：水動力〔kW〕

ρ ：水の密度　1000〔kg/m³〕

g ：重力加速度　9.8〔m/s²〕

Q ：揚水量〔m³/min〕

H ：揚程〔m〕

(2) 軸動力 L_s

軸動力は，ポンプを実際に運転したときの必要動力で，水動力に摩擦損失分などを加えた動力をいい，次式で求められる．

$$L_s = \frac{L_w}{\eta} = \frac{g \cdot Q \cdot H}{60 \cdot \eta} = \frac{0.163 \cdot Q \cdot H}{\eta} \quad \cdots \cdots \cdots \cdots \cdots [3-12]$$

L_s ：軸動力〔kW〕

η ：ポンプ効率（45～65%）（ポンプ口径の小さなものは効率が悪い）

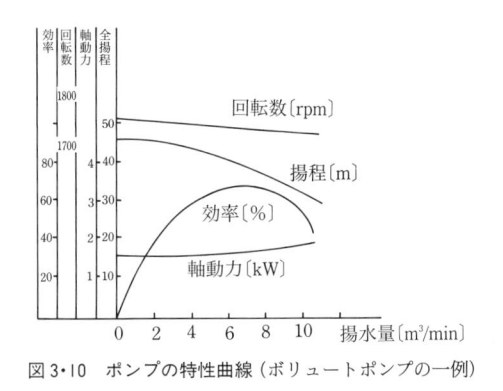

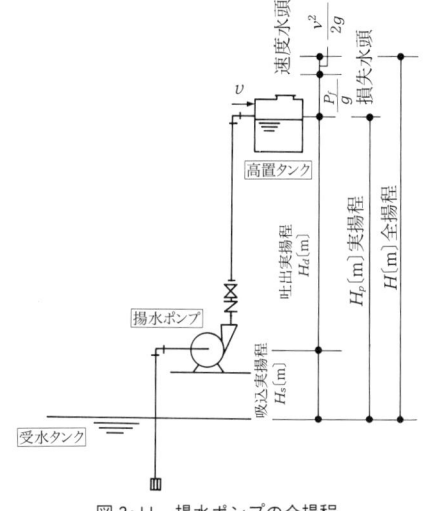

図 3·10 ポンプの特性曲線（ボリュートポンプの一例）

図 3·11 揚水ポンプの全揚程

【例題 3·4】 【例題 3·1】における揚水ポンプの能力を求めよ。ただし、全揚程 $H_s+H_d=30$ m、配管実長 50 m、配管 1 m 当たりの摩擦損失 0.5 kPa、弁、継手類の相当長は配管実長の 50％、管内流速 1.5 m/s、ポンプ効率 60％、ポンプはモーター直結とする。

【解】
揚水量 Q
$Q_m=13400 l/h$
揚水量は、式〔3-9〕より
$Q=\dfrac{13400}{60}=223 〔l/min〕=0.223 〔m^3/min〕$

揚程 H
実揚程 $H_s+H_d=30 〔m〕$
配管摩擦損失 P_f/g
$P_f/g=(50+50×1/2)×0.5/9.8=3.8 〔m〕$
吐出口における運動エネルギー $v^2/2g$
$v^2/2g=1.5^2/(2・9.8)=0.1 〔m〕$
揚程は、式〔3-10〕より
$H=30+3.8+0.1=33.9≒34 〔m〕$

モーター所要動力 L
モーター所要動力は、式〔3-13〕より
余裕率 $α=0.1$ とすると
$L=\dfrac{0.163(1+0.1)×0.223×34}{0.6}=2.3$

【答】 $Q=223 l/min$
$H=34 m$
$L=2.3 kW$

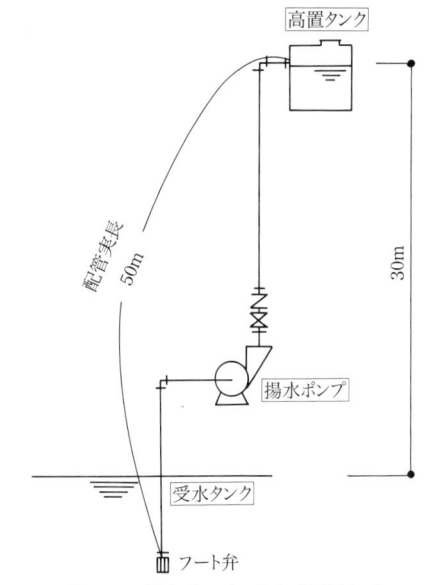

図 3·12 揚水ポンプの能力【例題 3·4】

(3) モーター所要動力　L

モーター所要動力は，起動時におけるモーターの過負荷の保護のために余裕を見込んだり，モーターとポンプの伝導効率を考慮したもので，次式で求められる．

$$L=\frac{(1+\alpha)\cdot L_s}{\eta_t}=\frac{(1+\alpha)\cdot g\cdot Q\cdot H}{60\cdot \eta\cdot \eta_t}=\frac{0.163\cdot (1+\alpha)\cdot Q\cdot H}{\eta\cdot \eta_t} \quad \text{[3-13]}$$

　　　　α　：余裕率（モーターの場合 0.1〜0.2）
　　　　η_t　：伝導効率（モーター直結の場合 1.0）

◀8▶ 給水管径の求め方

給水管の管径は，次の瞬時最大流量と許容動水勾配に基づき，図3・13のような流線図を用いて求める．なお，給水枝管の管径の求め方として管均等表による簡便法がある．

1) 瞬時最大流量の算定

瞬時最大流量の求め方には，次の3つの方法がある．

①水使用時間率と器具給水単位より求める方法

実際に水が使用されている時間の割合，器具の設置個数，器具の利用形態（集中的に利用されるか，あるいは随時使用されるか），器具給水単位（洗面器流し洗い流量 14l/min を基準とした時の他の各器具の標準流量の割合）より，流量を求める．

②器具給水負荷単位より求める方法

表3・7の各管に接続された器具の器具給水負荷単位（各器具の使用頻度，使用状態，使用時間を考慮した負荷率を見込んだ器具給水単位）を累計して，図3・14の線図より流量を求める．

③各器具の使用流量より求める方法

各管に接続された各器具の瞬時最大流量に設置個数，器具同時使用率を乗じて，流量を求める．

表3・7　器具給水負荷単位

器具名		器具給水単位		器具名		器具給水単位	
		公衆用	私室用			公衆用	私室用
大便器	洗浄弁	10	6	食器流し	給水栓	5	
	洗浄タンク	5	3	連合流し	給水栓		3
小便器	洗浄弁	5		洗面流し[1]	給水栓	2	
	洗浄タンク	3		掃除用流し	給水栓	4	3
洗面器	給水栓	2	1	浴槽	給水栓	4	2
手洗い器	給水栓	1	0.5	シャワー	混合水栓	4	2
事務室用流し	給水栓	3		バスルームユニット	洗浄弁		8
台所流し	給水栓		3	大便器	洗浄タンク		6
料理用流し	給水栓	4	3	水飲み器	水飲み水栓	2	1
	混合水栓	3		湯沸し器	ボールタップ	2	
医療用洗面器	給水栓	3		散水・車庫	給水栓	5	

注1) 水洗1個につき
　2) 給湯栓併用の場合は，1個の水栓に対する器具給水単位は上記の数値の3/4とする．

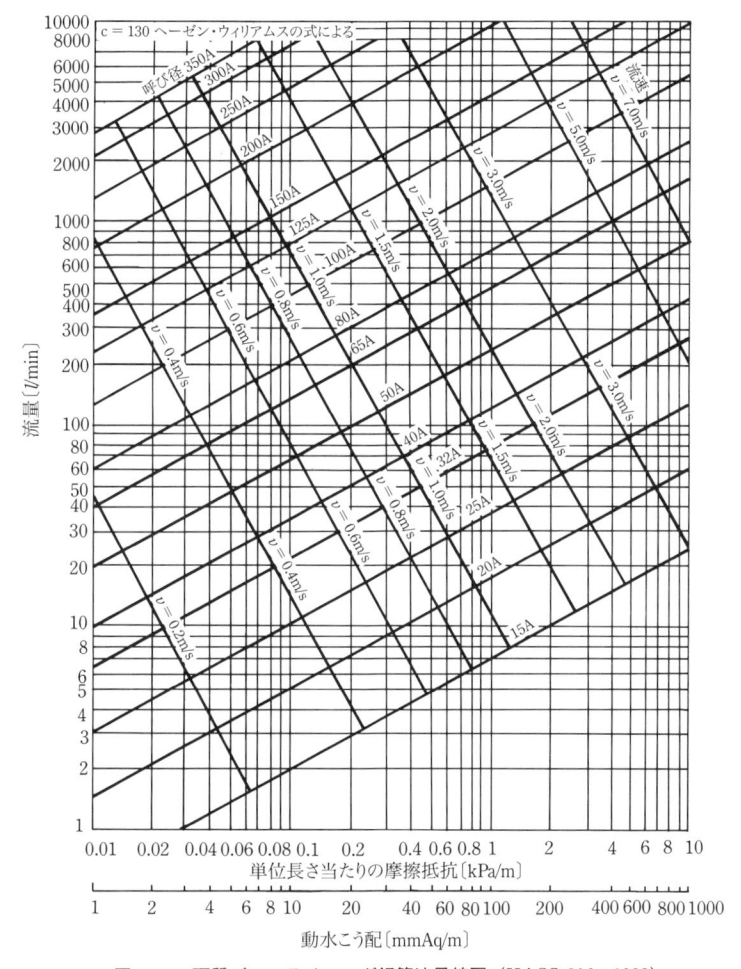

図 3・13 硬質ビニルライニング鋼管流量線図 (HASS 206−1982)

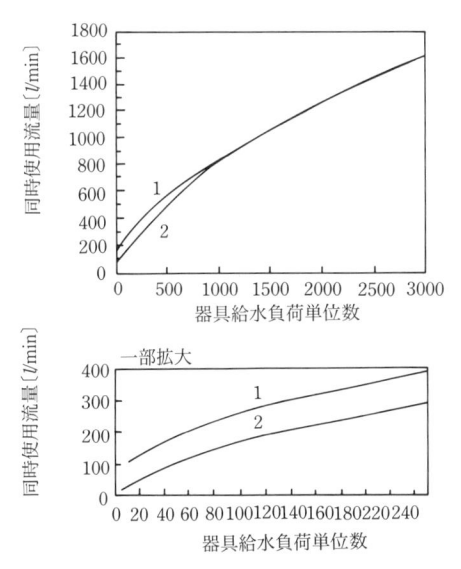

図 3・14 器具給水負荷単位による流量 (HASS 206−1991)

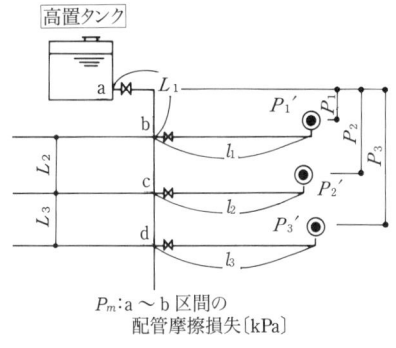

図 3・15 許容動水勾配

P_m：a〜b 区間の配管摩擦損失 [kPa]

2） 許容動水勾配の算定

許容動水勾配とは，各管における1m当たりの許される摩擦損失水頭を意味し，図3・15をもとに次式で求められる．

$$i_2 = \frac{P_2 - P_2' - P_m}{K\ (L_2 + l_2)} \quad\quad\quad [3-14]$$

i_2 ：許容動水勾配〔kPa/m〕
P_2 ：給水栓にかかる圧力〔kPa〕（高置タンク出口から給水栓までの高さ）
P_2' ：給水栓の最低必要圧力〔kPa〕（表3・6参照）
Pm ：給水主管 a～b 区間の摩擦損失〔kPa〕
K ：管路係数[1]（2.0～3.0）
L_2 ：区間 b～c における直管長〔m〕
l_2 ：給水枝管における直管長〔m〕

◀9▶ 給水配管法

給水配管は，飲料水を供給する系統では，器具・装置の機能をじゅうぶん果たすもので，汚染させる恐れのあるものは使用してはならない．また使用条件に適した耐用年数のもので，損傷した場合に備え，容易に改修できるように計画しておく必要がある．

1） 給水配管材料

配管材料は JIS，あるいは JWWA に規定されたもので，使用目的，用途に適した材質，形状のものを用い，水が汚染されず，使用圧力に耐えるものでなければならない．

給水配管に使用される主な配管材料の特徴を，表3・9に示す．

2） 給水器具と弁類

給水器具には，給水栓・自動洗浄弁・混合弁（ミキシングバルブ）・ボールタップ・自動給水装置・シャワーなどがある．また，給水・給湯用に使用される弁類には，仕切り弁・玉形弁・逆止め弁・バタフライ弁などがある．

(1) 給水栓

給水栓とは，水受け容器などに水・湯を供給する器具のなかで，洗面器，手洗器，流しなどに供給するための器具をいい，口径が13 mm・20 mm および25 mm のものがある．一般的には，13 mm のものが使用されるが，流量調節用の「こま」の形状を変えることにより，節水型にすることができる．

給水・給湯用の給水栓は，JIS B 2601 に，種類，材質，形状，寸法などを規定している．

(2) 自動洗浄弁

自動洗浄弁とは，図3・18 のように大便器，小便器の自動洗浄に用いられるものをいう．

大便器洗浄弁には，ハンドル式，押しボタン式などがある．大便器洗浄弁の標準吐水量は，10 秒間で 15l であるが，節水形大便器を使用した場合には，流量調整ネジによって 8～11l に流量を調節することができる．一般の大便器洗浄弁の最低必要圧力は 70 kPa であるが，高置タンク給水方式を採用された建築物の最上階などのように，じゅうぶんな水圧を確保できない場合には低圧用洗浄弁がある．

節水形洗浄弁には，ノンホールディング機構を採用し，ハンドルを長く押し続けても，一定の標準吐水量しか吐出しないタイプのものがある．大便器洗浄弁は，JIS A 5521 に規格が定められている．

---

1) 管路係数：直管長に対する継手や弁類の相当長を含めた配管長さの割合．

【例題3·5】 器具給水負荷単位による方法により，図3·16の区間A～Bの瞬時最大流量を求め，管径を決定せよ．ただし，この建築物は事務所ビルとし，大便器，小便器には洗浄弁を使用するものとする．

【解】

瞬時最大流量

各階の器具給水単位は，表3·7より，表3·8のようになる．

したがって，区間A～Bが受け持つ器具給水単位は，36×4＝144となる．

瞬時最大流量は，図3·14の線図1より

$Q=310 l/\text{min}$

表3·8 各階の器具給水単位

器具名	器具給水単位	個数	累計	トータル
大便器	10	2	20	36
小便器	5	2	10	
洗面器	2	2	4	
湯沸器	2	1	2	

許容動水勾配（単位長さ当たりの摩擦損失）

区間A～Bの場合，式［3－14］は

$i=\dfrac{P-P'}{K(L+l)}$　となる．

$p=\{(9+1)-1.2\}\times 9.8=86.3$ 〔kPa〕

p'：大便器洗浄弁であるので表3·6より

$p'=70$ 〔kPa〕

$L=2+9=11$ 〔m〕

$l=15$ 〔m〕

Kを2.0と仮定すると，

$i=\dfrac{86.3-70}{2(11+15)}=0.31$ kPa/m

管径

図3·13の線図より，図3·17のようにとると，管径80Aで

その時の動水勾配は，0.21 kPa/mとなる．

【答】 80 mm

図3·16 【例題3·5】の4階建事務所ビル

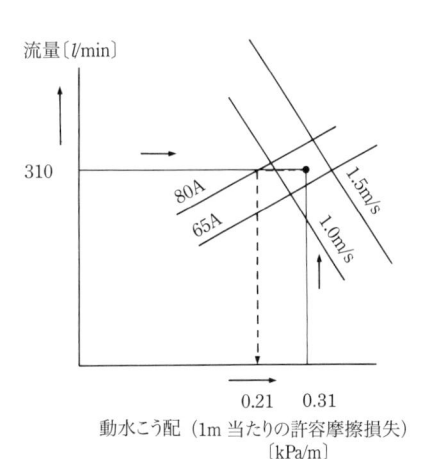

図3·17 【例題3·5】の管径の求め方

(3) 仕切弁

仕切弁は，図3・19に示すように，流体の通路を弁内の仕切板によって遮断するもので，半開時は摩擦抵抗が大きいため，一般には全開または全閉で使用する．弁の材質は青銅製，鋳鉄製が主で，種類としては内ネジ式，外ネジ式がある．また，接続形式には，大口径に使用されるフランジ形と小口径に使用されるねじ込み形とがある．

(4) 玉形弁

玉形弁は，図3・20のように弁内が球状をしていることからこのように呼ばれる．この弁は主に高圧用で，リフトが小さいので開閉時間が早く，半開でも使用できる．

アングル弁は，流れの方向を直角に変えるもので，玉形弁の変形である．

(5) 逆止め弁

逆止め弁は，流体の流れが何らかの影響により逆流するのを防止するために設けられるもので，図3・21のスイング式と図3・22のリフト式がある．

逆止め弁は，急激に遮断するタイプのものが多く，ウォータハンマ（水撃作用）を起こす要因となる．そのために，高層階への供給用揚水管のように，ウォータハンマを防止するためのスプリングを内蔵した衝撃吸収式逆止め弁もある．

フート弁は，特殊な逆止め弁として，ポンプの吸込管の末端に設け，ポンプが停止した時の配管内の水の落下を防止するためのものである．

3） 給水汚染防止

我々は何の抵抗もなく水道水を飲料用として口にするが，もし，水道管が汚染されていた場合には多数の病人を出すこととなる．したがって，汚染の要因，対策にはじゅうぶんに考慮する必要がある．

(1) 給水汚染の要因

上水における汚染の原因には，クロスコネクション，逆サイホン作用などによる汚染物質の混入や，機材などからの汚染物質の溶出が考えられる．クロスコネクションとは，上水給水・給湯系統とその他の系統が配管装置などにより直接接続されることをいい，また，逆サイホン作用とは，水受け容器中に吐き出された水，使用された水，またはその他の液体が，給水管内に生じた負圧による吸引作用のため，給水管内に逆流することをいう．

(2) 給水配管の汚染防止

給水設備の汚染を防止するには，次のことを守らなければならない．

①給水配管系統には，それ以外の配管を接続してはならない．

　　［例］上水と井水系統の接続

　　　（井水が，どれほどきれいな水でも，上水系統に接続するとクロスコネクションとみなされる．）

②給水配管材は，不浸透質の耐水材料とすること．

③給水栓などの吐水口と水受け容器などとの空間（吐水口空間という）をじゅうぶん確保するか，または，給水管内の負圧による逆流防止のための，バキュームブレーカ（図3・23）を設ける．吐水口空間とは図3・24のように，給水栓または給水管の吐水口端とあふれ縁との垂直距離をいう．

表 3・9 給水配管材の特徴

配管材	特徴	継手
水道用亜鉛メッキ鋼管	配管用炭素鋼鋼管に亜鉛メッキを施したものであるが，水道の原水である河川の水質の悪化に伴い，亜鉛の溶出が短期間に起こり，腐食・赤水が発生しやすい．	ねじ込み式可鍛鋳鉄管継手
水道用ステンレス鋼管	金属管では軽量であり，耐食性に優れるが，価格が高い．	メカニカル継手溶接式
水道用硬質塩化ビニールライニング鋼管	配管用炭素鋼鋼管の黒管または水道用亜鉛メッキ鋼管に硬質塩化ビニールをライニングしたもので，内面腐食は管端のみ問題	水道用樹脂コーティング管継手となる．
水道用ポリエチレン粉体ライニング鋼管	配管用炭素鋼鋼管にポリエチレン粉体を融着したもの．管端腐食が問題となるので管端防食継手を使用する．	水道用樹脂コーティング管継手
水道用耐衝撃性硬質塩化ビニル管	塩化ビニル管の衝撃に弱い欠点を補うもので，コンクリート内配管，屋外配管に使用される．	水道用耐衝撃性硬質塩化ビニル管継手

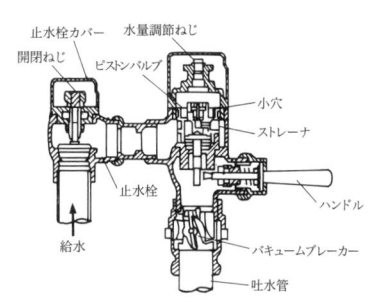

図 3・18 大便器自動洗浄弁

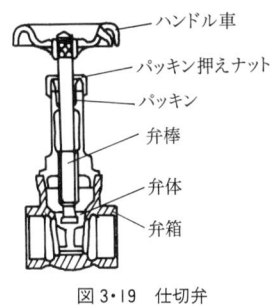

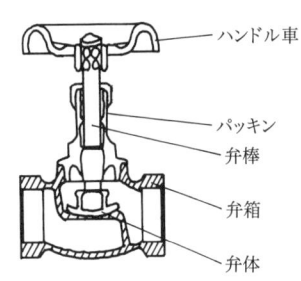

図 3・19 仕切弁

図 3・20 玉形弁

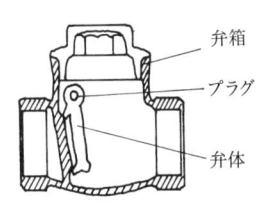

図 3・21 スイング式逆止め弁

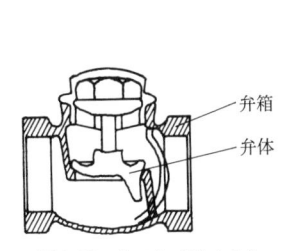

図 3・22 リフト式逆止め弁

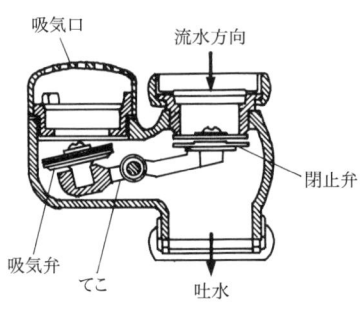

図 3・23 バキュームブレーカ

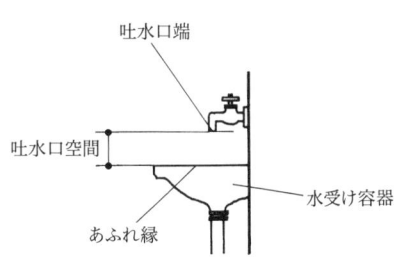

図 3・24 吐水口空間

(3) 給水タンク類の汚染防止

飲料用の給水・給湯タンク類の構造は，汚染防止の点から表3・10に示されるように，建設省告示1597号などによって規定されている．

4） ウォータハンマ（水撃作用）

図3・26のような管路（管の中を満水で流れる状態）を，電磁弁などで急激に閉めれば，水の持っていた運動エネルギーが圧力エネルギーにかわり，管内に急激な圧力上昇が起こる．この現象をウォータハンマといい，配管や機器に損傷を与えたり，振動，騒音を発生させる要因となる．

弁を急激に閉めた時の圧力上昇の大きさは，次式のジューコフスキーの公式で表される．

$$P = \rho \cdot a \cdot v \quad \cdots\cdots\cdots\cdots\cdots\cdots\cdots\cdots\cdots\cdots\cdots\cdots\cdots\cdots\cdots\cdots\cdots\cdots\cdots\cdots\cdots\cdots\cdots\cdots\cdots\cdots\cdots\cdots\cdots\cdots\cdots\cdots\cdots\cdots\cdots\cdots\cdots\cdots\cdots\cdots\cdots\cdots\cdots\cdots\cdots \quad [3-15]$$

$\quad P$ ：圧力上昇の大きさ〔mAq〕
$\quad \rho$ ：水の密度〔kg/m³〕
$\quad a$ ：圧力伝播速度〔m/s〕[1]
$\quad v$ ：水の管内流速〔m/s〕

衝撃圧の大きさは，上式より管内流速に比例することがわかる．

塩化ビニルライニング鋼管を使用した場合，管内流速3 m/sでウォータハンマが起こったとすれば，3MPa[2]の圧力が配管系にかかると考えられる．

ウォータハンマを防止するには，次のような方法がある．

①管内の流速をできるだけ小さくする．管径を太くし，給水主管の流速は1.5 m/s以内とする（HASS 206：空気調和・衛生工学会規格）．
②急激に閉まる弁はできるだけ避け，弁の開閉をゆっくり行う．
③ポンプ吐出側における逆止め弁は，衝撃吸収式逆止め弁とする．
④ウォータハンマが生じやすい配管途中に，図3・27に示されたウォータハンマ防止器を設置する．

---

[1] 圧力伝播速度：圧力波の速さで，一般に音速と考えるが，管の材質・内径・肉厚などに影響される．
[2] 1 MPa＝1000 kPa

表3・10 飲料用タンク類の構造規定

	飲料用タンクの構造
①	タンクの周壁，天井および底は建物の躯体その他の部分を兼用せず，保守点検のための十分な空間をとること．図3・25参照．
②	タンクの点検・清掃を容易に行えるよう2基以上に分割するか，タンク内に隔壁を設ける．
③	タンクのマンホールは直径60cm以上の円が内接するものとし，上縁をタンク天井より10cm以上立ち上げる．
④	タンクの天井面は雨水，清掃時の洗浄水が流れ込まないように1/100の勾配をつける．
⑤	タンクの底部は1/100の勾配をつけ，排水溝，吸い込みピットを設ける．
⑥	有効容量2m³以上のタンクには通気管を設ける．また，通気管の末端には防虫網を設ける．
	注 意 点
①	タンク内部には，飲料用以外の配管，たとえば，空調設備，あるいは消火設備などの配管を設けてはならない．
②	タンクを屋外に設置し，タンクの底を地盤面に接している場合，他の施設，または，敷地境界線からタンクまでの水平距離を5m以上としなければならない．水平距離5m以上離せない場合はタンクの6面が点検できるように地上に設けるか，またはピットを設けて設置しなければならない．

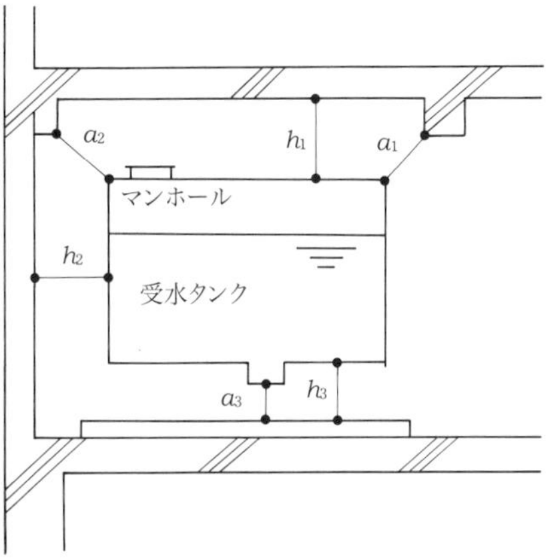

h_1，h_2，h_3：保守点検を容易に行える距離
h_1：タンクと天井の距離1m以上
h_2，h_3：タンクと側壁，床面との距離0.6m以上
a_1，a_2，a_3：保守点検に支障のない距離

図3・25 受水タンクの周壁の点検スペース

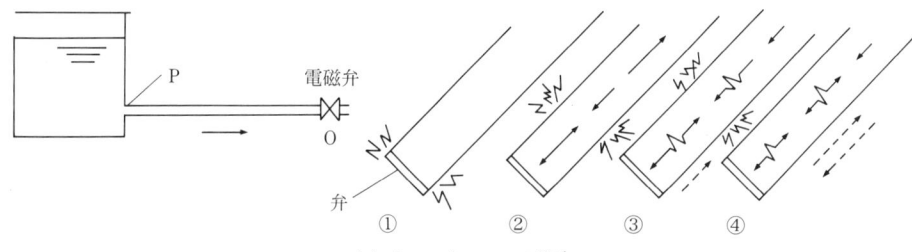

(a) ウォータハンマの発生

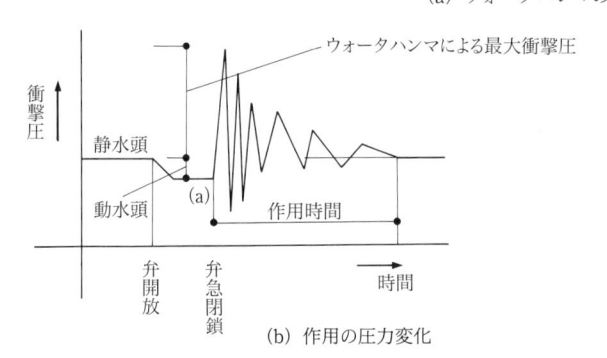

図(a)の管路で電磁弁で急閉鎖した場合，①～④の順序でウォータハンマが生じる．
①弁が遮断された時点で弁の背部に圧力波が起こる．
②管壁面に対して管を押し拡げようとする圧力と，流れの反対方向に圧力波が移動する．
③管内の水を伝わって点線の矢印の方向に逆行し，タンク出口で反転し，弁まで戻る．
④ P～O間を圧力波が非常な速度で往復し，エネルギーは音や熱に変り，衰えていく．
以上の作用の圧力変化を線図で示すと，図(b)のようになる．

(b) 作用の圧力変化

図3・26 ウォータハンマ

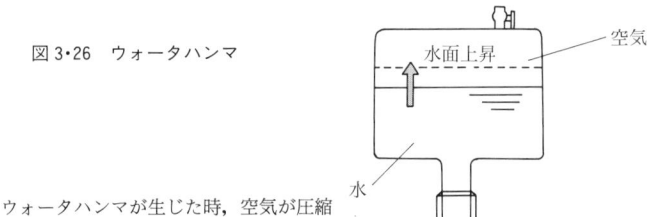

ウォータハンマが生じた時，空気が圧縮され，衝撃圧が吸収緩和される．
図3・27 ウォータハンマ防止器の構造

3・3　給湯設備

　給湯設備とは，飲料用または浴室，洗面所，厨房（台所）などの雑用として必要な温度の湯を必要な箇所に供給する設備のことをいい，給水設備と比較して，湯の膨張，飽和空気の発生，自然循環力，そして管の伸縮などを考慮して計画する必要がある．

◀1▶　湯の基本的性質

1）　湯の膨張

　水は，一般に温度が上昇すると表3・11のように体積が膨張し，下降すると収縮する．0℃の水が100℃の湯になると，約4％膨張する．したがって，給湯配管にはこの膨張量を逃がす管（逃がし管または膨張管という）と膨張タンクを設ける必要がある．

2）　飽和空気の発生

　水を加熱すると水中に含まれた空気が遊離し，配管途中の凸部に停滞し，湯の循環を妨げることとなる．したがって，この空気を給湯栓または膨張タンクに抜けるよう配管施工しなければならない．梁などにより凸部ができる場合は空気抜き弁を設けるか，または，図3・28のように逃がし管（膨張管）を設けて膨張タンクに開放する必要がある．

3）　自然循環力

　ボイラ内の水を加熱すると，熱せられた水は密度が小さくなって上昇し，冷水は下降する．たとえば図3・29のようなガス風呂の場合に，浴槽の上部は熱くなっていても，底の部分がまだ冷たい状態は，この循環作用において起こる．また，図3・28のような配管系においても，湯は循環作用を起こす．この循環作用を起こす力，自然循環力は次式で表される．

$$P = (\rho_1 - \rho_2) g \cdot h \quad \cdots\cdots\cdots\cdots\cdots\cdots\cdots\cdots\cdots\cdots\cdots [3-16]$$

　　　P　：循環圧力〔Pa〕
　　　ρ_1　：水の返湯管における密度〔kg/m³〕
　　　ρ_2　：水の給湯管における密度〔kg/m³〕
　　　h　：返湯管の最下部と給湯管の最上部までの距離〔m〕

4）　配管の伸縮

　管の伸縮量は，次式で表され，温度差と長さに比例する．

$$\Delta L = 1000 \cdot l \cdot \alpha \cdot \Delta t \quad \cdots\cdots\cdots\cdots\cdots\cdots\cdots\cdots\cdots\cdots [3-17]$$

　　　ΔL　：管の伸縮量〔mm〕
　　　l　：元の管の長さ〔m〕
　　　α　：管の線膨張係数（表3・12）
　　　Δt　：温度差〔K〕

　たとえば，銅管において長さ30m，温度差50Kとすると，約3cm伸縮する．

　したがって，給湯配管における温度差は，50K近くにのぼるので，配管の長手方向の伸縮量を吸収する伸縮継手が必要となる．給湯配管に使用される主な伸縮継手には，図3・30のスリーブ型と図3・31のベローズ型がある．

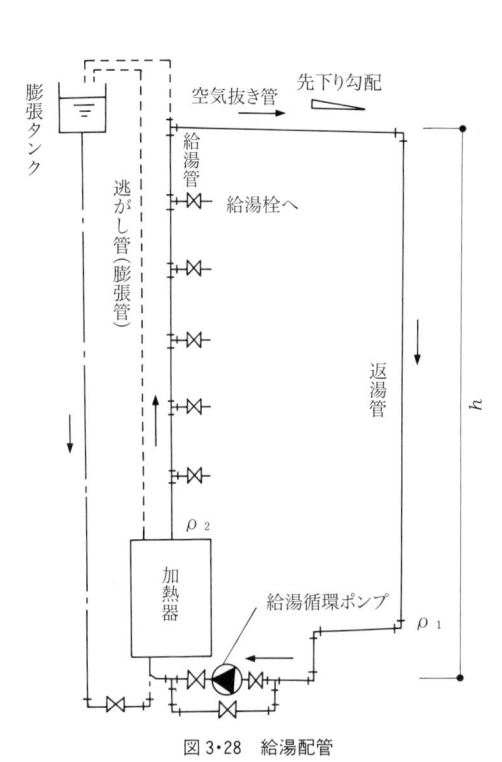

表3・11 標準大気圧（101.3 kpa）における水の密度

温度〔℃〕	密度〔kg/m³〕	比体積〔m³/kg〕
0	999.8	1.0002×10^{-3}
4	1000.0	1.0000×10^{-3}
10	999.7	1.0003×10^{-3}
20	998.2	1.0018×10^{-3}
30	995.7	1.0043×10^{-3}
40	992.2	1.0079×10^{-3}
50	988.1	1.0120×10^{-3}
60	983.2	1.0171×10^{-3}
70	977.8	1.0227×10^{-3}
80	971.8	1.0290×10^{-3}
90	956.3	1.0359×10^{-3}
100	958.4	1.0434×10^{-3}

表3・12 各種管材の膨張係数

管の種類	線膨張係数
鋼　　管	1.098×10^{-5}
ステンレス鋼鋼管	1.600×10^{-5}
銅　　管	1.710×10^{-5}
黄　銅　管	1.872×10^{-5}
耐熱性硬質塩化ビニル管	7.000×10^{-5}

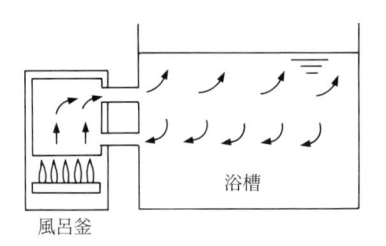

図3・28 給湯配管

図3・29 給湯循環作用

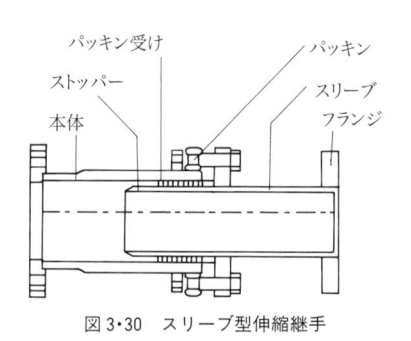

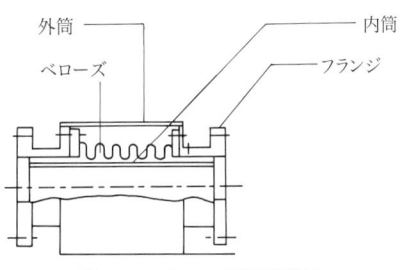

図3・30 スリーブ型伸縮継手

図3・31 ベローズ型伸縮継手

《2》 給湯温度

表3・13は用途別使用給湯温度を示したものである．飲料用給湯は給湯温度が高いため，一般に別系統とし，浴室，洗面所，厨房（台所），洗濯用などの雑用給湯は一般に60℃の温度で供給し，用途に応じて水を混ぜ，適温として使用する．なお，皿洗い機のすすぎ用は給湯温度が高いため，別系統とするか，またはブースターヒーター（再加熱器）を使用する．

《3》 給湯量

湯の使用量は，生活様式などによって大きく異なるが，建築物全体で使用される給湯量の算定の基礎となる建築物種類別給湯量，器具別給湯量を表3・14，表3・15に示す．

給湯量の算定には給湯人員から求める方法と，器具数から求める方法がある．

1) 人員からの算定

給湯人員が把握できる場合の1日当たりの最大予想給湯量，および時間最大予想給湯量は，次式で求める．

$$Q_d = q_d \times N \quad \cdots\cdots\cdots\cdots\cdots\cdots\cdots\cdots\cdots\cdots\cdots\cdots\cdots\cdots\cdots \text{[3-18]}$$
$$Q_h = Q_d \times q_h \quad \cdots\cdots\cdots\cdots\cdots\cdots\cdots\cdots\cdots\cdots\cdots\cdots\cdots\cdots \text{[3-19]}$$

Q_d ： 1日当たりの最大予想給湯量〔l/d〕（表3・14参照）
Q_h ： 時間最大予想給湯量〔l/h〕（表3・14参照）
q_d ： 1人1日当たりの最大給湯量〔l/人・d〕
q_h ： 1日の使用量に対する1時間当たりの割合
N ： 給湯人員〔人〕

2) 器具数からの算定

建築物に設置された器具数からの算定は，次のようにして求める．

$$\frac{\begin{array}{l} q_1 \times p_1 \times n_1 \\ + q_2 \times p_2 \times n_2 \\ + q_3 \times p_3 \times n_3 \\ + q_4 \times p_4 \times n_4 \\ + \quad \vdots \end{array}}{Q_{h0} \times k} \quad \cdots\cdots\cdots\cdots\cdots\cdots\cdots\cdots\cdots\cdots \text{[3-20]}$$

$q_1, q_2 \cdots$ ： 器具の種類別1回当たりの給湯量〔l/回・個〕（表3・15参照）
$p_1, p_2 \cdots$ ： 器具の種類別1時間当たりの使用回数〔回／h〕（表3・15参照）
$n_1, n_2 \cdots$ ： 器具の種類別個数〔個〕
k ： 建築物別器具同時使用率（表3・16参照）
Q_{h0} ： 全器具同時に使用された場合の給湯量〔l/h〕

表3・13 用途別給湯温度

用　途		使用温度〔℃〕	用　途		使用温度〔℃〕
飲料用		50〜55	厨房用	一般用	45
浴用	成人	42〜45		皿洗い器洗浄用	45 (60)
	小児	40〜42		皿洗い器すすぎ用	70〜80
	治療用	35	洗濯用	商業用一般	60
シャワー		43		絹及び毛織物	33〜37
手洗い用	洗面用	40〜42		リンネル及び綿織物	49〜52
	医科用	43	遊泳プール		21〜27
ひげそり用		46〜52	ガレージ(洗車用)		24〜30

(「空気調和・衛生工学会便覧」昭和39年版より)

表3・14 建築物種類別設計給湯量 Q_h

建築物の種類	1日当たりの最大給湯量 q_d	時間当たりの最大給湯量 Q_h	1日の使用量に対する1時間当たりの割合 q_h	ピーク時継続時間
住　　　宅	75〜150 l/人	10.7〜21.4 l/人	1/7	4
集　合　住　宅	75〜150 l/人	10.7〜21.4 l/人	1/7	4
事　務　所	7.5〜11.5 l/人	1.5〜2.3 l/人	1/5	2
ホテル宿泊部	75〜150 l/人	10.7〜21.4 l/人	1/7	4
総　合　病　院	150〜200 l/床			
工　　　場	20 l/人	4 l/人	1/5	1

(注)総合病院は「実測値の例」を示す.

(『空気調和・衛生工学便覧』より)

表3・15 器具別の給湯量(給湯温度60℃基準)

器具の種類	1回当たりの給湯量〔l/回〕	1時間当たりの使用回数〔回/h〕
個人洗面器	7.5	1
一般洗面器	5	2〜8
洋風浴槽	100	1〜3
シャワー	50	1〜6
住宅用台所流し	15	3〜5
配膳流し	10	2〜4
住宅用洗濯流し	15	4〜6
掃除流し	15	3〜5
公衆浴場	1人当たり30 l	3〜4

(衛生工業協会「衛生工学便覧」昭和32年版より)

表3・16 建築物別器具同時使用率

建築物の種類	異種器具間の同時使用率〔%〕
ホテル・病院	25
住宅・集合住宅・事務所	30
工場・学校	40

(『空気調和・衛生工学便覧』より)

表3・17 給湯方式の分類と特徴

	給湯方式	内　容	特　徴
局所式給湯法	瞬間式	浴室,洗面所,台所など湯を必要とする箇所ごとに加熱器(瞬間湯沸器)を設ける方式	瞬時に適温の湯を得ることができ,配管からの熱損失が少ない(住宅)
	貯湯式	最大予想給湯量を予め貯湯し,配管により必要箇所へ給湯する方式	短時間に多量の湯を必要とするところに有効で,加熱器容量を大きくしなくてよい(工場)
	貯蔵式	飲料用として貯湯式の湯沸器を設けて給湯する方式	お茶などの高温の湯を得るのに簡単である(食堂)
	サイレンサ式	蒸気を水と混合するか,または水の中へ直接吹き込んで温水を作る方式	工場・病院などのように蒸気が余っているような場合,集団浴場などに多量の熱量を供給することができる
中央式給湯法	直接加熱式	図3・32のようにボイラなどの加熱器で作られた温水が直接必要とする箇所へ供給される方式	熱効率は良いが,ボイラ内面あるいは管に水中のCa,Mgの影響でスケールが発生し管径を縮小するおそれがある(小規模建築物)
	間接加熱式	図3・33のようにボイラなどの加熱器で作られた蒸気または温水を熱媒として,貯湯タンク内で熱交換し,温水を得る方式	1次側では常に同じ蒸気・温水が循環するため,スケールの発生が少ない.建物の高さに関係なく,低圧ボイラを使用できる(大規模建築物)

《4》 給湯方式

給湯方式は，表3·17 のように局所式と中央式があり，建築物の種類，規模，用途などに適した方式が採用される．

《5》 給湯器の能力

1) 瞬間式湯沸器

瞬間式湯沸器の能力は，1分間当たり25K温度上昇した出湯量〔l/min〕で表され，一般に号数で表示される．

たとえば，給水温度 t_c℃で，t_h℃の湯を $Q\,l$/min 必要なときに設ける瞬間湯沸器の能力は，次式で求められる．

$$H = \frac{1}{60} \times k \times c_p \times \rho \times Q \times (t_h - t_c) \quad \cdots\cdots [3-21]$$

H ：湯沸器加熱器能力〔W〕
k ：余裕率（1.1～1.2）
c_p ：水の比熱（4.186〔kJ/kg・K〕）
ρ ：水の密度（1000〔kg/m³〕）
Q ：給湯量〔l/min〕
t_h ：湯の温度〔℃〕
t_c ：水の温度〔℃〕

2) 飲料用貯湯タンク

飲料用貯湯式湯沸器の貯湯量は，次式で求められる．

$$Q = \frac{q \times N}{k} \quad \cdots\cdots [3-22]$$

q ：1人当たりの給湯量〔l/人〕（食堂 0.1～0.2l/人）
N ：給湯人員〔人〕
k ：連続出湯係数（0.6～0.7）

《6》 貯湯タンク容量と加熱器能力

中央式給湯法では，図3·33に示す貯湯タンク容量 V〔l〕と加熱装置 H〔kW〕との間に，次の関係式が成り立つように機器を選定しなければならない．

$$4.186\{(t_{h0} - t_{h1})V + H \cdot T\} \geq 4.186\left(\frac{t_{h0} - t_{h1}}{2} - t_c\right)Q \cdot T \quad \cdots\cdots [3-23]$$

t_{h0} ：ピーク開始前の貯湯タンク内の温度〔℃〕　60～70℃程度
t_{h1} ：ピーク終了前の貯湯タンク内の温度〔℃〕 $\{t_{h0} - (5～10)\}$ 程度
V ：貯湯タンク有効容量〔l〕
H ：加熱器容量〔kW〕
Q ：ピーク時の給湯量〔l/h〕
t_c ：給水温度〔℃〕
T ：ピークの継続時間〔h〕
　　事務所2時間，マンション・ホテル宿泊部4時間程度

【例題 3・6】 図 3・32 において，加熱器出入口温度 50 ℃，入口温度 40 ℃ としたときの，自然循環力を求めよ．ただし，最高位給湯横走管から最低位返湯横走管までの垂直距離は 15 m とする．

【解】 表 3・11 より， $\rho_1 = 992.2 \text{ kg/m}^3$
$\rho_2 = 988.1 \text{ kg/m}^3$
$h = 15 \text{ m}$

式 [3−16] に代入すると，

$P = (992.2 − 988.1) \times 9.8 \times 15 = 602.7$
$602.7 \text{ [Pa]} = 0.6 \text{ [kPa]}$

【答】 0.6 kPa

【例題 3・7】 宿泊客数 200 人を収容するホテルにおける貯湯タンク容量を求めよ．ただし，給湯温度 60 ℃，給水温度 10 ℃ とする．

【解】

1 時間当たりの最大給湯量を，1 ベッド当たり 20 l/h とすると，

$20 \times 200 = 4000$ （l/h）

$t_c = 10 \text{ ℃}, \ t_{h0} = 60 \text{ ℃}, \ t_{h1} = 50 \text{ ℃}$

$T = 4\text{h}$ （表 3・14）を，式 [3−23] に代入すると，

$4.186 \{(60 − 50) V + H \times 4\} \geq 4.186 \left(\dfrac{60 + 50}{2} − 10\right) \times 4000 \times 4$

$4.186 (10V + 4H) \geq 4.186 \times 45 \times 4000 \times 4$

$(10V + 4H) \geq 720000$

$H = 200 \text{ kW} = 860 \times 200 = 172000 \text{ kcal/h}$ を使用するとすれば

$10V + 4 \times 172000 \geq 720000$

$10V \geq 32000$

有効容量 $V \geq 3200 \text{ [}l\text{]}$

有効容量を貯湯タンク容量の 70% と考えると，

貯湯タンク容量 $V' \geq \dfrac{3200}{0.7} = 4600 \text{ [}l\text{]}$

【答】 4600 l

図 3・32 自然循環水頭【例題 3・6】

図 3・33 貯湯タンク容量と加熱器能力【例題 3・7】

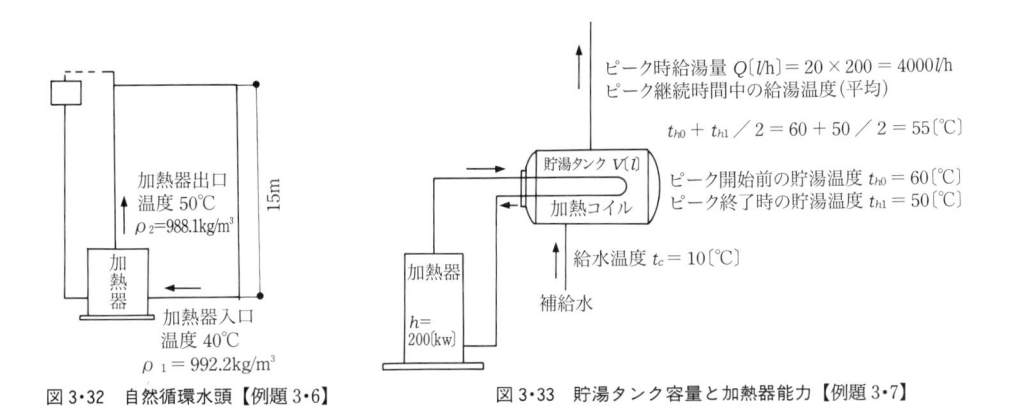

《7》 給湯配管法

給湯配管法には,表 3·18 に示す配管方式,供給方式,循環方式の 3 種類がある.

《8》 循環ポンプ

給湯配管における循環ポンプの能力は,循環湯量,揚程,モーター所要動力で表わされる.

1) 循環湯量

循環湯量は,全系統の機器および配管からの熱損失と,給湯管と返湯管の温度差より,次式で求められる.

$$Q = \frac{60H}{4200 \cdot (t_h - t_a)} \quad \cdots\cdots\cdots\cdots\cdots\cdots\cdots\cdots\cdots\cdots\cdots\cdots\cdots\cdots\cdots\cdots\cdots [3-24]$$

Q :循環湯量〔l/min〕
H :配管および機器からの熱損失〔W〕
t_h :加熱器または貯湯タンク出口の湯の温度〔℃〕
t_a :加熱器入り口の返湯管の湯の温度〔℃〕
($t_h - t_a$):普通 5K 程度,循環ポンプを設けない場合は普通 10K 程度

2) 揚程

ポンプの揚程は,自然循環力を考慮すれば,最遠箇所の湯栓に至る給湯管と返湯管の配管系における摩擦損失の値以上あればよい.したがって,一般に循環ポンプの揚程は 2~5 m 程度である.

揚程を求める簡便法として,次式が用いられる.

$$H = 0.01 \left(\frac{L}{2} + l \right) \quad \cdots\cdots\cdots\cdots\cdots\cdots\cdots\cdots\cdots\cdots\cdots\cdots\cdots\cdots\cdots\cdots\cdots [3-25]$$

H :循環ポンプの揚程〔m〕
L :給湯主管の長さ〔m〕
l :返湯主管の長さ〔m〕

《9》 給湯配管材料

給湯配管材は,給水管と比較して耐熱性や耐食性をじゅうぶん考慮する必要がある.給湯配管材には,配管用炭素鋼鋼管,配管用銅管,配管用黄銅管,配管用ステンレス鋼鋼管,ポリエチレン管,ポリブデン管,耐熱用硬質塩化ビニル管などがあるが,主に,配管用銅管,配管用ステンレス鋼鋼管が用いられる.

《10》 給湯配管保温材料

給湯設備においては,配管および機器からの熱損失を防ぐため,保温施工をする必要がある.配管に用いられる保温材は,一般にロックウール保温筒やグラスウール保温筒があり,標準保温厚さは表 3·19 に示される.貯湯タンク類に用いられる保温材は,けい酸カルシウム保温板,グラスウール保温板,ロックウール保温板などである.

表 3・18 給湯配管法の分類と特徴

配管方式		内　容	特　徴
給湯配管方式	単管式	図 3・34 のように給湯管のみの一管式をいう	長い間使用しなかった場合すぐに適温の湯を得られない（設備費安価，住宅）
	復管式	図 3・35 のように給湯管と返湯管を持った二管式をいう	すぐ適温の湯を得ることができる（大規模建築物）
供給方式	上向き式	図 3・35 のように給湯主管の流れの方向が上向きのものをいう	二管式のため，すぐ適温の湯を得ることができるが，全系統の摩擦を均一にしなければならない（大規模建築物）
	下向き式	図 3・36 のように給湯主管をいったん立ち上げ，給湯枝管には下向きで接続するものをいう（中小規模建築物）	一管式のため配管長さは短くてすむ
循環方式	自然循環式	図 3・32 のように給湯管と返湯管との温度差による自然循環力を利用したもの	強制循環式に比べて配管径が太くなる（住宅）
	強制循環式	図 3・28 のように循環ポンプを用いて強制的に湯を循環させるもの	確実に適温の湯をすぐ得ることができる（大規模建築物）

　給湯配管は上向き式供給の場合，給湯管は上り勾配，返湯管は下り勾配とし，下向き式供給の場合は給湯管は下り勾配，返湯管も下り勾配とする．
　また，空気抜きのための勾配は 1/300 より緩くせず，自然循環式の場合は 1/50，強制循環式の場合は 1/200 とするのが一般的である．

表 3・19 給湯配管材の保温厚さ

保温材＼管径	15A〜80A	100A〜150A	200A〜250A
グラスウール保温筒	20 mm	25 mm	40 mm

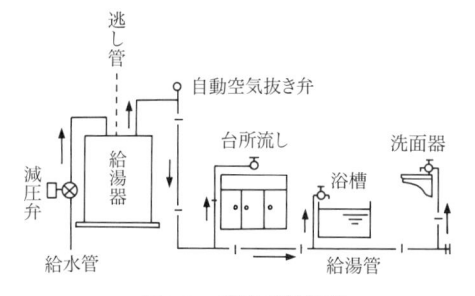

図 3・34 単管式給湯配管

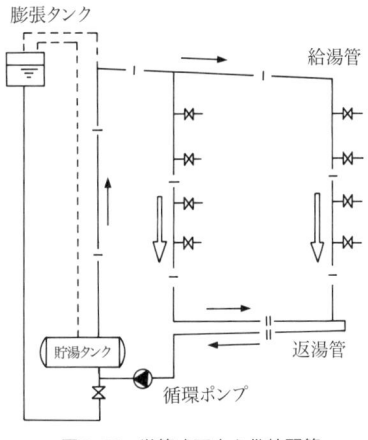

図 3・36 単管式下向き供給配管

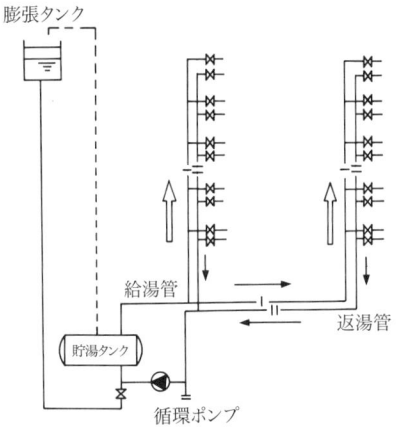

図 3・35 復管式上向き供給配管

3・4　排水・通気設備

◀1▶　排水の種類
建築物からの排水には，次のような種類がある．
　①汚　　　水：大便器，小便器，ビデ，汚物流しからの排水で，人間の排泄物（し尿）を含むものをいう．
　②雑　排　水：台所，浴室，洗面所などからの排水で，汚水を含まないものをいう．
　③雨　　　水：雨水（あまみず，うすい）や湧水をいう．
　④特殊排水：有害，有毒，危険な性質の排水をいい，一般の排水系統や下水道へ放流することはできない．

◀2▶　排水方式
排水管の排水方式には，次のような種類がある．

1)　直接排水と間接排水
一般の排水管に直接接続する直接排水と，排水口空間を設けた間接排水とがある（図3・37）．

飲料水や食器などを取り扱う機器からの排水を，排水管に直結して排水すると，排水管が詰まるなど，汚水が逆流して飲料水や食器などを汚染し，衛生上，好ましくない状態になる．これを避けるために，これらの機器からの排水は，排水管に直結せず，排水口空間を設けて水受け容器に排水する．このような排水の方法を間接排水といい，次のような機器に設けられる．
　①冷蔵庫，氷室，ショーケース，米洗い器，食器洗い器，蒸し器，洗濯機，脱水機，水飲器，給茶器
　②消毒器，減菌器などの医療，研究機器
　③プールの排水，オーバフロー管，ろ過装置などからの排水
　④給水タンク，貯水タンクなどの水抜き管やオーバフロー管，膨張タンク
　⑤給水ポンプ，空気調和機などの排水管，冷却塔
　⑥ボイラの逃がし弁の排水管

2)　合流式と分流式
排水方式には，合流式と分流式とがある（表3・20）．

敷地内では，汚水と雑排水を一緒にすることを合流式といい，分けることを分流式という．

また，下水道では〔汚水＋雑排水〕と雨水を一緒にすることを合流式といい，分けることを分流式という．

し尿浄化槽では，汚水のみを処理することを単独処理といい，〔汚水＋雑排水〕を処理することを合併処理という．

3)　公共下水道の排除方式
公共下水道が完備している区域を処理区域内といい，排水は終末処理場を経て河川に放流される．これに対して，公共下水道が完備していない区域を処理区域外といい，排水は直接河川に放流される．

合流式は〔汚水＋雑排水〕と雨水を一緒にして終末処理場で処理することをいい，雨水を終末処理場を経ず直接河川に放流し，〔汚水＋雑排水〕を終末処理場で処理することを分流式という．

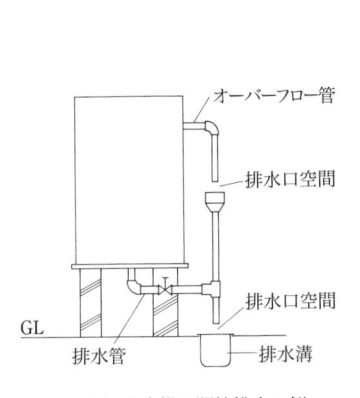

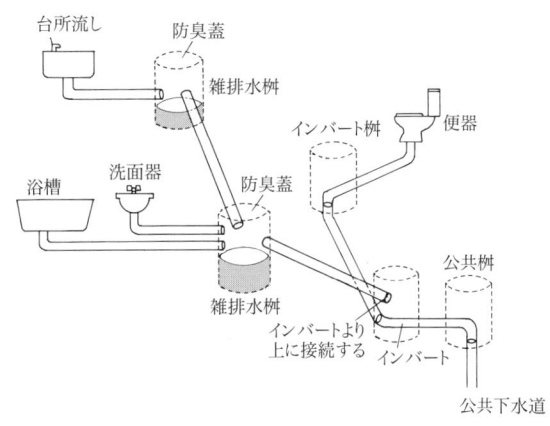

(a) 受水槽の間接排水の例　　(b) 家庭排水の合流式の直接排水の例（排水口空間がない）

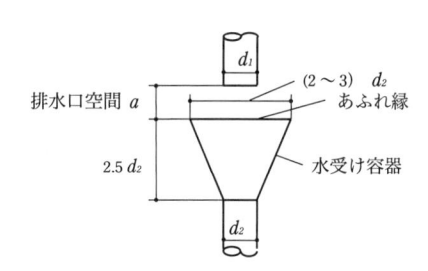

図 3・37　直接排水と間接排水

表 3・20　排水方式の分類

類別	屋内排水系統	屋外排水系統	下水道
1	（合流方式）汚水・雑排水・雨水	雨水	合流式下水道　終末処理場→放流
2	（合流方式）汚水・雑排水／雨水	雨水	分流式下水道　終末処理場→放流／→放流
3	（合流方式）汚水・雑排水／雨水	合併処理し尿浄化槽／雨水	処理区域外　→放流
4	（分流方式）汚水／雑排水／雨水	単独処理し尿浄化槽／雨水	処理区域外　→放流

《3》 排水通気の系統

使用ずみの下水を，公共下水道に排除するために必要な排水管，排水渠，その他の排水施設で，個人財産に属する建築物内および敷地内の排水施設を排水設備という．この設備は，排水口，トラップ，器具排水管，排水横枝管，排水横主管とそれに付属する通気管などにより構成され，建築物外の桝で敷地排水管に接続し，下水道管に排出される．一般にこれらの排水は，自然流下により下水道管に排出するのが一般的で，排水が下水道管より低い位置に生じる場合は，排水ポンプにより断続的に排水する方法がとられている．

図3・38は，建築物内における各種の排水通気配管の概要を示したものである．

排水立て管に各階の排水横枝管が接続され，最上の排水横枝管が排水立て管に接続された点より上方に，排水立て管と同径で立ち上げる伸頂通気管を設ける．これが伸頂通気方式である．

また，排水立て管にそって最下の排水横枝管が接続された点より下方で分岐して立ち上げ，伸頂通気管に接続する通気立て管が，一般に配管される．

《4》 排水管と管径計算

排水管の種類とその管径の求め方には，次のような方法がある．

1) 排水管の種類

a) 器具排水管

トラップの直後から，他の排水管に接続するまでの排水管をいう．排水系統中最も小管径で，満水状態で流れ，流速も大きく，非常に混乱して流れている．

b) 排水横枝管

器具排水管からの排水を，排水立て管に導く横走り管をいう．流速や流水深の変動が激しく，時には管内の空気の通路を中断するような流れが生じ，管内の気圧変動を大きくすることがある．

c) 排水立て管

排水横枝管からの排水を，まとめて排水横主管へ導く立て管をいう．立て管内に流入した排水は全断面を占めて流下するが，ある距離を落下すると，管の内壁に沿って水輪状になり，中空部をつくり流れる．その流速は，流下距離に比例して増大するが，管壁の摩擦損失が流速の2乗に比例して増大するため，両者が釣り合って一定流速となる．この流速を終局流速といい，約5〜12 m/s程度である．終局流速になるまでの流下距離を終局長さといい，およそ3〜6 m程度である．中空部の空気は，排水に誘引されて下降するため，立て管上部では気圧が下がり，下部は非常に高くなり，排水系統中最大気圧になる．

d) 排水横主管

排水立て管やその他の排水管，機器からの排水をまとめて建築物外の敷地排水管に導く排水管をいう．排水立て管の底部で90°方向を変えるため，流速が急変して流水深が急激に高くなる．また後続の排水で混乱し，横主管に流入後1〜2 mの地点で激しく跳ね上がり，そのエネルギーを大きく失う．これを跳水現象という．その後は比較的定常化した流れになる．勾配は1/100程度である．

e) 敷地排水管

通常，建築物外の桝で排水横主管からの排水を受けて，この桝から敷地外の公共桝までの排水管をいう．勾配は1/100程度である．

3章 給排水衛生設備 109

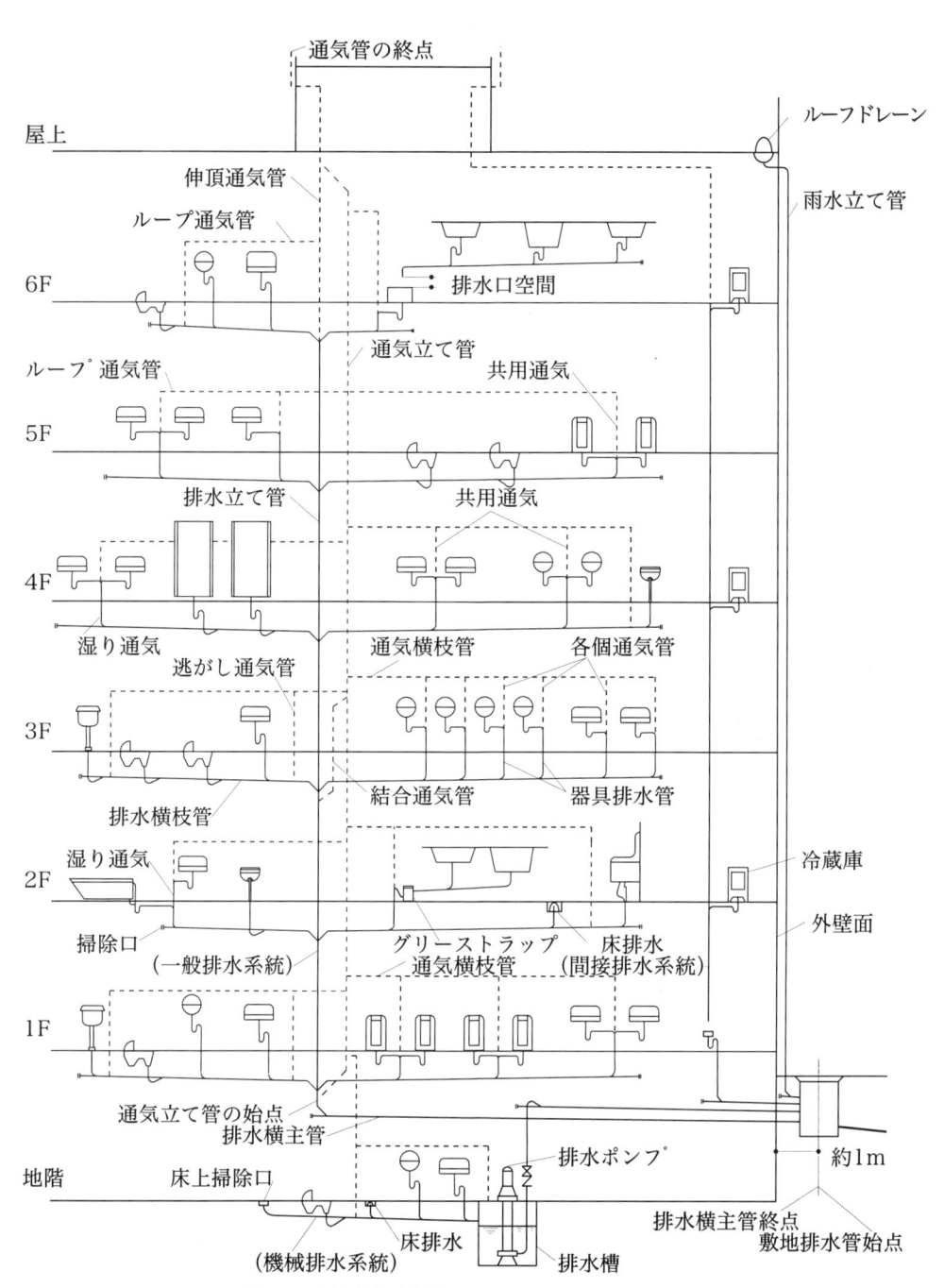

図 3・38 排水通気系統図（参考：『衛生工事の排水と通気1』朝倉書店）

2) 各種排水管の管径決定

各種排水管の決定は次の方法により求めるが，表 3・21 の最小管径以上とする．

a) 器具排水管

器具の排水口の口径以上とする（表 3・22）．

b) 排水横枝管

受けもつ器具排水負荷単位[1]（fuD，表 3・23）の合計値を求め，表 3・24 の A 欄より管径 D mm を求める．ただし，接続する器具排水管の最大管径以上する．また，大便器を接続する場合は，大便器 1 個では 75 mm 以上，大便器 2 個以上では 100 mm 以上の管径とする．

c) 排水立て管

排水立て管が受けもつ器具排水負荷単位（fuD，表 3・23）の合計値を求め，表 3・24 を用いて次のように決定する．

　①3 階建て以下の建築物は（B）欄を用いて求める．
　②4 階建て以上の建築物は（C）欄を用いて求め，次に 1 階分（1 ブランチ間隔分）の fuD の最大値を求め（D）欄を用いて管径を求め，その大きい方を採用する．

ブランチ間隔とは，排水立て管に接続する各階の排水横枝管の垂直距離が，2.5 m 以上のことをいう．図 3・39 は，それぞれの場合のブランチ間隔数を示したものである．

d) 排水横主管

勾配を決め，次に受けもつ fuD の合計値を求め，表 3・25 により管径を求める．ポンプなどの連続的，断続的な排水を接続する場合は，その流量を fuD に換算し，それを加えて表 3・25 により管径を求める．

$$換算 fuD = 2 \times 流量〔l/\min〕/3.8 \cdots\cdots\cdots\cdots\cdots\cdots\cdots\cdots\cdots\cdots\cdots\cdots [3-26]$$

【例題 3・8】　図 3・40 のイ）の器具排水管の管径を，表 3・22 により求めよ．

【解】　小便器　表 3・22 より小形として 40φ になる．

【答】　40φ

【例題 3・9】　図 3・40 のロ）の排水横枝管の管径を，表 3・23 および表 3・24 により求めよ．

【解】

	個数	fuD	個数×fuD	
洗面器	3	1	3	
掃除流し	1	3	3	合計 fuD 58 で A 欄において 20 を越え，160 までは 100φ になる．
小便器	5	4	20	また大便器 2 個以上は 100φ である．
大便器	4	8	32	

【答】　100φ

[1) 器具排水負荷単位（fuD）（fixture unit rating as drainage load factors）とは，1fuD = 28.5 l/min，洗面器の最大排水時流量を基準にして，各排水器具の最大排水時流量を表すのに，同時使用率や使用頻度などを考慮して定めた値を器具排水負荷単位という．

表3・21 排水管の最小管径

区分	最小管径〔mm〕
一般排水管	30
埋設排水管	50
固形物が流れる雑排水管	50
固形物が流れる汚水管	75

表3・22 トラップの口径と器具排水管の管径

器具	トラップの最小口径〔mm〕	器具排水管の最小管径〔mm〕	器具	トラップの最小口径〔mm〕	器具排水管の最小管径〔mm〕
大便器	75	75	浴槽（和風）	30	30
小便器（大形）	40～50	40～50	浴槽（洋風）	40	40
小便器（小形）	40	40	ビデ	30	30
洗面器（大形）	30	30	掃除用流し	65	65
洗面器（中形）	30	30	洗濯用流し	40	40
洗面器（小形）	30	30	連合流し	40	40
手洗器	25	30	汚物流し	75～100	75～100
手術用手洗器	30	30	医療用流し	30	30
洗髪器	30	30	実験用流し	40	40
水飲み器	30	30	調理用流し（住宅用）	40	40
たん吐き器	25	30	調理用流し（営業用）	40	40

（『空気調和・衛生工学便覧』より）

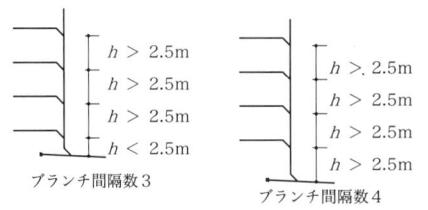

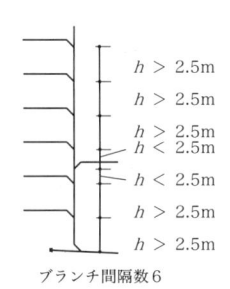

図3・39 ブランチ間隔数

表3・23 各器具の器具排水負荷単位 (fuD)

器具	fuD	器具	fuD
大便器（洗浄弁付き）	8	浴槽（住宅用）	2
大便器（洗浄タンク付き）	4	床排水（40 mm）	0.5
小便器	4	床排水（50 mm）	1
洗面器	1	床排水（75 mm）	2
手洗器（小形）	0.5	連続排水	2
調理用流し（住宅用）	2	（流量3.8 l/min ごとに）	
調理用流し（営業用）	4		
掃除用流し	3		
洗濯用流し	2		

（『空気調和・衛生工学便覧』より）

表3・24 排水横枝管と立て管の許容最大排水単位

管径〔mm〕	A 排水横枝管[2]	B 階数3又はブランチ間隔を有する1立て管	C 階数3を超える場合 1立て管に対する合計	D 階数3を超える場合 1階分又は1ブランチ間隔の合計
20	1	2	2	1
40	3	4	8	2
50	6	10	24	6
65	12	20	42	9
75	20[3]	30[4]	60[4]	16[3]
100	160	240	500	90
125	360	540	1100	200
150	620	960	1900	350
200	1400	2200	3600	600
250	2500	3800	5600	1100
300	3900	6000	8400	1500
375	7000	—	—	—

注(1) 排水横枝管とは器具排水管からの排水を排水立て管又は排水横主管へ導くあらゆる横走管をいう
(2) 排水横主管の枝管は含まない
(3) 大便器2個以内のこと
(4) 大便器6個以内のこと
(備考) 本表は，通気立て管を具備している場合に適用でき，伸頂通気方式の場合は適用できない．

（American Standard National Plambing Code より）

表3・25 排水主管と敷地排水管の許容最大排水単位

| 管径〔mm〕 | 排水横主管，敷地排水管に接続可能な許容量 (fuD) こう配 | | | |
	A 1/200	B 1/100	C 1/50	D 1/25
50			21	26
65			24	31
75		20	27[2]	36[2]
100		180	216	250
125		390	480	575
150		700	840	1000
200	1400	1600	1920	2300
250	2500	2900	3500	4200
300	3900	4600	5600	6700
375	7000	8300	10000	12000

注(1) 排水横主管とは排水管から排水立て管へ排水を導く管，ならびに排水立て管又は排水横枝管，器具排水管からの排水及び器具からの排水をまとめて敷地排水管へ導く管をいう．
(2) 大便器2個以内のこと

（American Standard National Plambing Code より）

【例題 3・10】 図 3・40 の ハ) の排水立て管の管径を，表 3・24 により求めよ．

【解】 各階の fuD 58 の，8 階分と 2 階の別系統 fuD 38 の合計は 502 になる．表 3・24 の C 欄により 125ϕ，また 1 ブランチの最大 fuD 96 (2 階の 58＋38＝96) は，表 3・24 の D 欄により 125ϕ である．この両者より排水立て管の管径は 125ϕ となる．

【答】 125ϕ

【例題 3・11】 図 3・40 の ニ) の排水横主管の管径を，表 3・25 により求めよ．

【解】 こう配 1/100 の排水横主管の受けもつ合計 fuD が 502 であることから表 3・25 の B 欄により 150ϕ となる．

【答】 150ϕ

3) 雨水排水管と管径決定

雨水排水の計画にあたっては，その地域の最大雨量を知る必要がある．表 3・26 は，わが国の主要都市の最大雨量で，1 時間では 50〜100 mm，10 分では 20〜30 mm の地域が多い．1 時間と 10 分間の最大雨量には相当の差があるが，わが国においては 1 時間当たりの雨量が採用されている．なお，以下に示す各表は，基本値 100 mm/h に基づいている．

雨水排水管の決定に用いる屋根面積 A〔m²〕は，すべて水平投影面積である．また，外壁に吹き付ける雨水を考慮する時は，垂直面に 30° の角度で雨が吹き付けるものとして，外壁面積の 50% を雨水の流入する屋根面積に加算する．

雨水管の管径は，次の方法によって決定する．

a) 雨水立て管

① 雨水立て管が受けもつ屋根面積 A〔m²〕を求め，表 3・27 より管径を求める．

② 最大雨量 Q_m が 100 mm/h 以外の地域では，求めた屋根面積 A〔m²〕に $Q_m/100$ を乗じて雨量 100 mm/h の屋根面積に換算し，表 3・27 をそのまま用いて管径を求める．

表 3・27 の 120 mm/h の欄は，換算した表であり，屋根面積よりそのまま換算しないで管径を求めることができる．80 mm/h も同様である．

b) 雨水横走り管

受けもつ屋根面積 A〔m²〕を求め，勾配を決定し，表 3・28 により管径を求める．最大雨量が 100 mm/h 以外の地域では，立て管と同様の換算をする．

また，他の排水系統を合流させるため，排水横主管や敷地排水管と接続する場合や，ポンプや空気調和機器などからの連続的，断続的な排水合流する場合の雨水横走り管の管径は，その負荷流量 Q_L〔l/s〕または流量 Q〔l/min〕を屋根面積に換算し，雨水の屋根面積に加算して表 3・28 より求める．なお，換算屋根面積 A は，次式により求められる．

$$\text{換算屋根面積 } A\ [\text{m}^2] = 0.6 \times 60 \times Q_L\ [l/\text{s}] = 0.6 \times Q\ [l/\text{min}] \quad \cdots\cdots\cdots\cdots [3-27]$$

Q_L：負荷流量〔l/s〕

器具排水流量 q_d (1 個の器具が単独で排水したときに器具排水管の末端から排出される流量〔l/s〕で Hass により定められた値) と定常流量 q (排水管に接続された全器具からの排水を時間的に平均化した流量〔l/s〕で器具排水量 ω〔l〕を器具平均排水間隔 T_0〔s〕で割り，同種の器具が接続されている場合，その個数倍，異種の器具が接続されて

図 3・40 排水系統例題

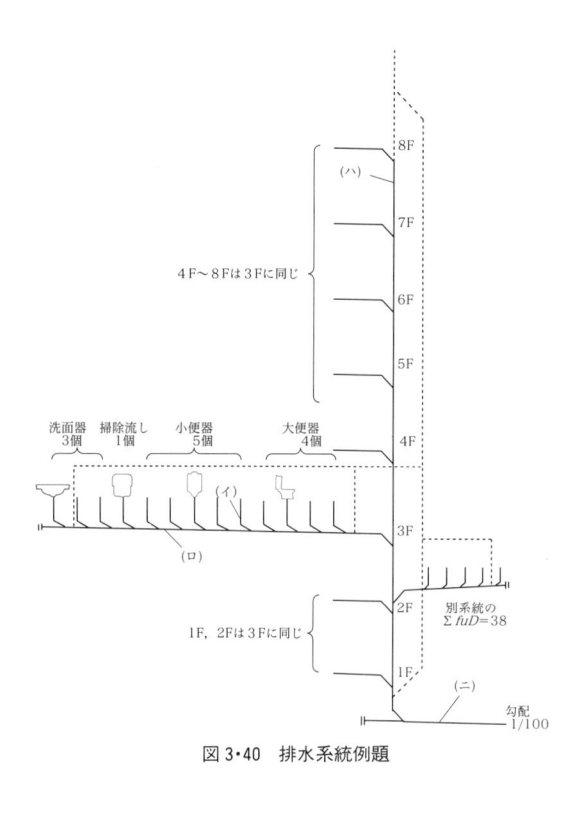

表 3・26 最大雨量

地名		雨量〔mm〕		地名		雨量〔mm〕	
		1時間	10分間			1時間	10分間
九州	鹿児島	105	29	本州	静岡	95	26
	宮崎	140	39		横浜	82	39
	熊本	77	27		東京	89	35
	長崎	128	36		銚子	140	31
	佐賀	102	27		水戸	82	36
	福岡	97	24		宇都宮	101	36
	大分	82	29		前橋	115	30
四国	高知	107	27		熊谷	89	36
	徳島	87	32		甲府	73	23
	高松	67	23		長野	*63	27
	松山	61	22		福井	56	20
本州	下関	77	23		金沢	77	29
	広島	79	26		富山	75	33
	岡山	74	27		新潟	54	24
	浜田	91	27		福島	71	27
	鳥取	68	24		仙台	94	30
	神戸	88	28		盛岡	63	22
	大阪	78	25		山形	75	29
	和歌山	99	35		秋田	72	27
	京都	88	26		青森	*58	*18
	彦根	63	27	北海道	函館	63	*21
	津	95	30		旭川	*57	*20
	名古屋	92	29		釧路	*56	*22
	岐阜	100	29		札幌	50	*19

注 (1) 1997 年までの降雨量の最大値
(2) * は 1961 年ごろまで冬期間観測不能のため欠測

(国立天文台編『理科年表平成11年』気象部最大雨量抜粋,丸善,1998 より)

表 3・27 雨水立て管の管径

管径〔mm〕	許容最大屋根面積〔m²〕 100 mm/h	許容最大屋根面積〔m²〕 120 mm/h	許容最大屋根面積〔m²〕 80 mm/h
50	67	(100/120)×67＝56	(100/80)×67＝84
65	135	113	169
75	197	164	246
100	425	354	531
125	770	642	963
150	1250	1042	1563
200	2700	2250	3375

(注) 許容量大面積は雨量 100 mm/h を基礎としている. これ以外の雨量に対しては表の数値に (100/当該地域の最大雨量) を乗じて算出する.

表 3・28 雨水横走り管の管径

管径〔mm〕	許容最大屋根面積〔m²〕 配管こう配								
	1/25	1/50	1/75	1/100	1/125	1/150	1/200	1/300	1/400
65	127	90	73	—	—	—	—	—	—
75	186	131	107	—	—	—	—	—	—
100	400	283	231	200	179	—	—	—	—
125	—	512	418	362	324	296	—	—	—
150	—	833	680	589	527	481	417	—	—
200	—	—	1470	1270	1130	1040	897	732	—
250	—	—	—	2300	2060	1880	1630	1330	1150
300	—	—	—	3740	3350	3050	2650	2160	1870
350	—	—	—	—	5050	4610	3990	3260	2820
400	—	—	—	—	—	6580	5700	4650	4030

(注) 許容最大面積は雨量 100 mm/h を基礎としている. これ以外の雨量に対しては表の数値に (100/当該地域の最大雨量) を乗じて算出する.

(『空気調和・衛生工学便覧』より)

いる場合はそれぞれの合計）および排水管のこう配により線図により求められるものであり，排水横枝管，排水立て管，排水横主管に使われる用語である．

流量 Q 〔l/min〕：ポンプ，空調用機器などの流量

【例題 3・12】 最大雨量が 100 mm/h と 80 mm/h の場合について，図 3・41 の a) の雨水立て管と雨水横走り管の管径を求めよ．

【解】

◎ 100 mm/h の時

屋根の水平投影面積は，$A = 40×25\cos30° = 866 \, m^2$

雨水立て管 2 本で受けもつので，1 本につき $866/2 = 433 \, m^2$

表 3・27 により 125 ϕ である．

横走り管の管径は，表 3・28 の 1/100 の欄により 150 ϕ である．

◎ 80 mm/h の時

屋根面積 433 m^2 は 100mm/h に換算するため，$433×80/100 = 346 \, m^2$

表 3・27 により 100 ϕ になる．

横走り管の管径は，換算屋根面積が 346 m^2 から，表 3・28 の 1/100 の欄より，125 ϕ となる．

【答】　100 mm/h の時，立て管 125 ϕ，横走り管 150 ϕ

　　　　80 mm/h の時，立て管 100 ϕ，横走り管 125 ϕ

【例題 3・13】 最大雨量が 100 mm/h と 120 mm/h の場合について，図 3・41 の b) の雨水立て管と雨水横走り管の管径を求めよ．

【解】　　　　　　　　　　　　　　　　　　　　　　　　　　　　【答】

◎ 100 mm/h の時

  a. $8×8 = 64 \, m^2$　表 3・27 の 100 mm/h の欄より　　　50 ϕ

  b. $12×8 + 12×3×0.5 = 114 \, m^2$　　　　　　　　　　　65 ϕ

  c. $12×8 + 114 = 210 \, m^2$　　　　　　　　　　　　　125 ϕ

  d. ポンプ排水 200 〔l/min〕の換算屋根面積は

    $0.6×200 = 120 \, m^2$　表 3・28 の 1/100 の欄より　　100 ϕ

  e. 屋根面積の合計は $12×8 + 114 + 120 = 330 \, m^2$　　　125 ϕ

  f. 同様に　$64 + 64 + 8×3×0.5 = 140 \, m^2$　　　　　100 ϕ

◎ 120 mm/h の時

  a. 64 m^2 は表 3・27 の 120mm/h の欄より　　　　　　65 ϕ

  b. 114 m^2 も同様に　　　　　　　　　　　　　　　　75 ϕ

  c. 120 mm/h の屋根面積 210 m^2 を 100 mm/h に換算する．

   $210×120/100 = 252 \, m^2$　　　　　　　　　　　　　125 ϕ

  d. ポンプ排水は換算しない．120 mm^2　　　　　　　　100 ϕ

  e. $330×120/100 = 396 \, m^2$　　　　　　　　　　　　150 ϕ

  f. $140×120/100 = 168 \, m^2$　　　　　　　　　　　　100 ϕ

(a) 傾斜屋根

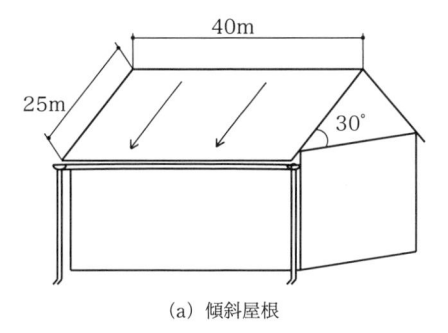

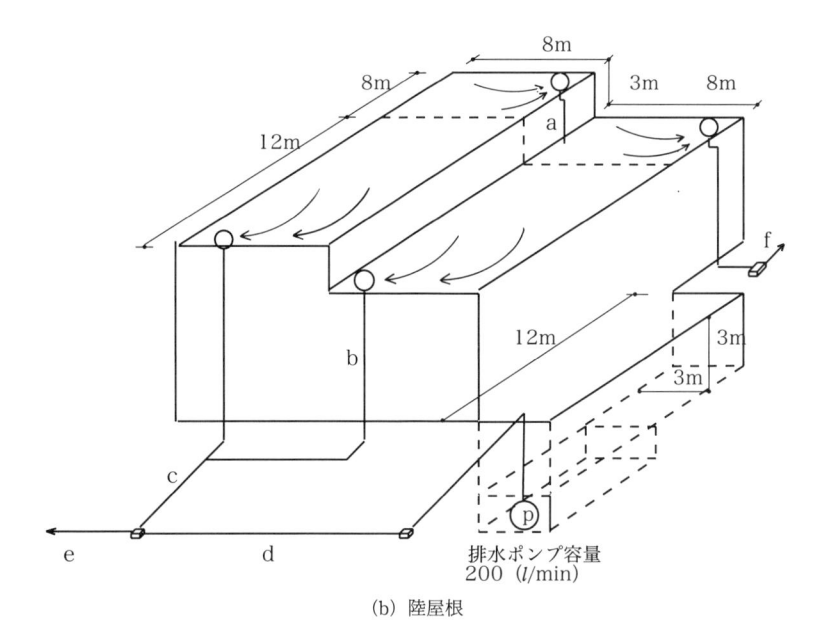

(b) 陸屋根

図3・41 傾斜屋根と陸屋根

《5》 排水トラップと阻集器

トラップは，排水管内に発生する悪臭ガスや衛生害虫が，排水口から室内に侵入してくるのを防ぐために，内部に封水深をもっており，衛生器具の排水口のなるべく近くに設ける．トラップは，サイホン式と非サイホン式に大別され，図3・42のような種類がある．

1) 排水トラップと阻集器の種類

a) サイホン式

管路の一部を曲げて作られたもので，満水状態で流れるので自浄作用があるが，サイホン作用により封水を失いやすい．Sトラップ，Pトラップ，Uトラップなどがある．

b) 非サイホン式

封水部をドラム状またはベル状にしたトラップである．これは封水が多量のため破封のおそれはないが，ドラム部で流速がおちて沈殿物がたまりやすい．点検，掃除が容易にでき，排水管を詰まらせたりする物質を回収しやすくしたトラップを阻集器という．

2) 排水トラップの封水

封水深とは，トラップの封水の深さ（ウェアとディプの高さの差）で，50～100 mmと規定されている．図3・43は，トラップの各部の名称と封水深を示したものである．

3) 破封現象

トラップが封水を失うことを破封といい，破封には次のような原因がある（図3・44）．

a) 自己サイホン作用

ため洗いなどをして，排水管が満水状態で流れるときに起こり破封する．Sトラップに起こりやすい．

b) 吸出し作用

排水立て管に近いところで水が満水状態で流れると，管内の圧力変動で負圧になり，近くのトラップの封水が排水管内に吸い込まれて破封する．

c) はね出し作用

空気圧力が急上昇して封水をはね出して破封する．

d) 蒸発

器具を長時間使用しない場合に，封水が蒸発して破封する．

e) 毛管現象

トラップのあふれ縁（ウェア）に毛髪や糸布などが引っ掛かり，毛管現象により破封する．

f) 管内の気圧変動による慣性作用

排水管内の気圧の変動により，封水面が上下に動揺して，徐々に封水が失われる．

4) 二重トラップ

トラップは各器具ごとに設けることが原則であるが，いかなる場合でも同一排水管系に直列に2個のトラップを設けてはならない．トラップを直列に2個設けることを二重トラップといい（図3・45），円滑な排水ができないばかりか，封水も失われやすいので禁止されている．

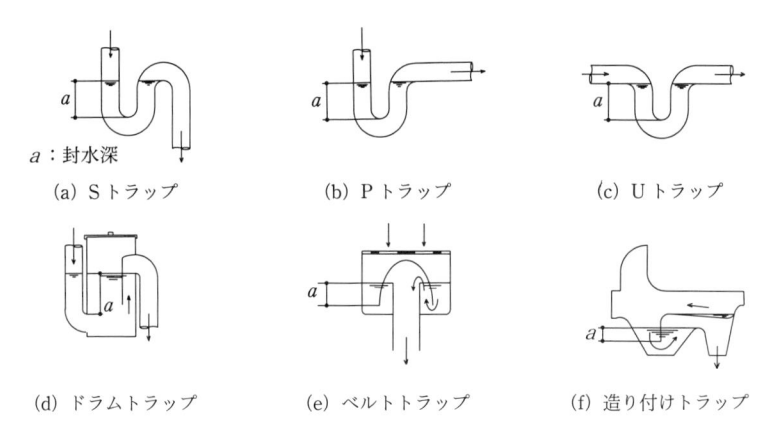

(a) Sトラップ　(b) Pトラップ　(c) Uトラップ

(d) ドラムトラップ　(e) ベルトラップ　(f) 造り付けトラップ

サイホン式トラップ (a)(b)(c)　　非サイホン式トラップ (d)(e)(f)

図 3・42　トラップの種類

(a) 自己サイホン作用　(b) 吸い出し作用

図 3・43　トラップ

(c) はね出し作用　(d) 蒸発

(e) 毛管現象　(f) 管内の気圧変動による慣性作用

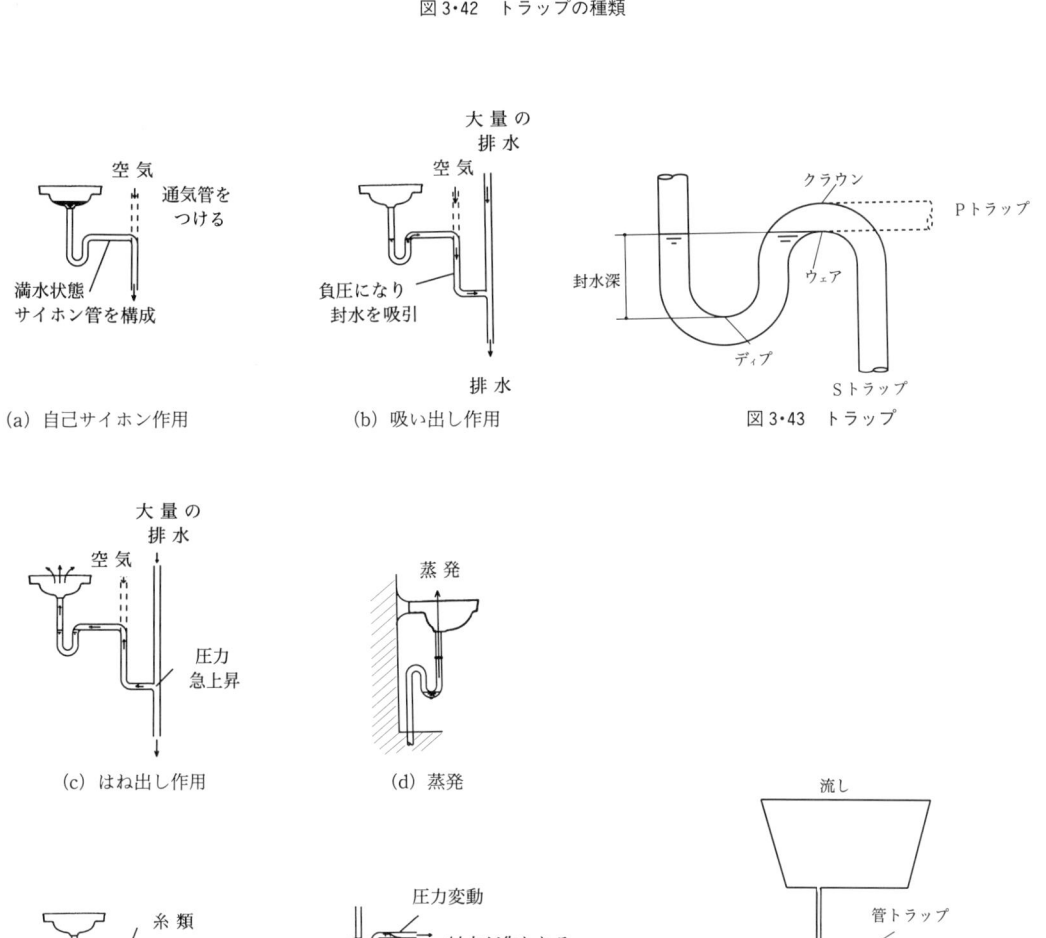

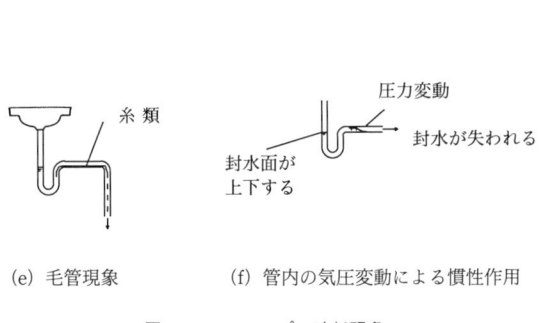

図 3・44　トラップの破封現象

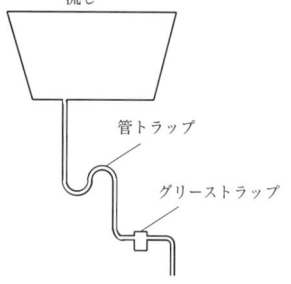

油ものが多い場合はグリーストラップを，ただの流しにおいては管トラップのみでよい．

図 3・45　二重トラップの例

❰6❱ 排水ポンプと排水タンク

排水に使用するポンプやタンクには，次のようなものがある．

1） 排水ポンプの種類

排水ポンプは，汚水ポンプ，汚物ポンプ，雑排水ポンプに分類される．

a) 汚水ポンプ

主に地下水，浸透水，空気調和機の排水など，比較的水質のよい排水のみに使用される．口径 40 mm 以上で一般に立て型うず巻きポンプまたは水中電動ポンプが用いられる．なお，水中電動ポンプは，本体の 2/3 以上が水没していないと過熱されるので，タンクの底を特別に低くしたピットを設ける必要がある．

b) 汚物ポンプ

多くの固形物を含んだ排水用で，口径が 75 mm 以上のブレードレスポンプ（螺旋状の穴を設けて流路とし回転させて揚水する，図 3・46）が用いられる．

c) 雑排水ポンプ

小さな固形物が混じっている場合に用いられ，口径は 65 mm 以上である．

なお，排水ポンプの排水能力を決める場合は，次のような点に留意しなければならない．

①排水量がほぼ一定の場合は，平均排水量の 1.5 倍程度とする．
②排水量の変動が激しい場合は，最大排水時流量とする．
③排水ポンプは別に予備ポンプを備え，平常時は 2 台交互運転し，非常時は 2 台同時運転する．

2） 排水タンク

下水道などの排水施設より低い地下階の排水は，自然流下により排除できないため，最下階に設けた排水タンク（図 3・47）にいったん貯留し，排水ポンプで敷地内の排水桝に排除する．なお，排水タンクには，次のような種類がある．

a) 汚水タンク

便所の汚水を貯留する．

b) 雑排水タンク

洗面器や厨房などからの排水を貯留する．

c) 湧水タンク

外部から浸透した湧水や雨水を貯留する．

なお，排水タンクの設置にあたっては，次のような点に留意する．

①タンクへの流入量が一定である時は，流入量の 15～30 分間分程度とする．
②タンクへの流入量の変動が激しい場合は，最大排水時流量の 15～60 分間分程度とする．
③排水タンクの底部は清掃しやすいように，また，汚泥が残らないように，吸込みピットに向かって 1/15～1/10 の勾配をつけ，適当な大きさの吸込みピット（凹部）を設ける．
④ポンプやフロートスイッチの点検や修理などでタンク内に入るための，直径 60 cm 以上のマンホールを設ける．
⑤最小管径 50 mm の通気管を設ける．

↑
汚物

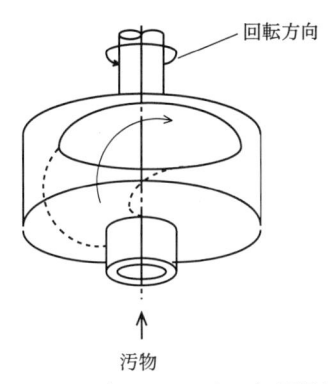

図 3・46　ブレードレスポンプの羽根車

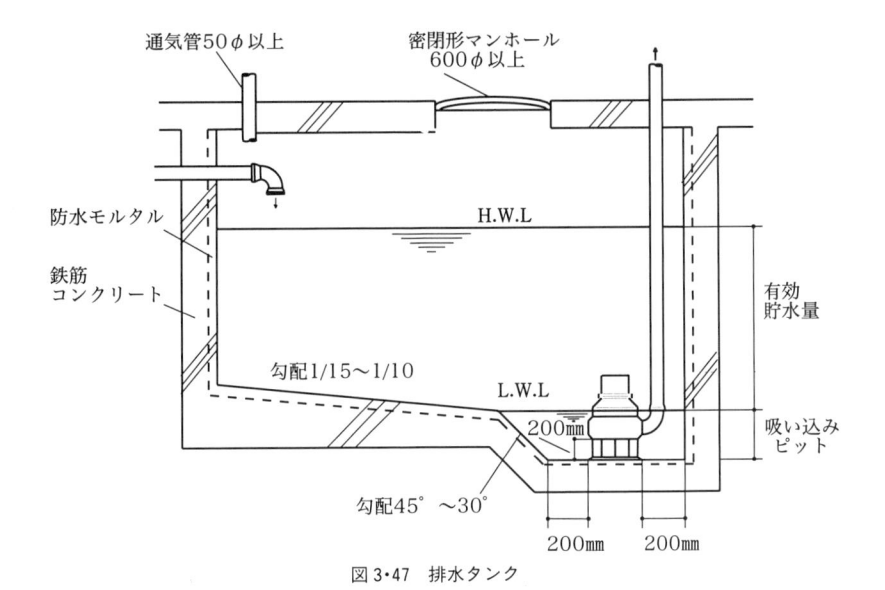

通気管50φ以上　密閉形マンホール600φ以上

防水モルタル

鉄筋コンクリート

H.W.L

勾配1/15～1/10

L.W.L

有効貯水量

200mm

勾配45°～30°

200mm　200mm

吸い込みピット

図 3・47　排水タンク

《7》 通気方式

通気の目的は，排水系統の空気の出入りを自由にして，トラップの封水が±245 Pa（水柱25 mm）を越える圧力差を受けないように保護し，排水の流れを円滑にするとともに，排水系統の下水ガスの自然換気を行うことで，次のような方式がある（図3・48）．

a) 各個通気方式

各器具のトラップごとに通気をとる方式である．

b) ループ通気方式

2個以上の器具トラップを，一括して通気する方式である．

c) 伸頂通気方式

伸頂通気管のみで通気する方式である．

通気の方法としては各個通気方式が理想的であるが，広い配管スペースが必要であったり，工事費が高価であることなどにより，わが国ではループ通気方式が最も多く採用されている．各個通気方式やループ通気方式の通気管の配管方法は，伸頂通気管や通気立て管に接続し，各階の通気管をまとめて大気中に開口するのが一般的である．

《8》 通気管と管径

1） 通気管の種類

通気管の種類には，次のようなものがある．

a) 各個通気管

1個の器具トラップを通気するために設ける通気管で，その器具より上方で通気横枝管を経て通気立て管に接続する．なお，通気管の接続箇所については，次の点に留意しなければならない．

①図3・49の点aが，ウェアからの水平線より下にならないこと．
②図3・50のように動水勾配より高い位置にとること．
③トラップウェアから管径の2倍以内の箇所に通気管を設けてはいけない．この範囲に設けるものを頂部通気管といい，排水時ごとに排水が管内を上昇して排水管を詰まらせる場合があるため避けなければならない．

b) ループ通気管

2個以上の器具トラップを一括して通気する通気管で，最上流の器具排水管が排水横枝管に接続された点のすぐ下流から立ち上げ，通気立て管や伸頂通気管に接続する．排水横枝管が分岐されているときは，各枝管ごとに通気管を設ける．

c) 逃がし通気管

器具を8個以上接続し，大便器など床面に設置する器具と洗面器などが混在する場合は，ループ通気管以外に，最下流の器具排水管が排水横枝管に接続された点のすぐ下流側に逃がし通気管を設け，下流側の気圧が高くなるのを防止する．平屋建，最上階は設けなくてよい．

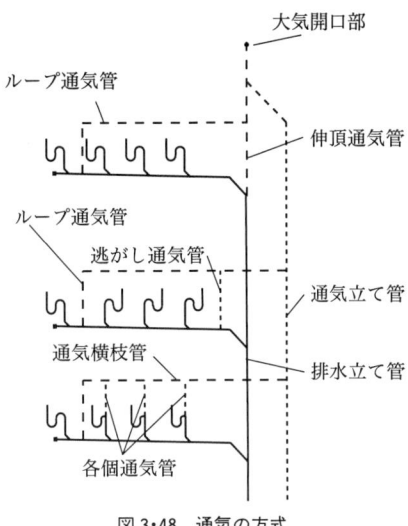

図 3・48 通気の方式

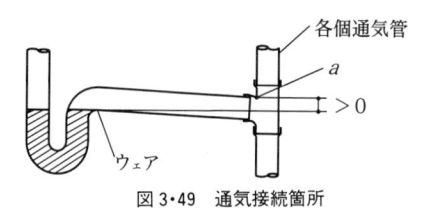

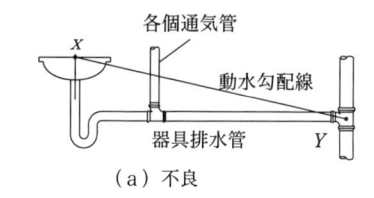

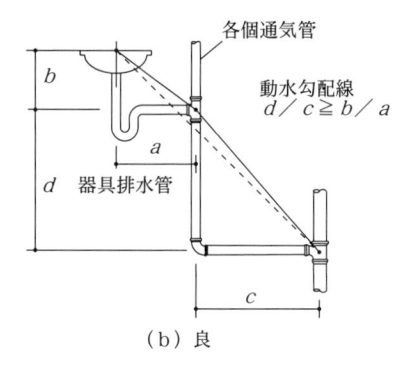

図 3・49 通気接続箇所

(a) 不良

(b) 良　　$d/c \geq b/a$

図 3・50 各個通気管の取り出し位置

d) 通気立て管

ブランチ間隔2以上で，各階の器具に通気管がある場合に通気立て管を設け，各階の通気枝管を接続して，排水系統のいずれの箇所へも円滑に空気を流通させるようにする．（ブランチ間隔とは，排水立て管に排水横枝管が接続される垂直距離をいい，2.5 m以上をいう．図3・39参照）

通気立て管の上部は，延長して単独で大気に開口するか，もしくは最高位の器具あふれ縁より0.15 m以上高い位置で伸頂通気管に接続する．また，通気立て管の下部は，最低位の排水枝管の接続点より0.5 m以上低い位置に，45°の角度で接続する（図3・51）．

e) 伸頂通気管

排水立て管の上部は，延長して大気に開口する（図3・51）．

なお，通気管の末端は，次の点を考慮して処理する（図3・52）．

① 屋根を貫通するときは，雨仕舞いをよくし，屋根面より0.2 m以上立ち上げて大気に開口する．屋根が物干場，庭園などに使用されるときは2 m以上立ち上げるが，テレビのアンテナなどを取付けてはならない．また，降雪地では雪に閉ざされないように注意する．

② 通気管の末端が，建築物の出入口，窓，換気口などの開口部付近にあるときは，開口部の上端より0.6 m以上立ち上げる．立ち上げが困難なときは，水平に3 m以上離す．

③ 外壁を貫通するときは，末端を下向きに開口する．

④ 建築物の張り出しの下部には，開口しない．

⑤ 寒冷地で開口部が凍結するおそれがある場合は，開口部の管径を75 mm以上とする．この場合，管径の増大は，屋根または外壁より0.3 m以上離してから行う．

f) 共用通気管

平行または背中合わせに設置された器具排水管の交点に接続して立ち上げ，両器具のトラップの封水を守る1本の通気管をいう（図3・53）．

g) 結合通気管

高層建築物で，最上階から数えてブランチ間隔10ごとに排水立て管から分岐し，通気管に接続する通気管をいう（図3・54）．

h) 湿り通気管

大便器以外の器具で，通気管に排水を流しても，トラップに影響しなければ排水管に兼用することができる通気管をいう（図3・55）．

i) 返し通気管

壁面から離れた孤立した器具の各個通気管は，付近に開口すると人に触れるなど問題が多いので，器具あふれ縁より0.15 m以上高く立ち上げ，さらに折り返して立ち下げ，通気立て管に接続する通気管をいう（図3・56）．

図 3・51 通立て管と通気ヘッダ

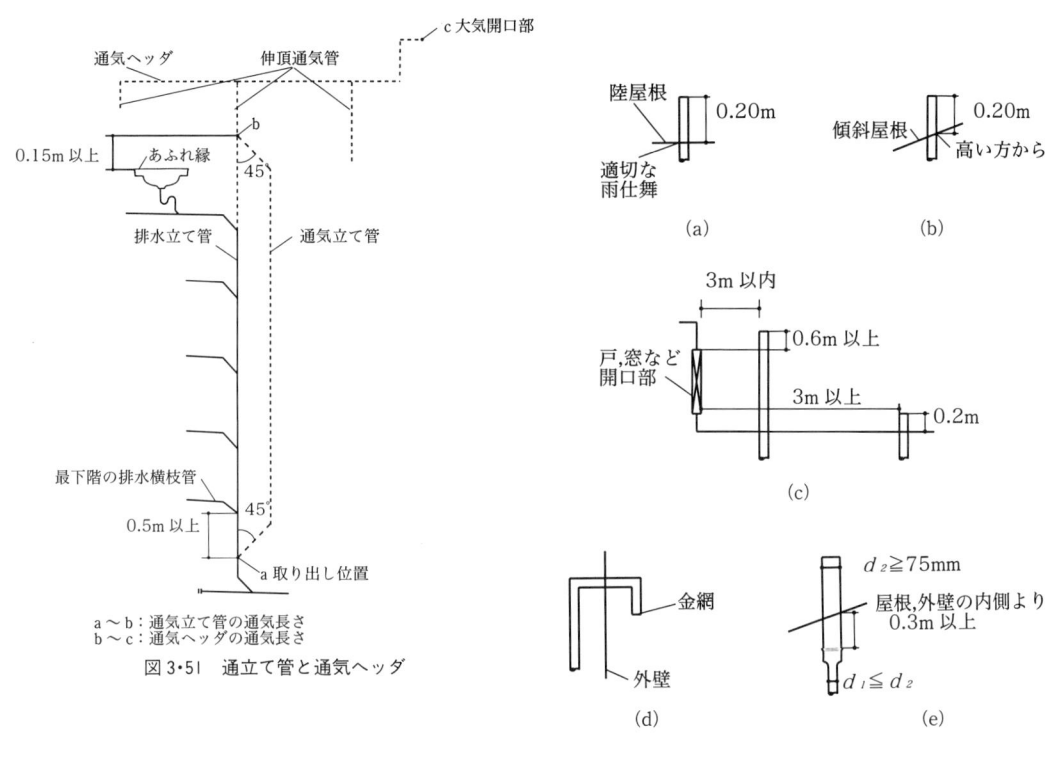

図 3・52 通気管の末端

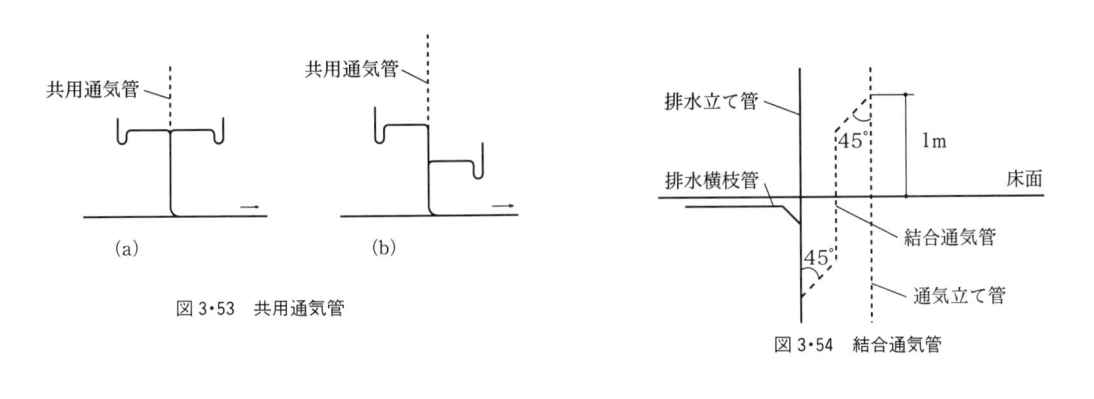

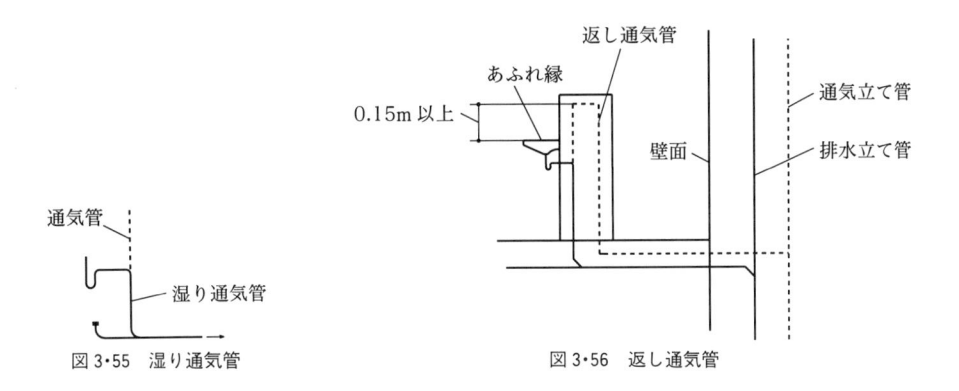

図 3・53 共用通気管

図 3・54 結合通気管

図 3・55 湿り通気管

図 3・56 返し通気管

2) 通気管の管径決定

通気管の管径決定方法には，排水管と同様 Hass による方法と NPC[1] による方法とがある．ここでは NPC の方法について述べる．なお，最小管径を表 3・29 に示す．

a) ループ通気管，通気立て管

通気管の受けもつ排水立て管の管径，fuD および通気管の長さ（実長）から表 3・31 により管径を求め，最小管径を確認する．

なお，通気管の長さは，次に記する起点から終点までの長さ（実長）とする．

- ループ通気管は，起点を排水横枝管の接続部とし，終点を通気立て管との接続部または通気立て管に接続しないで大気に開放する時は末端の大気開口部とする．
- 通気立て管は，起点を排水立て管または排水横主管との接続部とし，終点は通気立て管をそのまま大気に開放する時は末端の大気開口部，伸頂通気管に接続する時は伸頂通気管の末端の大気開口部とする．

b) その他の通気管

上記以外の通気管は表 3・32 による．

【例題 3・14】 図 3・40 のループ通気管径を求めよ．通気管の長さ（実長）18 m とする．
【解】 排水横枝管径 100ϕ
　　　fuD 58 　　　　　表 3・31 より 65ϕ である．
　　　通気管の長さ 18 m
【答】 65ϕ

【例題 3・15】 図 3・40 の通気立て管径を求めよ．通気管の長さ（実長）45 m とする．
【解】 排水立て管 125ϕ
　　　fuD 502 　　　　　表 3・31 より 100ϕ である．
　　　通気管の長さ 45 m
【答】 100ϕ

【例題 3・16】 図 3・40 の伸頂通気管と逃がし通気管を求めよ．
【解】 排水立て管と同径で 125ϕ である．
　　　逃がし通気管
　　　接続排水横枝管径の 1/2 以上で 100/2 = 50ϕ である．
【答】 125ϕ，50ϕ

---

1) NPC：National Plumbing Code，全国衛生工事規準

表 3・29 通気管の最小管径

種別	最小管径
各個通気管	接続する排水管管経の 1/2 以上，かつ 30 mm 以上
ループ通気管	排水横枝管と通気立て管のうち小さい方の管経の 1/2 以上，かつ 30 mm 以上
伸頂通気管	排水立て管と同径で延長する
排水槽通気管	50 mm 以上

表 3・30 表 3・31 の見方

排水管の管径 (mm)	fuD	通気管の管径 [mm]				
		50	65	75	100	125
		通気管の長さ [m]				
65	42	30				
75	10	30		180		
	30	18		150		
	60	15		120		
100	100		30	78	300	
	200	9	27	75	270	
	500	6	21	54	210	
125	200		10.5	24	105	300
	500		9	21	90	270
	1100		6	15	60	210

表 3・31 通気管の管径と通気長さ

排水管の管径 (mm)	fuD	通気管の管径 [mm]							
		30	40	50	65	75	100	125	150	200
		通気管の長さ [m]							
30	2	9							
40	8	15	45						
	10	9	30						
50	12	9	22.5	60					
	20	7.8	15	45					
65	42			9	30	90			
75	10			30	60	180			
	30		9	18	60	150			
	60			15	24	120			
100	100			10.5	30	78	300		
	200			9	27	75	270		
	500			6	21	54	210		
125	200				10.5	24	105	300	
	500				9	21	90	270	
	1100				6	15	60	210	
150	350					15	60	120	390
	620				7.5	9	37.5	90	330
	960				4.5	7.2	30	75	300
	1900					6	21	60	210
200	600					15	45	150	390
	1400					12	30	120	360
	2200					9	24	105	330
	3600					7.5		75	240
250	1000						22.5	37.5	300
	2500						15	30	150
	3800						9	24	105
	5600						7.5	18	75

(American Standard National Plambing Code より)

表 3・32 通気管の管径決定の順序

	通気管の種別	管 径	備 考
1	通気立て管	(表 3・31) による	受け持つ $\sum fuD$ と配管長さ
2	通気ヘッダ	(表 3・31) による	受け持つ $\sum fuD$ と配管長さ
3	逃がし通気管	接続する排水横枝管の 1/2 以上	
4	結合通気管	接続する通気立て管と同径	最上階より 10 階目ごとに
5	湿り通気管	40 mm (fuD 1), 50 mm (fuD 4 以下)	大便器は除く
6	共通通気管	各個通気管に同じ	

《9》 排水・通気管の配管方法

排水・通気管の配管にあたっては，次のような点に留意しなければならない．

1） 流速と勾配

排水管には，自浄作用（排水時ごとに排水の流速により排水管やトラップ内を洗い流す作用）がなければならないので，管径65 mm以下では1/50, 75 mm, 100 mmでは1/100, 125 mmでは1/150, 150 mm以上では1/200を最小勾配として，最小流速0.6 m/s以上になるようにする．なお，最大流速は2.4 m/s，平均流速は1.2 m/s程度とする．また，通気管は，立て管に向かってあがり勾配とする．

2） 試験

排水管の配管工事の一部または全部が完了したときに，満水試験（水を満たして規定時間後にその水が減少していないかを調べる検査）や気圧試験（規定圧の圧縮空気を加え規定時間後にその圧力が低下していないかを調べる検査）を行う．通気管の配管工事が完了し，器具を取付けた後，すべてのトラップを水封し，排水通気系統の煙試験を行う（表3・33）．

3） 通気管の取り出し

通気管は，排水横走り管から垂直，または45°以内の角度で取り出すものとし，水平に取り出してはならない（図3・57）．

4） 排水配管材

排水配管材には，次のようなものがある．

a) 排水用鋳鉄管

直管および異形管があり，接合は鉛コーキング，ゴムパッキンと押し輪によるメカニカルジョイントがある（図3・58）．

b) 配管用炭素鋼鋼管

ガス管とも呼ばれ，黒管と白管（亜鉛メッキを施したもの）とがあり，錆にくい白管が使用される．通気管にも使用される．

c) 塩化ビニルライニング鋼管

黒管の内外面に塩化ビニルを張付けたものである．

d) 硬質塩化ビニル管

耐食性にすぐれ，軽量，安価で継ぎ手の種類も多い．接合が接着材で簡単にできるので広く使用されている．厚肉管をVP管，薄肉管をVU管とも呼ばれる．

5） 掃除口

建築物内の排水管の点検，清掃のために，掃除口を次に示す箇所に設ける必要がある．

a) 横走り管の起点
b) 長い横走り管は，管径100 mm以下では15 m以内，100 mm以上では30 m以内ごと．
c) 排水管が，45°を超える角度で方向を変える箇所．
d) 排水立て管の最下部またはその付近．

なお，設置に当たっては，排水の流れる方向と反対または直角に開口する．口径は，排水管径100 mm以下の管径では同一口径，100 mm以上では100 mmより小さくしないようにする．

表 3・33 試験の種別と標準値

試験の種別	水圧・満水試験			気圧試験	煙試験
最小圧力	30 kPa	満 水	設計図書記載のポンプ揚程の2倍	35 kPa	濃煙 0.25 kPa
最小保持時間〔min〕	30	30	60	15	15
排水管 排水管	○			○	○
排水管 敷地排水管		○			
排水管 雨水管	○			○	
排水管 排水ポンプ吐出し管			○		
排水管 通気管					○
備考		排水桝を含む	配管の最低部における圧力		

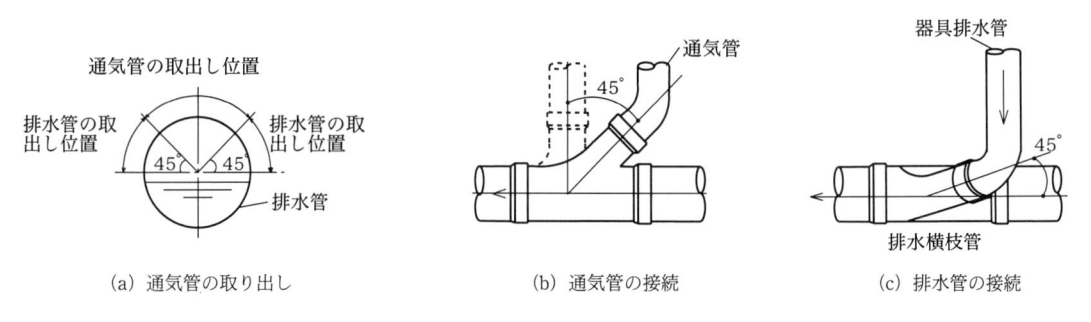

(a) 通気管の取り出し　(b) 通気管の接続　(c) 排水管の接続

図 3・57　通気管・排水管の接続

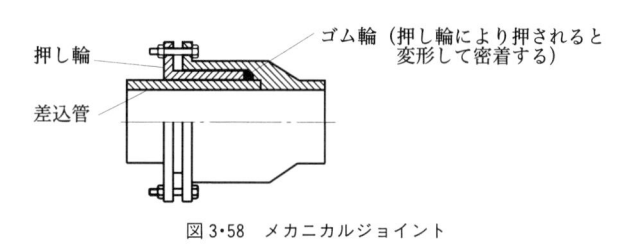

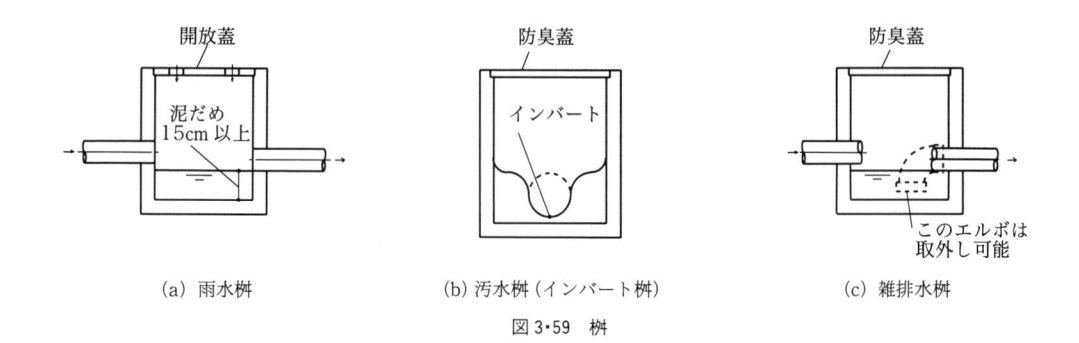

図 3・58　メカニカルジョイント

(a) 雨水桝　(b) 汚水桝 (インバート桝)　(c) 雑排水桝

図 3・59　桝

6) 桝

敷地排水管には，管内径の120倍以内ごとの適当な箇所や，配管の方向や勾配の大きく変化する箇所に，管の接続と清掃を目的とする桝を設ける．なお，桝には図3・59のような種類がある．

a) 雨水桝

底に深さ15 cm以上の泥だめを設ける．

b) インバート桝

接続する管の内径に応じた半円形の流路を設け，汚物を桝内に滞留させない汚水桝をいう．

c) 雑排水桝

雨水桝と同じであるが，防臭蓋とする．また，桝内の入口側または出口側にエルボをつけ，トラップにして下水ガスの侵入を防ぐこともある．

3・5 衛生器具

衛生器具とは，建築物や船舶，車両などにおいて給水，給湯および排水に必要な器具の総称である．ここでは，代表的な水を受ける器具と給水金具について学ぶ．

◀1▶ 衛生器具の材質

水を受ける器具で，陶器で作られた衛生器具を，衛生陶器という．陶器の素地は，溶化素地質である．これは，素地を最もよく焼き締めたもので，吸水性がほとんどなく，衛生陶器として最も優れたものである．なお，陶器の品質などを確認する各種試験を表3・34に示す．

給水器具などの金具は，銅合金（黄銅（真ちゅう）Cu：Zn＝7：3，青銅Cu：Sn＝9：1）にクロムメッキを施したものが，主に使用されている．

◀2▶ 衛生器具の種類

衛生器具には，次のような種類がある．

①水を受ける器具——大便器，小便器，洗面器，手洗い，流し，掃除流し，浴槽

②給水器具——水栓，洗浄弁，ボールタップ，自動給水装置，シャワー

③排水器具——排水金具，トラップ，

④付属器具——取付け金具，紙巻き器，化粧棚，タオル掛け

1) 水を受ける器具

水を受ける衛生陶器の種類には，大便器（C），小便器（U），洗浄タンク（T），洗面器（L），手洗い器（L），流し（K），掃除用流し（S）がある[1]．

a) 大便器

水洗式大便器には，和風便器と洋風便器があり，洗浄方法で分けると図3・60のような，洗出し式，洗落し式，サイホン式，サイホンゼット式，吹き飛ばし式とがあり，表3・35はその構造と特徴を示したものである．

大便器の洗浄水の給水方式には，洗浄弁式，ハイタンク式，ロータンク式があり，表3・36は，その比較を示したものである．

洗浄弁は，給水管の水を直接便器に給水する方式で，多人数が使用するところの連続使用が可能で

---

[1] 大便器（Closet），小便器（Urinal），洗浄タンク（Flush Tank），洗面器（Lavatory），手洗器（Basin），流し（Kitchen sink），掃除流し（Slop sink）

表 3・34 衛生陶器の検査・諸試験

検査及び諸試験		要点
外観検査		陶器表面におけるひび割れ，ピンホール，泡，しみ，などの欠点を調べる．
品質試験	インキ試験	浸透度は溶化素地質では 3 mm 以下．陶器の破片を赤インキに浸し，その浸透度を測る．
	急冷試験	陶器の破片を温度差 110 ℃ で加熱急冷し，素地及び上薬のひび割れを調べる．
	貫入試験	高圧蒸気装置（オートクレーブ）にて加圧し，上薬における細かなひび割れを調べる．
機能試験	洗浄試験	大便・小便器において，洗浄面の赤インキ及び代用汚物等が完全に流れるかを調べる．
	排水路試験	大便・小便器において，木製球が排水路を完全に通過するかを調べる．
	漏水・漏気試験	大便器のトラップの封水深が正常に戻るかを調べる．

表 3・35 大便器の構造と特徴

形式	構造（洗浄方式）	特徴
洗出し式	便ばちに一時汚物を貯めておいて洗浄時の水勢により，汚物を排出する方式	1 和風便器のほとんどがこの方式である． 2 汚水を受ける部分の留水が浅いため，はね返りがなく，臭気が発散しやすい．
洗落し式	汚物がトラップの留水部に落下，水没するようになっており，洗浄時の水勢により汚物を排出する方式	1 汚物が水中に落ちるので，洗出し式に比べて臭気の発散は少ない． 2 留水面があまり広くないので汚物が付着しやすい． 3 洗出し式とともに普及形の便器である．
サイホン式	排水路を屈曲させることにより，洗浄の際に排水路を満水にし，サイホン作用を起こしやすくした方式	1 洗落し式に比べ，排水力が強力で，留水部が広く，水封も深くなっている． 2 サイホンゼット式に次いで優れた洗浄機能を発揮する．
サイホンゼット式	ゼット穴（噴水穴）から勢いよく水を吹き出させて，強力なサイホン作用を起こさせるようにした方式	1 噴水の働きによる吸引・排出能力が強力である． 2 広い留水部が確保でき，水封もいちばん深くとることができるので，臭気の発散や汚物の付着がほとんどない． 3 水洗便器として極めて優れた便器である．
吹き飛ばし式（ブローアウト式）	ゼット穴から強力に水を噴出させ，その作用で留水を排水管へ誘い出し，汚物を吹き飛ばして排出する方式	1 排水路径が大きく屈曲も少ないので詰まるおそれが少ない． 2 洗浄方式は洗浄弁に限る． 3 洗浄の騒音が大きい．

表 3・36 大便器洗浄水の給水方式の比較

洗浄方式	給水圧力 kPa 以上	給水管径 mm 以上	洗浄管径 mm 以上	使用大便器	特徴
洗浄弁式	70	25	25	すべての大便器	連続使用できる，騒音大，場所をとらない
ハイタンク式	30	13	32	洗出し式 洗い落し式	連続使用が不可，修理困難
ロータンク式	30	13	38	吹き飛ばし式を除く大便器	連続使用が不可，修理容易，場所をとる

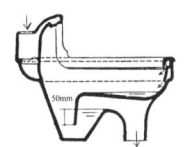

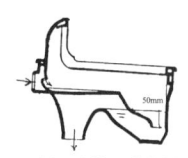

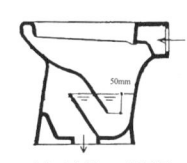

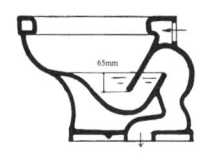

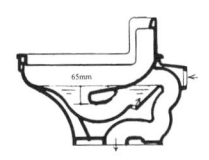

(a) 洗出し式
(b) 洗落し式和風
(c) 洗落し式洋風
(d) サイホン式
(e) サイホンゼット式和風
(f) サイホンゼット式洋風
(g) 吹きとばし式

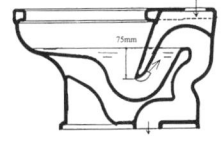

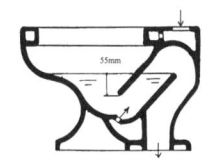

図 3・60 大便器の種類

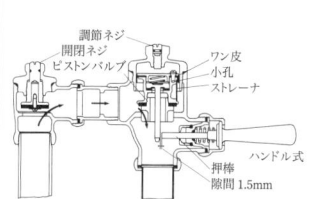

図 3・61 洗浄弁

ある(図3・61).給水圧力が70 kPa以上必要で,大便器のあふれ縁より15 cm以上上方に逆流防止器(バキュームブレーカー)を取付ける.開閉ネジは給水量の調節用で,調節ネジは給水時間の調節用である.

ハイタンク式は,床面より1.6 m以上の高さにタンクを設け,水の落差で給水洗浄するもので,ロータンク式は,床面より0.5 m位の高さにタンクを設けて給水洗浄する方式である.これらのタンク式は,一定量の水を貯蔵するのに時間がかかるので,連続使用は困難であるから,一般に住宅用に用いられる.

b) 小便器

水洗式小便器には,壁掛け形とストール形(自立形)に大別される.駅舎,公園など子供の使用が多い施設はストール形が望ましい.小便器の洗浄方式には,洗浄水栓,洗浄弁を各小便器ごとに取付けるものと,自動サイホンによる方式がある.図3・62に自動サイホン式の自動給水装置とその動作原理を示す.

c) 洗面器

手洗い器には,壁面に取付ける壁掛け型,化粧台にはめ込まれたカウンタ型,およびスタンド型(足付きの自立形とスタンドパイプを取付けたもの)がある.

d) 流し

料理用流し,実験用流し,掃除用流し,汚物流し,洗濯流しなどがある.

e) 浴槽

和風,洋風,和洋折衷の3種類がある.和風式は浴槽内で身体を暖め,流し場へ出て体を洗うので浴槽が深くなっている.洋風式は,浴槽内で足をのばせるもので,浅くて細長く,オーバーフロー口がついている.また,浴槽の湯は一回ごとに捨てる.

2) 給水栓

洗面器や手洗い器などに,水や温水を供給する給水金具を,給水栓という.主に図3・63に示す部品で構成される.一般に,ハンドルを反時計回りに回すと栓棒が上がり,こまとこまパッキン(一体)が給水圧により押し上げられ,弁座との隙間から水が流出する.給水栓の大きさは,接続される管径の呼び径に対応して13 mmと20 mmがある.

《3》 衛生器具の所要個数

衛生器具の所要個数には,労働安全衛生規則,日本建築規格(JES),全国衛生工事規準(NPC)などの規準があり,いずれも建築物の用途や使用人員および使用形態などによって決まる.なお,表3・37は,NPCによる衛生器具の最低所要個数を示したものである.

【例題3・17】 生徒数1200人(男570,女630)の学校に設ける大便器,小便器,洗面器の個数を求めよ.

【解】 大便器 男 570×2/100=11.4 で12個である.
            女 630×5/100=31.5 で32個である.
       小便器   570×4/100=22.8 で23個である.
       洗面器   1200×1/100=12 で12個である.

【答】 大便器 男12個 女32個,小便器23個,洗面器12個

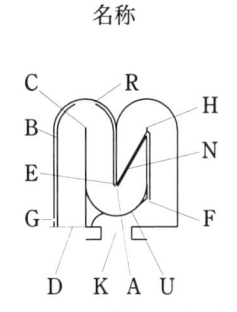

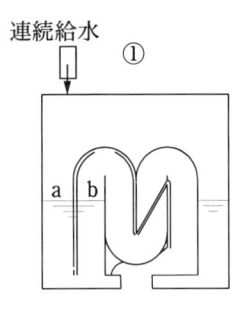

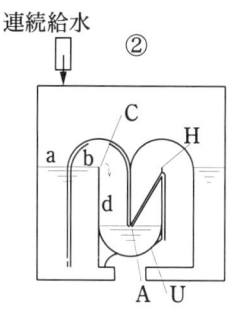

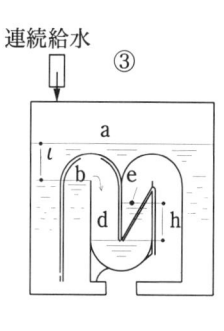

3章 給排水衛生設備　131

名称

小孔(A)と排気口(R)および排出口(F)をもつN字小管(N),吸気口(G)をもつ空気導入バイパス小管(B),流入口(D),排水口(K),U字部(U),堤(C)(E)(H).

① 給水すると水面a, bは同じように上昇する.

② 水面が堤(C)を越えるとU字部(U)に流れ込み,堤(H)に達し小孔(A)がふさがれれば,水面b, d間の空気は密封される.

③ タンク内の水が増しては水深h＝lを保ちながら水面a, eは上昇する.密封空気はh＝lの水頭圧で圧縮される.

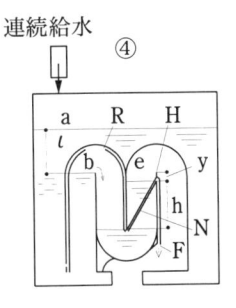

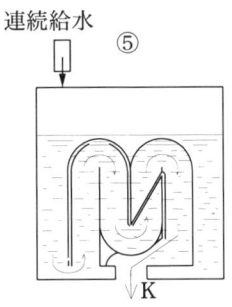

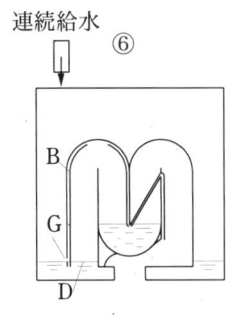

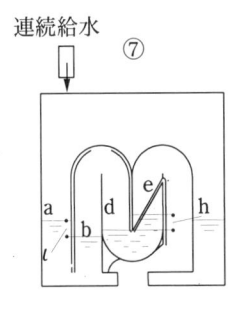

④ 水面eが上昇して堤(H)に達すると,わずかyだけ低いN字小管(N)内に水が先に(F)に流れ落ちると,(N)にサイホン作用が生じ,(N)内の水は排出されるので,密封空気は(R),(N)を通り(F)に抜ける.

⑤ 水面a, bの差の平衡が失われ,タンク内の水はサイホン管内に流れ,満水となり排出口(K)から洗浄管に流出する.

⑥ タンク内の水が排出されて,水面aが流入口(D)まで低下すると小管(B)の小孔(G)より空気を吸込んでサイホン作用を停止する.

⑦ 水面a, bの差lと水面d, eの差hは,h＝lを保って上昇する.③にもどり繰り返される.

図3・62 自動給水装置

表3・37 衛生器具の最低所要個数

建物の種類	大便器		小便器	洗面器	
住宅・アパート (NPC)	住宅・アパート 各単位に1個		—	住宅・アパート 各単位に1個	
事業場 工場 事務所 (労働安全衛生規則)	男	女	男子30人以内ごとに1個	人数	器具数
	60人以内ごとに1個	20人以内ごとに1個		1〜15人 16〜35人 36〜60人 61〜90人 91〜125人	1個 2個 3個 4個 5個
				45人増すごとに1個加える	
学校（小・中） (日本建築規格)	男	女	男子生徒100人につき4個	小学校60人につき1個 中学校100人につき1個	
	100人につき2個	100人につき5個			
ホテル・旅館 (東京都建築条例)	客室5につき1個		客室5につき1個	—	
幼稚園 (幼稚園設置)	（大小便の数） 園児79人までは　　　　　　人数／20 80人以上239人までは　4＋(人数−80)／30 240人以上　　　　　　10＋(人数−240)／40				
劇場，観覧場等 (東京都建築条例)	客室床面積 300 mm² 以下は 15 mm² に1個 　　　　　　300 mm² 〜 600 mm² 以下は 20 mm² に1個 　　　　　　600 mm² 〜 900 mm² 以下は 30 mm² に1個 　　　　　　900 mm² を超える時は 60 mm² に1個 （各階に設け，男女同数，男子用は便器5個つき大便器1個）				

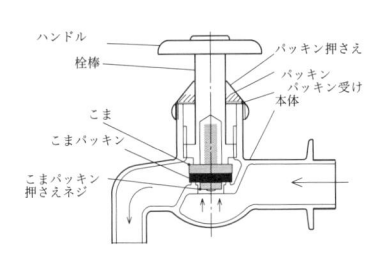

図3・63 給水栓の各部の名称

3・6 消火設備

⦅1⦆ 防火対象物

防火対象物とは，山林または舟車，船きょ若しくは埠頭に繋留された船舶，建築物その他の工作物若しくはこれらに属するものをいい（消防法第2条の2），さらに表3・38のように20項目に分類される．

また，これらの項目に類する建築物の用途には，次のようなものがある．

(1) 項イ　寄席，劇場，野球場，各種競技場，体育館（学校の体育館以外），ボクシング場，競馬場，競輪場
(1) 項ロ　公民館，県民会館，結婚式場
(2) 項イ　クラブ，バー，サロン
(2) 項ロ　囲碁，マージャン，パチンコ，ボーリング場などの遊技施設
(3) 項イ　料亭，茶屋，貸席
(3) 項ロ　食堂，そば屋，すし屋，喫茶店（社員食堂は15項）
(5) 項イ　旅館類似の厚生施設，ユースホステル，青年の家，山小屋，モーテル，民宿，海の家
(7) 項　　洋裁学校，看護婦学校，警察学校，自治大学，消防大学
(8) 項　　民族資料館，宝物殿，郷土館，記念館，画廊
(9) 項イ　蒸し風呂，砂風呂
(15) 項　　官公庁，郵便局，会社，銀行，理髪店，発電所，ごみ処理施設
(16) 項　　複合用途防火対象物（図3・64によるようなもの）

⦅2⦆ 消火設備の種類

消火設備は，消防法施行令で次の9種類に分類されている．

①消火器および簡易消火器（水バケツ，水槽，乾燥砂，膨張ヒル石，または膨張真珠岩）
②屋内消火栓設備
③スプリンクラー設備
④水噴霧消火設備
⑤泡消火栓設備
⑥二酸化炭素消火栓設備
⑦粉末消火栓設備
⑧屋外消火栓設備
⑨動力消防ポンプ設備

3章 給排水衛生設備　133

表3・38　防火対象物と消防設備の設置基準（能美防災KKより）

消防用設備等の種別			スプリンクラー設備 令第12条				指定可燃物	屋内消火栓設備 令第11条			指定可燃物	屋外消火栓設備 令第19条
防火対象物の別（令別表一）			一般		地階・無窓階	4階以上10階以下の階	地階を除く階数が11階以上の防火対象物	危別表第四で定める数量の1000倍以上（可燃物，可燃性液体類を除く）	一般	地階・無窓階又は4階以上の階	危別表第四で定める数量の七五〇倍以上（可燃性液体類を除く）	二，同一敷地内にある2以上の建築物にあっては5m以下である部分を有するものは一の建築物とみなす 1．1階又は1階及び2階の部分の床面積合計が，耐火建築物9000㎡以上，準耐火建築物6000㎡以上（耐火建築物及び準耐火建築物を除く），その他の建築物3000㎡以上のもので相互の外壁面の中心線からの水平距離が1階にあっては3m以下，
(一)	イ	劇場，映画館，演芸場又は観覧場	舞台部	地階，無窓階，4階以上300㎡以上，その他500㎡以上	床面積1000㎡	床面積1500㎡	全部		延べ面積500㎡以上(1000)[1500]	床面積100㎡以上(200)[300]		
	ロ	公会堂，集会場										
(二)	イ	キャバレー，カフェ，ナイトクラブの類	平屋建以外で床面積の合計6000㎡以上		1000	1000			700 (1400) [2100]	150 (300) [450]		
	ロ	遊技場，ダンスホール										
(三)	イ	待合，料理店の類			1000	1500						
	ロ	飲食店										
(四)		百貨店，マーケット，その他の物品販売業を営む店舗又は展示場	3000		1000	1000						
(五)	イ	旅館，ホテル，宿泊所			1000	1500						
	ロ	寄宿舎，下宿，共同住宅					11階以上の階					
(六)	イ	病院，診療所，助産所	病院	3000	1000	1500	全部		特定施設 700 (1000) [1000]	150 (300) [450]		
	ロ	老人福祉施設，有料老人ホーム（介護），老人保健施設，救護施設，更生施設，児童福祉施設，身体障害者更生援護施設，知的障害者援護施設，精神障害者社会復帰施設	特定施設	1000								
	ハ	幼稚園，盲学校，聾学校，養護学校	6000									
(七)		小学校，中学校，高等学校，高等専門学校，大学，各種学校，その他これらに類するもの					11階以上の階		700 (1400) [2100]			
(八)		図書館，博物館，美術館，その他これらに類するもの										
(九)	イ	蒸気浴場，熱気浴場，その他これらに類するもの	6000		1000	1500	全部					
	ロ	イに掲げる公衆浴場以外の公衆浴場										
(十)		車輌の停車場，船舶又は航空機の発着場					11階以上の階					
(十一)		神社，寺院，教会の類							1000 (2000) [3000]	200 (400) [600]		
(十二)	イ	工場，作業場							700 (1400) [2100]	150 (300) [450]		
	ロ	映画スタジオ，テレビスタジオ										
(十三)	イ	自動車車庫，駐車場										
	ロ	飛行機又は回転翼航空機の格納庫										
(十四)		倉庫	ラック式 高さ10mを超えかつ 700（1400）[2100]						700 (1400) [2100]	150 (300) [450]		
(十五)		前各項に該当しない事業場							1000 (2000) [3000]	200 (400) [600]		
(十六)※1	イ	複合用途防火対象物のうちその一部が(一)～(四)，(五)項イ，(六)項イに掲げる防火対象物の用途に供されているもの	特定部分の床面積の合計が3000㎡以上で当該部分の存する階		1000	1500 ※1000	全部					
	ロ	イに掲げる複合用途防火対象物以外の複合用途防火対象物										
(十六の二)		地下街	延べ面積 1000㎡以上				11階以上の階		150 (300) [450]			
(十六の三)		準地下街 建築物の地階で連続して地下道に面して設けられたものと，当該地下道とを合わせたもので，特定用途に供される部分が存するもの	延べ面積1000㎡以上かつ特定用途に供される部分の床面積の合計が500㎡のもの									
(十七)		重要文化財，重要有形民俗文化財，史跡，重要美術品等の建造物	―		―	―						(一)～(十五)項に準じる
(十八)		延長50メートル以上のアーケード	―		―	―						
(十九)		市町村長の指定する山林	―		―	―						
(二十)		自治省令で定める舟車	―		―	―						

表中　　の箇所は特定防火対象物，（　）準耐火構造の建築物，[　] 耐火構造の建築物　　　　　（能美防災工業資料より）

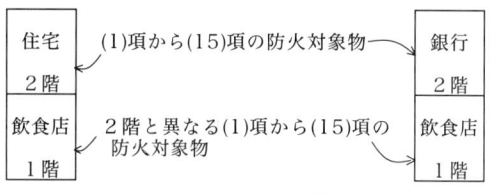

住宅 2階 ─ (1)項から(15)項の防火対象物 ─ 銀行 2階
飲食店 1階 ─ 2階と異なる(1)項から(15)項の防火対象物 ─ 飲食店 1階

図3・64　複合用途防火対象物

⦅3⦆ 屋内消火栓設備

屋内消火栓設備とは，建築物内に水源，加圧送水装置(消火ポンプ)，配管，ホース，ノズルなどで構成され，初期の段階の火災を消火することを目的としている．操作は，一般の人により消火栓箱内の起動スイッチで消火ポンプを起動し，消火栓弁を手動で開いて放水し，消火するものである．

その設置の基準は，消防法施行令第 11 条により表 3・38 により定められている．また，種類には従来からの 1 号消火栓と小型の 2 号消火栓とがある．

1) 設置基準

屋内消火栓設備の設置は，次の基準に基づいて行う．

a) 一般の場合

図 3・65 のように，防火対象物の延べ面積(各階の床面積の合計)が図の数値以上の建築物に設置する．

b) 地階等

地階および無窓階の部分，または 4 階以上の部分の床面積が，図 3・65 の数値以上の建築物に設置する．

c) 準危険物等

準危険物や特殊可燃物を貯蔵する場合は，指定数量の 750 倍以上を貯蔵する建築物に設置する．

なお，スプリンクラー，水噴霧，泡，二酸化炭素，粉末，屋外消火栓，動力ポンプ設備のいずれかを設置した場合は，その有効範囲内に限って屋内消火栓設備を設置しなくてよい．

また，屋外消火栓，動力ポンプ設備の有効範囲は，1 階および 2 階だけであるので，3 階以上については屋内消火栓設備の設置が免除されない．

2) 屋内消火栓の種類

屋内消火栓の種類には，1 号，2 号とがあり，設置対象物を表 3・39 に示す．2 号消火栓は，ホテルなどの夜間の火災時に 1 人で放水できる小規模なものである．

屋内消火栓の系統図を図 3・66 に示すが，水源，ポンプ，呼び水水槽，消火栓箱，テスト弁，表示灯などより構成されている．なお，表 3・40 は 1 号消火栓，2 号消火栓の違いを比較したものである．

【例題 3・18】 学校の体育館(27×40 m)の壁面に，1 号消火栓を設置するときの個数を求めよ．また，ホテル(18.5×35 m)の階の中廊下に，2 号消火栓を設置するときの個数を求めよ．

【解】 図 3・67 のように，半径 25 m，半径 15 m の円を書いて，区画がすべて円内にはいるようにする．

【答】 体育館 3 個，ホテル 3 個

図 3・65　屋内消火栓設備の設置基準

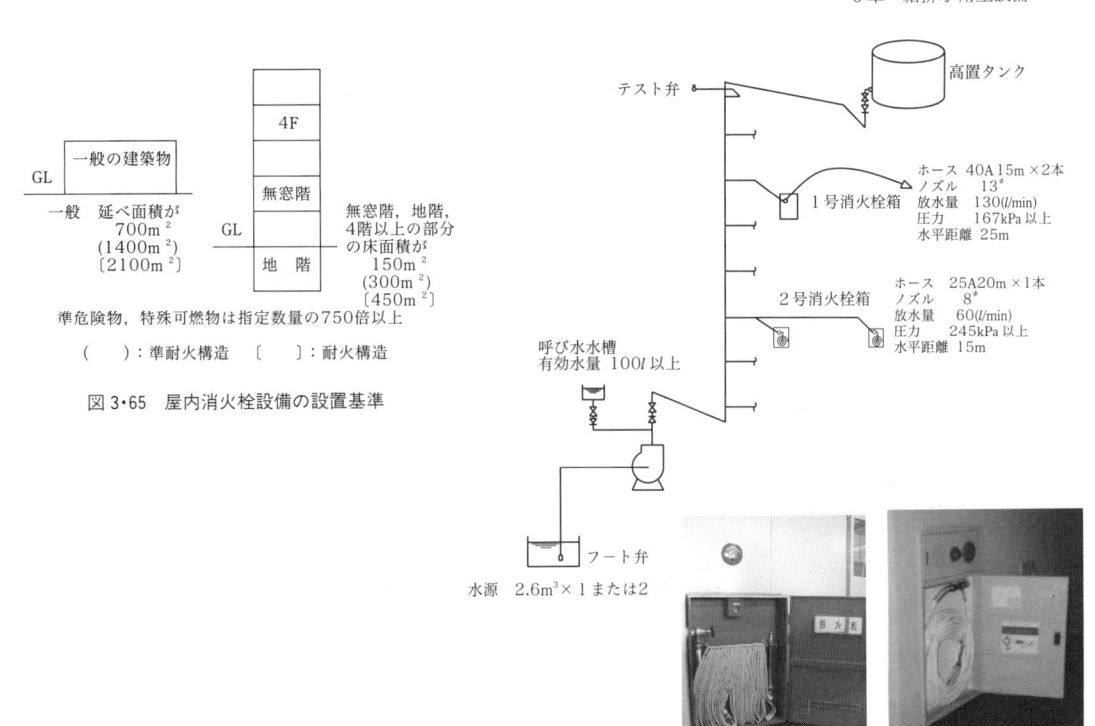

図 3・66　屋内消火栓設備
(a) 屋内消火栓設備システム　(b) 1号消火栓　(c) 2号消火栓

表 3・39　屋内消火栓の設置対象物

1号消火栓	12項イの工場，作業場　14項の倉庫　指定可燃物
1号消火栓　2号消火栓	上記以外の防火対象物

表 3・40　1, 2号消火栓の比較

	1号消火栓	2号消火栓
放水圧力〔kPa〕	167	245
放水量〔l×min〕	130	60
ポンプの吐出量〔l×min〕	150	70
水源水量〔m³〕	2.6×1 または 2	1.2×1 または 2
水平距離〔m〕	25	15
ノズル口径〔mm〕	13	8
開閉弁の口径〔A〕	40	25
ホース口径×長さ〔A×m〕	40×30	25×20

円の中心が消火栓の位置である．3個

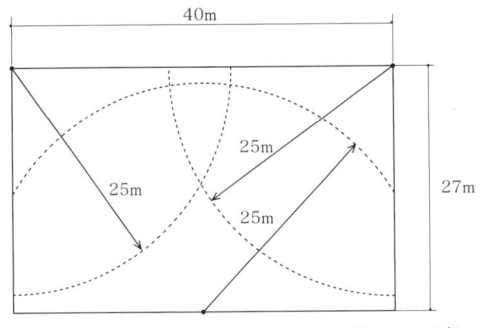

円の中心が消火栓の位置である．3個

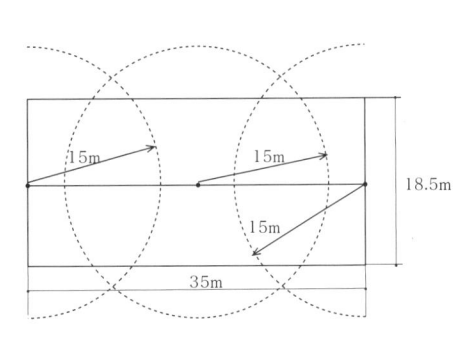

図 3・67　【例題 3・18】の解答図

《4》 スプリンクラー設備

スプリンクラー設備とは，一般の建築物や倉庫などのA火災（一般火災）の初期および，その段階を超えた火災の消火を目的としたもので，天井，小屋裏に給水配管をし，これにスプリンクラーヘッド（図3・68）を取付け，火災の発生熱によりヘッドが開いて散水消火するものである．スプリンクラー設備の防火対象物は表3・38による．

1) 設置基準

スプリンクラー設備は，次のような場合に設置する．

① 一般の場合——図3・69のように，防火対象物の床面積が，図中の数値以上となる場合
② 地階，無窓階は，その当該部分の床面積が1000 m² 以上となる場合
③ 4階以上10階以下の階の床面積が1500 m² 以上となる場合
④ 地階を除く階数が11以上の防火対象物のすべて
⑤ 11階以上の階のすべて
⑥ 舞台部および，これに付属する道具室が，地階や無窓階または4階以上の階にある場合は，その床面積が300 m² 以上，その他の階（1〜3階）でその床面積が500 m² 以上の場合はその部分
⑦ 倉庫では，ラック式で天井高が10 m を超えるときは，延べ面積が700 m²（準耐火構造1400 m²，耐火構造2100 m²）以上となる場合

2) ヘッドの設置

スプリンクラーヘッドの配置方法には，図3・70のような格子形配置と千鳥形配置があり，それぞれの配置間隔の大きさは，次式により求める値以下とする．なお，配置にあたってはスプリンクラーヘッドを中心に表3・41の防護半径とした円で防火対象物の各部を包含できるようにする．

格子形配置　$X=\sqrt{2}a$, $Y=X/2=\sqrt{2}a/2$ 〔m〕 …………………………… [3−28]

千鳥形配置　$X=\sqrt{3}a$, $Y=X/2=\sqrt{3}a/2$, $h=3a/2$ 〔m〕 …………… [3−29]

X：ヘッドの相互の間隔，a：ヘッドの防護半径
Y，Z：壁面からの距離，h：三角形の高さ

3) ヘッドの設置個数と水源水量

スプリンクラー用の水源として蓄えなければならない水量は，次式で算定する．

$$Q=1.6\times N \; 〔\text{m}^3〕 \quad \cdots\cdots\cdots\cdots\cdots\cdots\cdots\cdots\cdots\cdots\cdots\cdots [3-30]$$

Q：水源水量〔m³〕
N：ヘッドの算出個数

（算出個数が表3・42の値以上のときは表の値を，以下のときはその値を用いる）

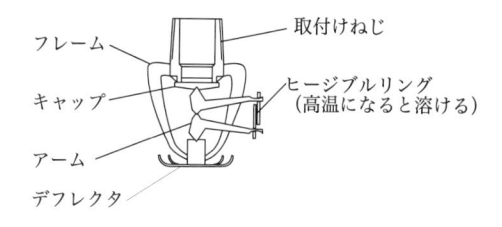

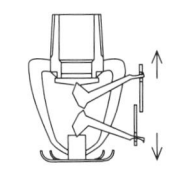

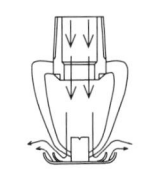

3章　給排水衛生設備　137

図3・68　スプリンクラーヘッド

実物

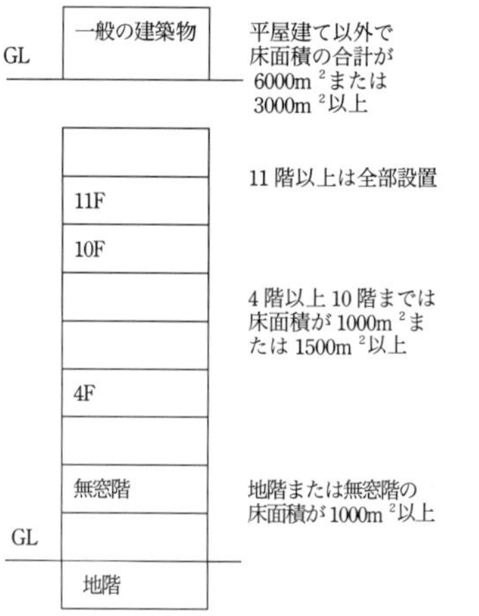

図3・69　スプリンクラー設備の設置基準

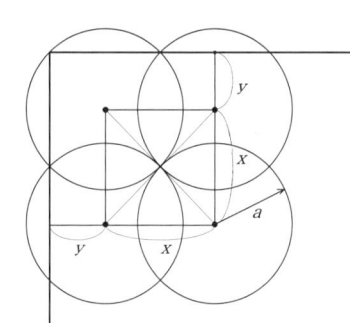

表3・41　スプリンクラーヘッドの防護半径

防火対象物		ヘッドの受け持つ防護半径 a 〔m〕
一般	舞台部	1.7 m 以下
	耐火建築物	2.3 m 以下
	その他	2.1 m 以下
ラック式倉庫	棚等を設けた部分	2.5 m 以下
	その他	2.1 m 以下
地下街	厨房等火気使用場所	1.7 m 以下
	その他	2.1 m 以下
準危険物または特殊可燃物を貯蔵, 取扱い所		1.7 m 以下

(日本消防設備安全センターより)

(a) 格子形配置

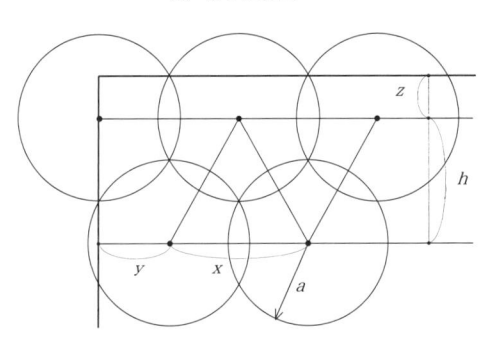

a：ヘッドの防護半径

(b) 千鳥形配置

a：ヘッドの防護半径

図3・70　スプリンクラーヘッドの配置

4) 吐出量

スプリンクラーヘッドの吐出量は，放出圧力が 98 kPa から 980 kPa 以下で，80〔l/min〕以上を必要とする．

ポンプの吐出量は，算出個数により，次のように決める．

◎閉鎖形スプリンクラーヘッドを使用する場合では，

　算出個数が 10 個以下では 900〔l/min〕

　算出個数が 11 個から 20 個までは 1800〔l/min〕

　算出個数が 21 個以上では 2700〔l/min〕

◎開放形スプリンクラーヘッドを使用する場合では，

$$Q = 80 \times 1.2 \times N \quad \text{〔}l/\text{min〕} \quad \cdots\cdots\cdots\cdots\cdots\cdots\cdots\cdots\cdots\cdots\cdots\cdots\cdots\cdots\cdots\cdots\cdots\cdots\cdots [3-31]$$

　N：ヘッドの個数

5) 配管方式

a) 閉鎖式

スプリンクラーヘッドまで規定圧力（100〜980 kPa）を加えて通水し，アラーム弁を通じて加圧送水するものを湿式といい，配管内に圧縮空気を充てんし，ヘッドの感熱作動により空気が放出し，続いて予作動弁が開いてヘッドより散水するものを乾式という．一般には湿式が多く，乾式は凍結のおそれのある寒冷地で使用される．

b) 開放式

開放形スプリンクラーヘッドを用いた設備で，各系統に区画された部分ごとに手動の一斉開放弁を設けて，ヘッド全部より散水する方式で，劇場の舞台部，工場などの火災の急激に拡大するおそれのある場所に用いられる．

6) スプリンクラーヘッド

本体，分解部分（キャップ，アーム，ヒュージブルリング），デフレクターにより形成され，本体の放出口からの水をデフレクターにより散水させる．

取付け方法には，上向き型，下向き型，側壁型がある

a) 閉鎖型スプリンクラーヘッド

感熱により一定温度に達すると分解する部分（ヒュージブルリング）が溶解して，アームが飛散することによりキャップがはずれ，水が噴出し，デフレクターで散水するものである．

b) 開放型スプリンクラーヘッド

本体とデフレクターのみで分解部分を持たないもので，手動で一斉開放弁を開き，散水するものである．

7) スプリンクラーヘッドの標示温度

閉鎖型スプリンクラヘッドでは，取付ける場所の周囲温度が常温より高い場合には，ヘッドの標示温度の高いものを使用しなくてはならない．そために，標示温度がいくつかに分類されている．表3・43 は，取付ける場所の最高温度と標示温度，ならびに色別標示の関係を示したものである．

表3・42 ヘッドの算出個数（水源水量を求めるための）

ヘッドの区分	防火対象物の区分			ヘッドの個数	乾式，予作動式のヘッドの個数
標準型ヘッド	（一）～（三）（七）～（九）	百貨店等及び複合用途の百貨店等		15（高感度型12）	左欄のヘッド個数×1.5
		その他	地階を除く階数が10以下のもの	10（高感度8）	
			地階を除く階数が11以上のもの	15（高感度12）	
	（一四）のラック式倉庫	危政令4の1000倍，100倍の指定可燃物を貯蔵		30（感度1種24）	
		その他		20（感度1種16）	
	地下街，準地下街			15（高感度型12）	
	指定可燃物（可燃性液体類を除く）を政令で定める数量の1000倍以上貯蔵			20（感度1種16）	
側壁型ヘッド	地階を除く階数が10以下の防火対象物			8	
	地階を除く階数が11以下の防火対象物			12	
小区画型ヘッド	地階を除く階数が10以下の防火対象物			8	
	地階を除く階数が11以下の防火対象物			12	

備考1　設置するヘッドの個数が，この表の個数に満たないときはその個数とする．
　　2　乾式，予作動式の場合は小数点以下は切り上げた個数とする．
　　3　ヘッドの種別が異なる場合は算出した最大の個数で決定する．

（日本消防設備安全センターより）

表3・43　スプリンクラーヘッド取り付け場所の最高温度と作動温度の関係

取り付ける場所の周囲最高温度	39℃未満	39℃以上64℃未満	64℃以上106℃未満	106℃以上
標示温度（定格作動温度）	79℃未満	79℃以上121℃未満	121℃以上106℃未満	162℃以上
ヘッドの色標示	なし	白	青	赤

（日本消防設備安全センターより）

8) アラーム弁（流水検知装置）

湿式のスプリンクラー設備の各階の分岐（系統ごと）に設け，流水検知装置により，ポンプの起動と警報を発するものである．

9) 予作動弁

乾式のスプリンクラー設備の各階の分岐（系統ごと）に設けるものである．

10) 末端試験弁

湿式のスプリンクラー設備の配管の末端に，流水検知装置または圧力検知装置の作動を試験（年1回）するために用いる弁である．これは，系統ごとに設け，スプリンクラーヘッドと同等の放水性能を有するオリフィスなどの試験用放水口が取付けられ，排水管に接続されている．

【例題3・19】 耐火構造の防火対象物における，27×42 m の事務室に設けるスプリンクラーヘッドの設置個数を求めよ．配置形式は千鳥形配置とする．

【解】 ヘッドの防護半径は，耐火構造であるから，表3・41より，$a = 2.3$ m である．

$X = 2.3\sqrt{3} = 3.98$ m，$Y = X/2 = 2.3\sqrt{3}/2 = 1.99$ m，$Z = a/2 = 2.3/2 = 1.15$ m

$h = 3a/2 = 3 \times 2.3/2 = 3.45$ m

（横方向 42 m）

奇数列　$42/X = 42/3.98 = 10.55$，$42 - 3.98 \times 10 = 2.2$ m

この 2.2 m は $Y = 1.99$ m より大きいので

横方向11個に1個増で12個になる．

偶数列　$(42 - Y)/X = (42 - 1.99)/3.98 = 10.05$，$42 - Y - 3.98 \times 10 = 0.21$ m

この 0.21 m は $Y = 1.99$ m より小さいので増分は必要なく，11個になる．

（縦方向 27 m）

$(27 - Z)/h = (27 - 1.15)/3.45 = 7.49$，$(27 - Z) - 3.45 \times 7 = 1.7$ m

この 1.7 m は $Z = 1.15$ m より大きいため1列増で9列になる．

9列のうち奇数列は5列，偶数列は4列である．

奇数列は 12個 × 5列 = 60個

偶数列は 11個 × 4列 = 44個

総合計 104 個になる．

【答】 104 個

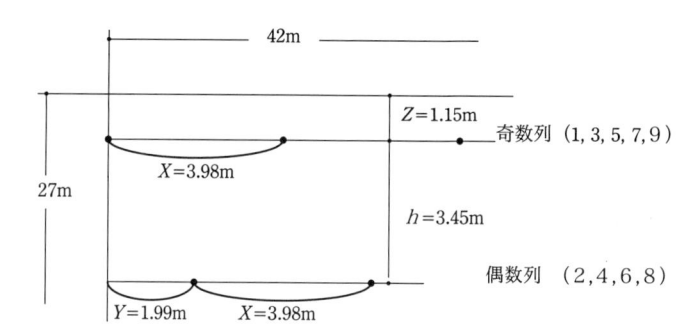

3章　給排水衛生設備　141

横方向

42m
27m
$Z=1.15$m
奇数列（1, 3, 5, 7, 9）
$X=3.98$m
$h=3.45$m
偶数列（2, 4, 6, 8）
$Y=1.99$m　$X=3.98$m

横方向

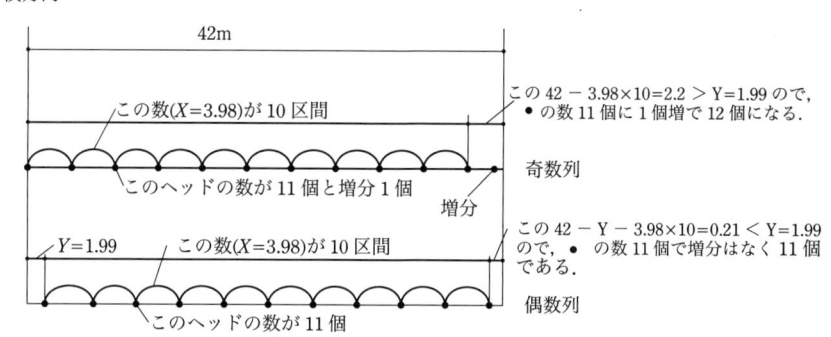

42m
この数($X=3.98$)が10区間
このヘッドの数が11個と増分1個
奇数列
増分

この 42 − 3.98×10=2.2 ＞ Y=1.99 ので，●の数 11 個に 1 個増で 12 個になる．

$Y=1.99$　この数($X=3.98$)が10区間
このヘッドの数が11個
偶数列

この 42 − Y − 3.98×10=0.21 ＜ Y=1.99 ので，● の数 11 個で増分はなく 11 個である．

縦方向（列数）

27m
$Z=1.15$　この数($h=3.45$)が7区間
この列数が8列と増分1列
増分

この 27 − Z − 3.45×7=1.7 ＞ Z=1.15 なので●の数 8 列に 1 列増で 9 列になる．

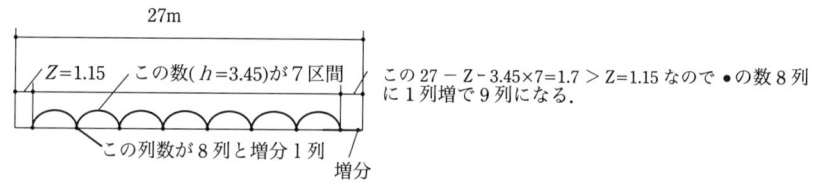

図 3・71　【例題 3・19】の解答図

◀5▶ その他の消火設備

1) 屋外消火栓設備

　建築物の1階および2階の部分の火災で、消火器または屋内消火栓設備により消火すべき段階を過ぎた中期火災や、隣接建築物への延焼防止に使用することを目的とした消火設備で、水源、加圧送水装置、起動装置、配管、格納箱、ホース、ノズルおよび屋外消火栓より構成されている。

　屋外消火栓設備は、火災の際、手動により起動装置を操作し、人がホースにより消火するもので、放水圧力が250 kPa以上で放水量が350〔l/min〕以上の性能を有するものである（図3・72）。

　屋外消火栓設備の設置基準は、1階の床面積または1階および2階の合計床面積が、木造建築物では3000 m^2、準耐火建築物では6000 m^2、耐火建築物では9000 m^{2}以上に設置する。

　なお、同一敷地内にある2以上ある建築物（耐火建築物と準耐火建築物を除く）の相互の外壁間の中心線の水平距離が、1階で3 m、2階では5 m以下である場合は一つの建築物とみなす。

2) 泡消火設備

　泡放出口またはノズルから空気泡（エアホーム）を放射し、可燃性液体などの表面を泡で覆い、微細な気泡集合の被覆による窒息効果と、気泡に含まれている水の冷却作用とを利用して消火するものである。可燃性または、引火性液体の火災の消火を目的としている。

　飛行機、ヘリコプターの格納庫、ヘリコプターの屋上発着場、自動車の修理、整備場または駐車場、指定可燃物を貯蔵または取り扱う場所に設置される。

3) 二酸化炭素消火設備

　屋内消火栓設備やスプリンクラー設備などの一般的な消火設備で消火することが適当でない建築物などの火災を消火することを目的とするものである。通信器室や指定可燃物を貯蔵し、または取り扱う防火対象物、またはその部分が対象となる（表3・44）。

4) 粉末消火設備

　炭酸水素ナトリウムなどを主成分とする粉末消火剤を用い、放射すると火災の熱による熱分解により炭酸ガスと水蒸気を発生し、可燃物と空気を遮断する窒息作用と熱分解の際の熱吸収による冷却作用で消火を行う（表3・45）。

　消火剤には次の4種類がある。

　　第1種粉末：炭酸水素ナトリウム
　　第2種粉末：炭酸水素カリウム
　　第3種粉末：リン酸塩
　　第4種粉末：炭酸水素カリウムと尿素との反応物

　第1、第2、第4種粉末は油、電気火災に適し、第3種粉末は普通火災、油火災、電気火災に適する。とくに駐車場には第3種粉末と規定されている。

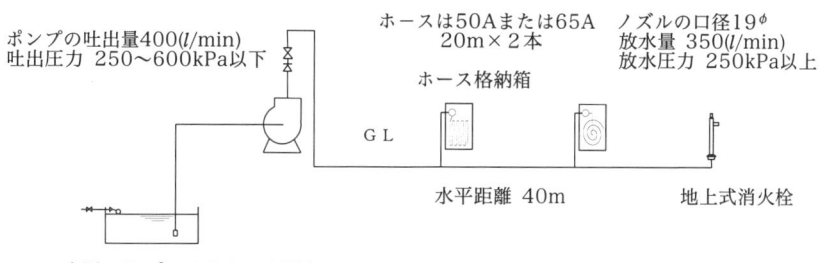

ポンプの吐出量400(l/min)　ホースは50Aまたは65A　ノズルの口径19φ
吐出圧力 250～600kPa以下　　20m×2本　　　放水量 350(l/min)
　　　　　　　　　　　ホース格納箱　　　　放水圧力 250kPa以上

GL

水平距離 40m　　　　地上式消火栓

水源　7m³×1または2以上

図 3・72　屋外消火栓設備

表 3・44　二酸化炭素消火設備の設置対象物

1	令別表第1に挙げる防火対象物の自動車の修理または整備の用に供される部分で，床面積が，地階または2階以上の階にあっては200 m² 以上，1階にあっては500 m² 以上のもの．
2	令別表第1に挙げる防火対象物の道路（車両の交通の用に供されるものであって自治省令で定めるものに限る．以下同じ）の用に供される部分で，床面積が，屋上部分にあっては600 m² 以上，それ以外の部分にあっては400 m² 以上のもの．
3	駐車の用に供される部分で次に挙げるもの (1) 当該部分の床面積が地階又は2階以上の階にあっては200 m² 以上，1階にあっては500 m² 以上，屋上部分にあっては300 m² 以上のもの． (2) 昇降機等の機械装置等により車両を駐車させる構造のもので，車両の収容台数が10台以上のもの．
4	発電機，変圧器その他にこれに類する電気設備が設置されている部分で，床面積が200 m² 以上のもの．
5	鋳造場，ボイラー室，乾燥室その他多量の火気を使用する部分で床面積が200 m² 以上のもの．
6	通信器室で床面積が500 m² 以上のもの．
7	別表第1に挙げる建物その他工作物で，指定可燃物を指定数量の1000倍以上貯蔵，又は取り扱うもの．	綿花類，木毛及びかんなくず，ぼろ及び紙くず，糸類，わら類又は合成樹脂類に係わるものは全域放出方式の二酸化炭素消火設備に限る． 可燃性個体類，可燃性液体類又は合成樹脂類に係わるもの二酸化炭素消火設備 木材加工品及び木くずに係わるものは全域放出方式の二酸化炭素消火設備に限る．

（オーム社編『絵とき 消防設備技術基準早わかり』オーム社より）

表 3・45　粉末消火設備の設置対象物

1	令別表第1に挙げる防火対象物の自動車の修理または整備の用に供される部分で，床面積が，地階または2階以上の階にあっては200 m² 以上，1階にあっては500 m² 以上のもの．
2	令別表第1に挙げる防火対象物の道路（車両の交通の用に供されるものであって自治省令で定めるものに限る．以下同じ）の用に供される部分で，床面積が，屋上部分にあっては600 m² 以上，それ以外の部分にあっては400 m² 以上のもの．
3	駐車の用に供される部分で次に挙げるもの (1) 当該部分の床面積が地階又は2階以上の階にあっては200 m² 以上，1階にあっては500 m² 以上，屋上部分にあっては300 m² 以上のもの． (2) 昇降機等の機械装置等により車両を駐車させる構造のもので，車両の収容台数が10台以上のもの．
4	発電機，変圧器その他これに類する電気設備が設置されている部分で，床面積が200 m² 以上のもの
5	鋳造場，ボイラー室，乾燥室その他多量の火気を使用する部分で床面積が200 m² 以上のもの
6	通信器室で床面積が500 m² 以上のもの．
7	飛行機格納庫及び令別表第1に挙げる防火対象物の屋上部分で回転翼航空機等の発着の用に供するもの．
8	危政令別表第4に挙げる可燃性個体類，可燃性液体類又は合成樹脂類に係わるもの．

（オーム社編『絵とき 消防設備技術基準早わかり』オーム社より）

3・7 し尿浄化設備

便所の水洗化は，人が居住し，生活する上で，衛生的でかつ快適な環境をつくるためには，欠くことのできないものの一つである．便所を水洗化した場合，図3・73に示すように公共下水道へ放流するのが望ましいが，公共下水道が整備されていない地域においては，し尿浄化槽を設けて衛生上支障のない程度まで処理し，公共用水域に放流しなければならない．

また，逆に今まで汲み取り式であった地域に下水道が完備した場合，建築物を所有する者は下水の処理を開始する日から3年以内にその便所を水洗便所に改造しなければならない．

《1》 下水道の種類

下水道の種類は，下水道法により公共下水道，流域下水道，都市下水路の3つに分類される（表3・46）．

《2》 汚水処理の基本的事項

1) 生活排水の特性

し尿浄化槽の性能・規模などを決定するためには，生活排水の水質・排水量などをじゅうぶん把握しておく必要がある．生活排水の水質は，一般に表3・47に示す数値を基準としている．なお，生活排水は便水（汚水）と雑排水に分かれるが，BOD負荷は雑排水の方が高い．したがって，今後，公共下水道が完備していない地域における住宅からの排水処理は単独処理浄化槽でなく，雑排水も含めた合併処理のし尿浄化槽（小規模合併処理浄化槽）で行うのが好ましい．

a) BOD

BOD：生物化学的酸素要求量は，水中に含まれる有機物（腐敗する物質）の濃度を表す指標で，水質汚濁の状態を評価する値として用いられる．有機物量は，有機物が分解されるとき消費される酸素の量に比例することから，$1l$の水を20℃で5日間放置される間に消費される酸素量を測定し，mg/lで表示する．

b) BOD負荷

BOD負荷は，BOD濃度に排水量を乗じた負荷量をいい，次式で表される．

$$\text{BOD負荷 [g/日]} = \text{BOD濃度 [mg/}l\text{]} \times \text{排水量 [m}^3\text{/日]} \qquad [3-32]$$

c) BOD除去率

BOD除去率とは，し尿浄化槽内で，流入汚水中のBOD成分が，微生物の働きによってどれだけ除去されたかを百分率で表したもので，次式で表される．

$$\text{BOD除去率} = \frac{\text{流入水のBOD濃度} - \text{流出水のBOD濃度}}{\text{流入水のBOD濃度}} \times 100 \qquad [3-33]$$

流入水中のBOD濃度は単独処理の場合260 mg/l，合併処理の場合200 mg/l程度と考える．

d) 処理対象人員

処理対象人員は，浄化槽の負荷となる汚水の量を人員に換算したもので，JIS A 3302に各建築物ごとの処理対象人員の算定式が明示されている．表3・48に一部の処理対象人員の算定式を示す．

```
                    ┌→ 公共下水道 ┐
便所の水洗化 ──→    │           ├──→ 公共用水域（河川・湖沼・海など）
                    └→ し尿浄化槽 ┘
```

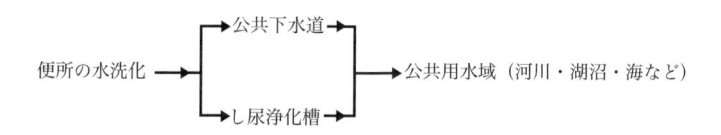

図3・73 下水道の種類

表3・46 下水道の種類

下水道の種類	内容
公共下水道	地方公共団体が管理する下水道で，市街地から出る下水を排除し，処理することを目的としている．流域下水道へ接続するもの以外は末端に終末処理場を持っている．
流域下水道	二つ以上の市町村から出る下水を排除し，処理する下水道で，地方公共団体が管理し，末端に終末処理場を持つものをいう．
都市下水路	主に市街地からの雨水を排除することを目的とし，政令で定める規模以上のものをいい，地方公共団体が管理する下水道のことである．

表3・47 生活排水の性質

排水の種類		BOD		汚水量 〔l/人・d〕
		平均濃度 〔mg/l〕	負荷量 〔g/人・d〕	
汚水（便水）		260	13	50
雑排水	台所	700	21	30
	洗濯	100	4	40
	浴室	21.3	1.5	70
	その他	50	0.5	10
	平均	150	27	150
合計		200	40	200

表3・48 処理対象人員算定表（JIS A 3302）一部抜粋

類似用途別番号	建築物用途			処理対象人員	
				算定人員	算定単位
2	住宅施設	イ	住宅	$A<130$ の場合 $a=5$ $A≧130$ の場合 $a=7$	a：人員〔人〕 A：延べ面積〔m^2〕[1]
		ロ	共同住宅	$a=0.05A$	a：人員〔人〕 A：延べ面積〔m^2〕注1
3	宿泊施設	イ	ホテル・旅館	$a=0.15A$	結婚式場・宴会場あり a：人員〔人〕 A：延べ面積〔m^2〕
				$a=0.075A$	結婚式場・宴会場なし a：人員〔人〕 A：延べ面積〔m^2〕
8	学校施設関係	イ	保育所・幼稚園・小学校・中学校	$a=0.20P$	a：人員〔人〕 P：定員〔人〕
		ロ	高等学校・大学・各種学校	$a=0.25P$	a：人員〔人〕 P：定員〔人〕
		ハ	図書館	$a=0.08P$	a：人員〔人〕 A：延べ面積〔m^2〕
9	事務所関係	イ	事務所	$a=0.075A$	ちゅう房設備あり a：人員〔人〕 A：延べ面積〔m^2〕
				$a=0.06A$	ちゅう房設備なし a：人員〔人〕 A：延べ面積〔m^2〕

注1) この値は，当該地域における住宅の1戸当たりの平均的な延べ面積に応じて，増減できるものとする．

（平成12年3月17日改正）

2) 汚水の処理方法

し尿浄化槽では，表3・49に掲げる物理的方法・生物化学的方法・物理化学的方法の処理行程の順序で浄化が行われる．

a) 生物化学的処理法

し尿浄化槽あるいは下水道における終末処理場の最大の役割は，微生物の働きによって，排水中の腐敗する有機物を酸化分解して公共用水域の汚染を防ぐところまで処理することである．このような処理法を生物化学的処理法といい，好気性微生物の働きを利用した好気性処理と嫌気性微生物の働きを利用した嫌気性処理がある．

なお，現在のし尿浄化槽の大部分は好気性処理法のタイプである．この処理法の最大の特徴は，発生するガスが，主として炭酸ガスであるので，不快な臭気の発生がないことである．

b) 好気性処理法

好気性処理法は，表3・50のように活性汚泥法と生物膜法に分類される．
活性汚泥法とは，図3・74のように，ばっ気槽内の汚泥を吸着した好気性微生物の集合体（活性汚泥）に空気を送りこみ（ばっ気という），排水中の有機物を吸着・酸化する浄化方法をいう．また，生物膜法とは，図3・75のように，接触ろ材の表面に，主に好気性微生物の集合体で生成した生物膜によって，汚水中の有機物を酸化分解する方法をいう．

◀3▶ 単独処理・合併処理浄化槽の構造

し尿浄化槽を設置する場合は，表3・51の建築基準法施行令にもとづき，設置区域および処理対象人員に対応した性能の浄化槽を選定しなければならない．

1) 単独処理浄化槽

単独処理浄化槽は，水洗便所から排出される汚水のみを処理する浄化槽で，雑排水・雨水は処理されないまま，直接河川などに放流されるタイプのものをいう．この浄化槽は，処理対象人員が500人以下の場合に使用され，処理方式としては，分離接触ばっ気方式・散水ろ床方式，分離ばっき方式，そして特殊なものとして，沈殿・腐敗処理のみを行う簡易処理方式と沈殿・腐敗処理を行った後，地中浸透させる浸透処理方式がある．なお，単独処理浄化槽は既設のものを除き，2000年6月より廃止された．表3・52に告示区分による処理方式の性能とフローシートを示す．また，図3・76に単独処理浄化槽の構造の一例を示す．

表3・49 し尿浄化槽の処理工程

処理方法	物理行程	目的
物理的方法 ↓ 生物化学的方法 ↓ 物理化学的方法	スクリーニング，沈砂，沈殿 好気性処理 ─┬─ 生物膜法 嫌気性処理 ─┴─ 活性汚泥法 消毒	固体と液体を分離する 有機物を分解し，無機物に変化させる 病原菌を死滅させる

表 3・50　好気性処理方法の分類

好気性処理法	処理方式	特徴
活性汚泥法	分離ばっ気方式 標準活性汚泥方式 長時間ばっ気方式	①BOD 成分の除去に有利 ②浄化槽面積小さくてすむ ③ばっ気装置が必要 ④水温低下に弱い ⑤微生物の維持管理が必要
生物膜法	接触ばっ気方式 回転板接触方式 散水ろ床方式	①アンモニア成分の除去に有利 ②少々の流量変化に対応できる ③維持管理が容易 ④高負荷に生物膜が肥厚し，浄化機能を失うことがある

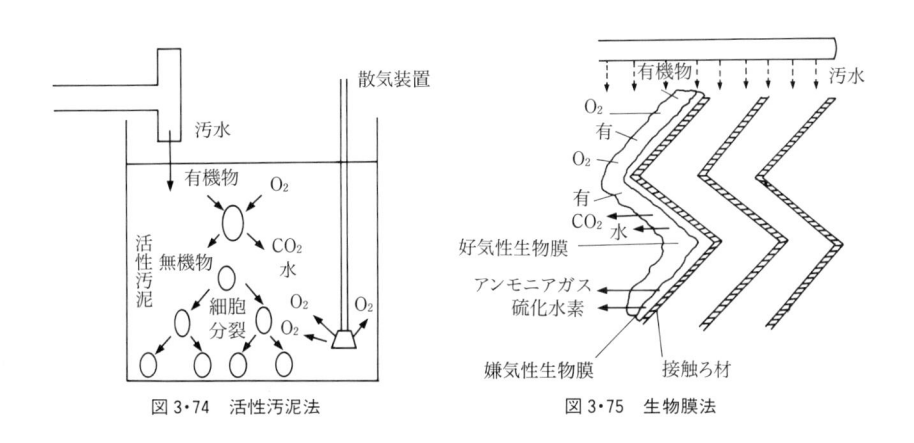

図 3・74　活性汚泥法　　　　図 3・75　生物膜法

表 3・51　建築基準法 32 条に基づく尿浄化槽の構造基準

建築基準法施行令第 32 条		告示区分 (第1292号)	処理対象人員 〔人〕	性　　能		大腸菌群数 〔個/cm³〕
				BOD 除去率 〔%〕	放流水 BOD 値 〔mg/l〕	
第1項	衛生上支障がある区域	第1 第2 第3	～50 51～500 501～	65 以上 70 以上 85 以上	90 以下 60 以下 30 以下	3000 以下
	衛生上特に支障がない区域	第4	—	55 以上	120 以下	
	その他の区域 その他の区域	第1 第2 第3	～500 501～2,000 2,001～	65 以上 70 以上 85 以上	90 以下 60 以下 30 以下	
第2項	地下浸透方式により衛生上支障がない区域	第5	第13 (特認)	—	一次処理 SS 除去率 55%以上，流出水 SS250 mg/l 以下 地下浸透能力を有す	
第3項	水質汚濁防止法による上乗せ排水基準	第6		101 人以上	放流水の BOD20 mg/l 以下	
		第7		—	放流水の BOD10 mg/l 以下	
		第8		—	放流水の BOD10 mg/l 以下 COD10 mg/l 以下	
		第9		51 人以上	放流水の BOD10 mg/l 以下 T－N20 mg/l 以下 T－P1mg/l 以下	
		第10		51 人以上	放流水の BOD10 mmg/l T－N15 mg/l 以下 T－P1mg/l 以下	
		第11			放流水の BOD10 mg/l 以下 T－N10 mg/l 以下 T－P1mg/l 以下	
		第12			COD60～10 mg/l 以下，SS70～15 mg/l 以下，動植物油脂数 20 mg/l 以下，水素指数 5.8～8.6，大腸菌群数 3000 個/ cm³ 以下	

(平成 12 年 6 月改正)

2) 小規模合併処理浄化槽

小規模合併処理浄化槽は，水洗便所から排出される汚水と雑排水（雨水，工場排水その他特殊排水を除く）を合併して処理する方法であり，処理対象人員が50人以下の場合に用いられる．処理方法には，分離接触ばっ気方式，嫌気ろ床接触ばっ気方式，脱窒ろ床接触ばっ気方式がある．表3・53にフローシートを示す．また，図3・77に小規模合併処理浄化槽の構造の一例を示す．

3) 合併処理浄化槽

合併処理浄化槽は，小規模合併処理浄化槽と同様に汚水と雑排水を合併して処理する方法で，主に大規模な浄化槽に用いられる．処理方式には，生物膜法の接触ばっ気方式・回転板接触方式・散水ろ床方式と，活性汚泥法の長時間ばっ気方式・標準活性汚泥方式がある．表3・54にフローシートを示す．

【4】 三次処理の方法

浄化槽での処理は，スクリーン，沈澱分離槽，腐敗槽などの1次処理で固液分離が行われ，接触ばっ気槽，ばっ気槽などの2次処理で微生物の働きにより水中の有機物の除去，あるいは総量の縮小が行われる．大部分の浄化槽は，ここまでであるが，処理水を再利用する場合，湖沼などにおける富栄養化の防止，あるいは放流先の環境基準の維持などのため厳しい規制により，高度な処理が必要となる．この処理方法を3次処理（高度処理）といい，表3・55に除去物質と処理方式を示す．

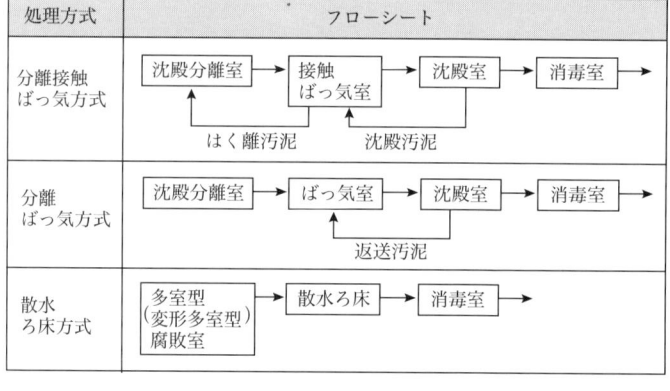

表3・52 単独処理浄化槽のフローシート

処理方式	フローシート
分離接触ばっ気方式	沈殿分離室 → 接触ばっ気室 → 沈殿室 → 消毒室 →（はく離汚泥，沈殿汚泥）
分離ばっ気方式	沈殿分離室 → ばっ気室 → 沈殿室 → 消毒室 →（返送汚泥）
散水ろ床方式	多室型（変形多室型）腐敗室 → 散水ろ床 → 消毒室 →

表3・53 小規模合併処理浄化槽のフローシート

処理方式	フローシート	処理対象人員	告示区分
分離接触ばっ気方式	→ 沈殿分離槽 → 接触ばっ気槽 → 沈殿槽 → 消毒槽 →（はく離汚泥，返送汚泥）	50人以下	第1
嫌気ろ床接触ばっ気方式	→ 嫌気ろ床槽 → 接触ばっ気槽 → 沈殿槽 → 消毒槽 →（はく離汚泥，返送汚泥）	50人以下	第1
脱窒ろ床接触ばっ気方式	→ 脱窒ろ床槽 → 接触ばっ気槽 → 沈殿槽 → 消毒槽 →（循環，はく離汚泥，返送汚泥）	50人以下	第1

図 3・76　単独処理浄化槽（分離ばっ気方式）　　　図 3・77　小規模合併処理浄化槽（分離接触ばっ気方式）

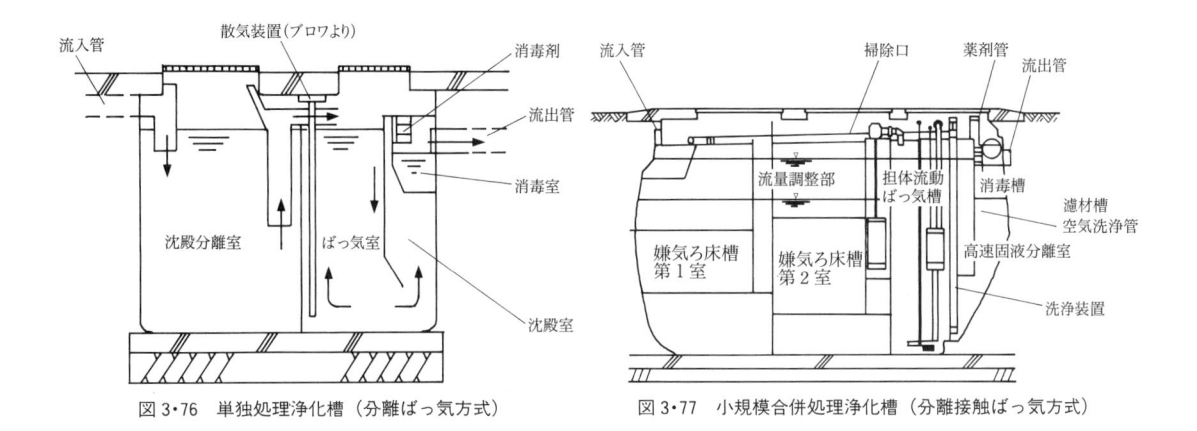

表 3・54　合併処理浄化槽のフローシート

処理方式	フローシート	処理対象人員	告示区分
回転板接触方式 ①	→ スクリーン → 沈殿分離槽 → ① 回転板接触槽 → ポンプます → ② 散水ろ床 → 分水装置 → 沈殿槽 → 消毒槽 → / ③ 接触ばっ気槽 / はく離汚泥・返送汚泥 / 汚泥貯留槽 ← 汚泥濃縮槽	51〜500 201〜500 501〜2000	第2
散水ろ床方式 ②		51〜500 201〜500 501〜	第3
接触ばっ気方式 ③		①③ 51〜500 ①③ 201〜 ②　501〜	第6
長時間ばっ気方式 ④	→ スクリーン → 沈砂槽（501人以上に設置）→ 流量調整槽 → ［微細目スクリーン を設けることがある］→ ばっ気槽 → 沈殿槽 → 消毒槽 → / 解離液 / 汚泥貯留槽 ← 汚泥濃縮槽	④ 201〜500 501〜200	第2
標準活性汚泥方式 ⑤		④ 201〜500 501〜5000	第3
		④ 201〜	第6
		⑤ 5001〜	第3 第6

表 3・55　除去物質と処理方式

除去物質	三次処理方式	概　要
浮遊物質	凝集沈殿 生物ろ過 急速ろ過 マイクロスクリーニング	凝集剤により浮遊ぶ物質を互いに吸着させ，沈殿除去する方法 生物膜により吸着・酸化により除去する方法 ろ過材の間を加圧して通過させる間に除去する方法 $0.1\mu m$ 程度の膜を通過させる間に除去する方法
有機物質	生物ろ過 活性炭 加圧膜処理	生物膜により吸着・酸化により除去する方法 ろ過材の間を加圧して通過させる間に除去する方法 圧力を加えてろ過し，除去する方法
リン	凝集沈殿	凝集剤を投入し，リン酸化物として沈殿除去する方法
窒素	生物学的硝化脱窒	アンモニアを好気性微生物によって硝化した後，嫌気性微生物によって窒素ガスとし除去する方法

【例題3・20】 流入汚水のBODが260 mg/l,流出汚水濃度が20 mg/lとした場合,し尿浄化槽のBOD除去率はいくらか.

【解】 BOD除去率は式［3-33］より,
$$\text{BOD除去率} = \frac{260-20}{260} \times 100 = 92.3$$

【答】 92.3%

図3・78 【例題3・20】の図

【例題3・21】 延べ面積5000 m²の事務所ビル（業務用厨房設備あり）における,し尿浄化槽の処理対象人員を算定せよ.

【解】 事務所ビルにおける処理対象人員は表3・48より
$$a = 0.075 \times 5000 = 375$$

【答】 375人

4章

電気設備

4・1 電気設備の概要

電気設備とは，図4・1に示すように，建築設備の運転あるいは監視や制御などを可能にするための設備である．

《1》 電気設備の種類

電気設備の種類には，電力設備，通信情報設備，防災設備，輸送設備などがある．

1) 電力設備

電気を熱や光または力に変換し利用する設備で，電源や配電も含まれる．

2) 通信情報設備

意志やデータなどを伝達する設備で，電話，インターホン，放送，電気時計，テレビ共同受信設備などがある．

3) 防災設備

主に火災による災害を防ぐための設備で，警報設備や火災報知設備などがある．

4) 輸送設備

建築物内の人や物を搬送する設備で，昇降機設備のエレベーターやエスカレーターなどがある．

《2》 電気設備の関連法規

電気設備を設計および施工する場合の関連法規には，次のような電気事業法，電気用品取締法，電気工事士法の他に消防法，建築基準法さらに電気設備の施設に関係のある電気設備技術基準と日本電気協会の内線規定などがある．

1) 電気事業法

電気事業に関する法令が主であるが，電気工事に携わる者にとって電気工作物の工事，維持および運用に関する最も基本となる法律である．その中で電気工作物の定義や技術基準適合命令などが規定されている．

2) 電気用品取締法

電気用品の製造，販売などを規制することにより，粗悪な電気用品による危険および障害の発生を防止することを目的としている．

3) 電気工事法

電気工事の作業に従事するものの資格および義務を定めることによって，電気工事の欠陥による災害の発生を防止することを目的としている．

4章 電気設備 153

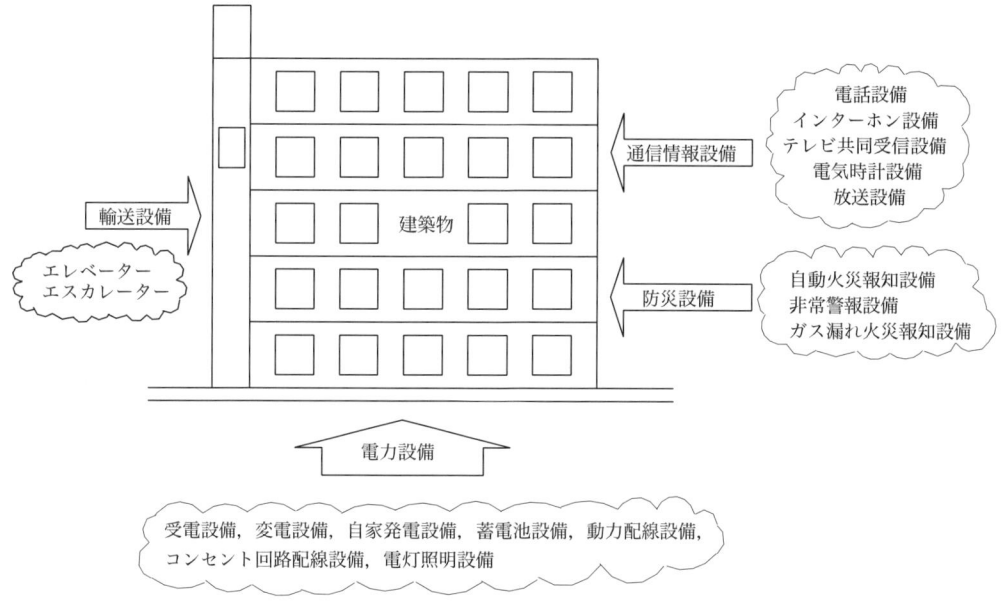

図4・1 電気設備の概念図

電話設備
インターホン設備
テレビ共同受信設備
電気時計設備
放送設備

通信情報設備

輸送設備
エレベーター
エスカレーター

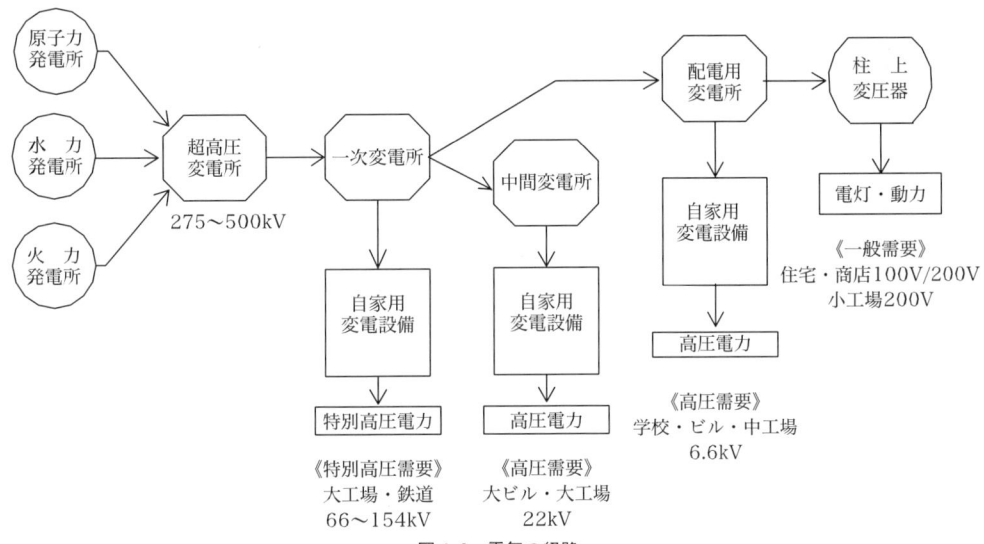

建築物

防災設備
自動火災報知設備
非常警報設備
ガス漏れ火災報知設備

電力設備
受電設備，変電設備，自家発電設備，蓄電池設備，動力配線設備，コンセント回路配線設備，電灯照明設備

図4・2 電気の経路

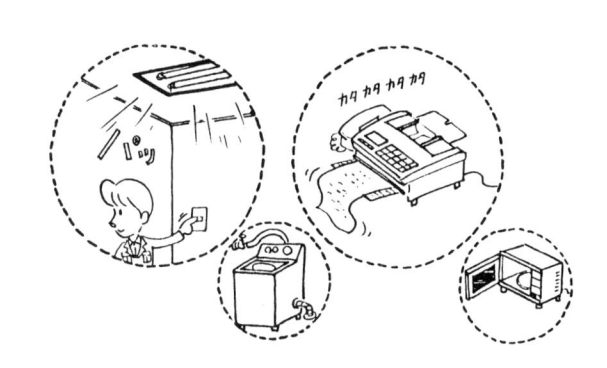

原子力発電所
水力発電所
火力発電所
→ 超高圧変電所 275〜500kV → 一次変電所 → 中間変電所
一次変電所 → 自家用変電設備 → 特別高圧電力
《特別高圧需要》大工場・鉄道 66〜154kV
中間変電所 → 自家用変電設備 → 高圧電力
《高圧需要》大ビル・大工場 22kV
一次変電所 → 配電用変電所 → 自家用変電設備 → 高圧電力
《高圧需要》学校・ビル・中工場 6.6kV
配電用変電所 → 柱上変圧器 → 電灯・動力
《一般需要》住宅・商店 100V/200V 小工場 200V

4・2　電力設備

《1》 電気の基礎知識

電力設備を理解するために必要な電気の基礎知識には，次のようなものがある．

1) 電流と電圧と抵抗の関係

電流と電圧と抵抗との間には，オームの法則より電流＝電圧／抵抗の関係があり，電流の単位はアンペア〔A〕，電圧はボルト〔V〕，抵抗はオーム〔Ω〕が使用される．この法則は，配電における基本原理であり，たとえば電路の抵抗による電圧降下を求める場合に応用される．

2) 直流と交流

電流には直流と交流があり，直流とは電池に電気機器を接続したとき一定方向に継続した電流が流れるもので，交流とは時間の経過と共に周期的に方向が変化するものをいう．図4・2に示すように，電力会社の発電所から送電線を経て，一般の需要家（電気需要場所）に供給される電力は交流である．また，東日本では50Hz（ヘルツ），西日本では60Hzの異なった周波数の交流が使用されている．

3) 電力

電力は，直流の場合には，電圧に電流を乗じて求められる．また，単相交流の場合には，電圧と電流を乗じたものに力率[1]を乗じて求められる．さらに，三相交流の場合には，$\sqrt{3}$×電圧×電流×力率が電力となる．単位はワット〔W〕を用いる．この電力が建築物の電気設備の容量を決める基となるものである．また，電力を高圧で送電するのは，電圧を高くしたほうが流れる電流が少なくてすみ，送電線から発生するむだな熱量を小さくできるからである．

4) 電力量

電力量とは，電力に時間を乗じたもので，単位にはキロワット時〔kWh〕を用いる．消費電力量は，電力量計により求められる．需要家は，この値に応じて電力会社に電気料金を支払うのである．

5) 電圧の分類

電圧には，低圧，高圧，特別高圧の3種類があり，その範囲は表4・1のように区分されている．電力会社が供給する電気の電圧は，電気事業法で表4・2の範囲内に維持するよう義務づけられている．

《2》 受変電設備

受変電設備とは，電力会社から高圧および特別高圧で受電した場合に，それを需要家の必要な電圧に降圧する設備で，自家用受変電設備ともいわれる．

1) 受電電圧

受電電圧は，電力会社と需要家との契約電力（受電電力）による他，電力会社の電気供給規定によって決定される．一般に，契約電力が50以上2000kW未満の場合には，受電電圧が6kVの高圧で，契約電力が2000以上10000kW未満の場合には，10・20または30kV，さらに10000以上50000kW未満の場合には，60または70kVの特別高圧で供給される．

2) 受電方式

電力会社の変電所からの受電方式には，図4・3のような1回線受電，2回線受電，ループ受電，スポットネットワーク受電の各方式がある．方式の採用には，信頼性，経済性，保守性などをじゅうぶん考慮して電力会社と協議する必要がある．

---

[1] 力率：皮相電力に対する有効電力の比を百分率（％）で表したもの

表 4・1　電圧の種別

電圧区分	直流	交流
低圧	750V 以下	600V 以下
高圧	750V 超え 7000V 以下	600V 超え 7000V 以下
特別高圧	7000V 超えるもの	

表 4・2　電圧の許容範囲

100V	101V±6V
200V	202V±20V

(a) 1回線方式

(b) 平行2回線方式

(c) ループ回線方式

(d) スポットネットワーク方式（3回線）

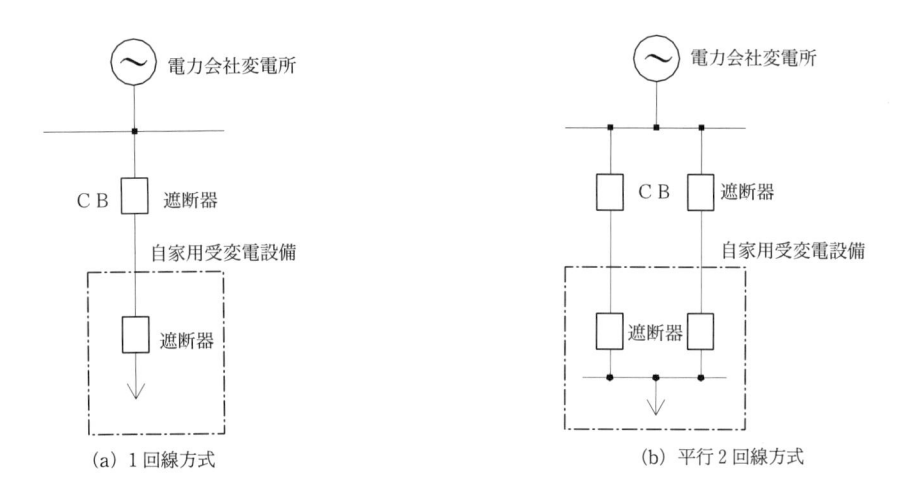

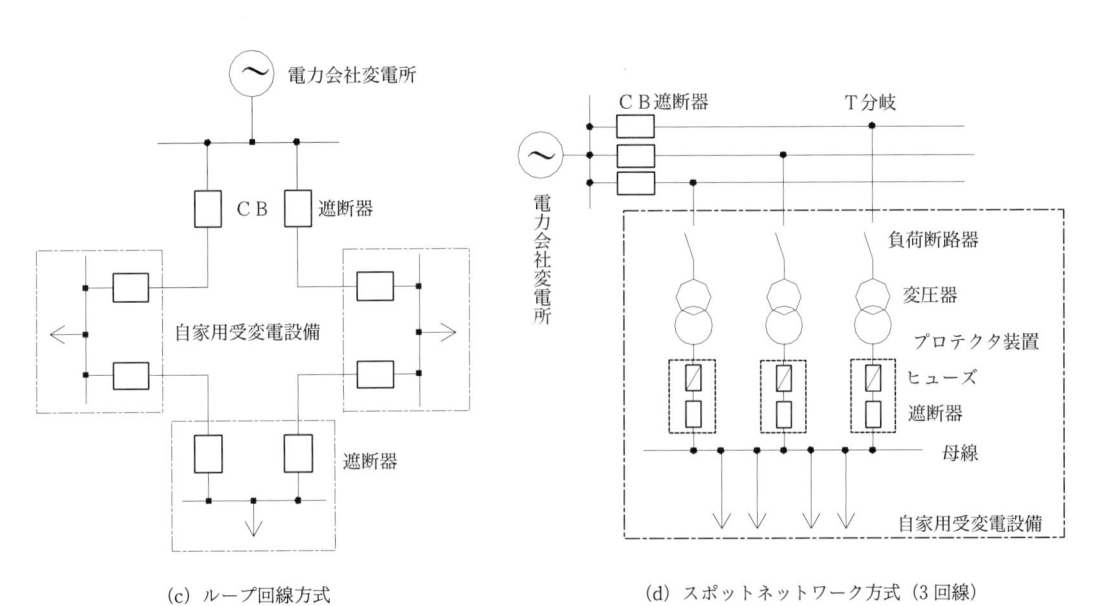

図 4・3　受電方式の種類

a) 1回線受電方式

電力会社から高圧（または特別高圧）の1本の配電線で受電する方式．配電線が故障すれば受電できなくなるため信頼度は低いが，設備費が安価である．一般に，小容量の受電に採用される．

b) 2回線受電方式

電力会社から2本の配線で受電する方式．一方の配電線が故障しても，他方の回線で受電できるので信頼度は高いが，設備費が高価である．

c) ループ受電方式

電力会社から各配線をループ状に配線し受電する方式．配電線路で故障が生じても，環状の一部を切り離すことにより無停電で受電でき，2回線方式と同様に信頼度は高いが，設備費が割高となる．

d) スポットネットワーク受電方式

電力会社から2～4回線の特別高圧を配電し，分岐により受電する方式．特別高圧側の遮断器を省略して，低圧側にプロテクタ装置（ヒューズおよび遮断器）を設け，発生する故障に対処するため，供給路線のうち1回線が停止しても，完全に無停電で受電できる．供給信頼度の高い大容量を必要とする建築物に採用される．

3) 変電設備

変電設備とは，住宅のように直接受電する場合を除き，電力会社から高圧または特別高圧で受電した電力を，必要な電圧に降圧する設備をいう．

変電設備は，図4・4に示すように変圧器，遮断器，避雷器，進相用コンデンサー，断路器，継電器，計器類，保護装置，配電盤などから構成される．これらの電気機器を金属箱に収めたものをキュービクルといい，比較的小容量の設備に用いられる．

a) 変圧器

変圧器は受変電設備の主要機器であり，電磁誘導を利用して交流の電圧と電流を異なった値に変換するもので，トランスともいう．図4・5に示すように，一次側と二次側の電圧比は，鉄心に巻かれたコイルの巻数比に比例し，電流比は巻数比の逆数にほぼ比例する．一般に，一次側から高圧を供給し，二次側から低圧が出力される．また，電灯用と動力用に分けて変圧され，油入変圧器が広く使用されている．

b) 遮断器

送電線路に故障が生じた時，自動的に回路を切り放し，電気回路を保護するために用いる．

c) 避雷器

引込み口の近くに設置され，雷などにより電路に異常に高い電圧が発生した場合，その電圧を大地に逃がして電路の安全を守るもの．

d) 進相用コンデンサー

電動機などの負荷は，力率が60～90%と低いため，コンデンサーを入れて力率100%近くにして線路損失を軽減する．

e) 断路器

機器の点検修理や接続変更の際に電路を切り離す開閉器で，通電中に開閉は行わない．

図 4·4　受電設備単線栓結線図

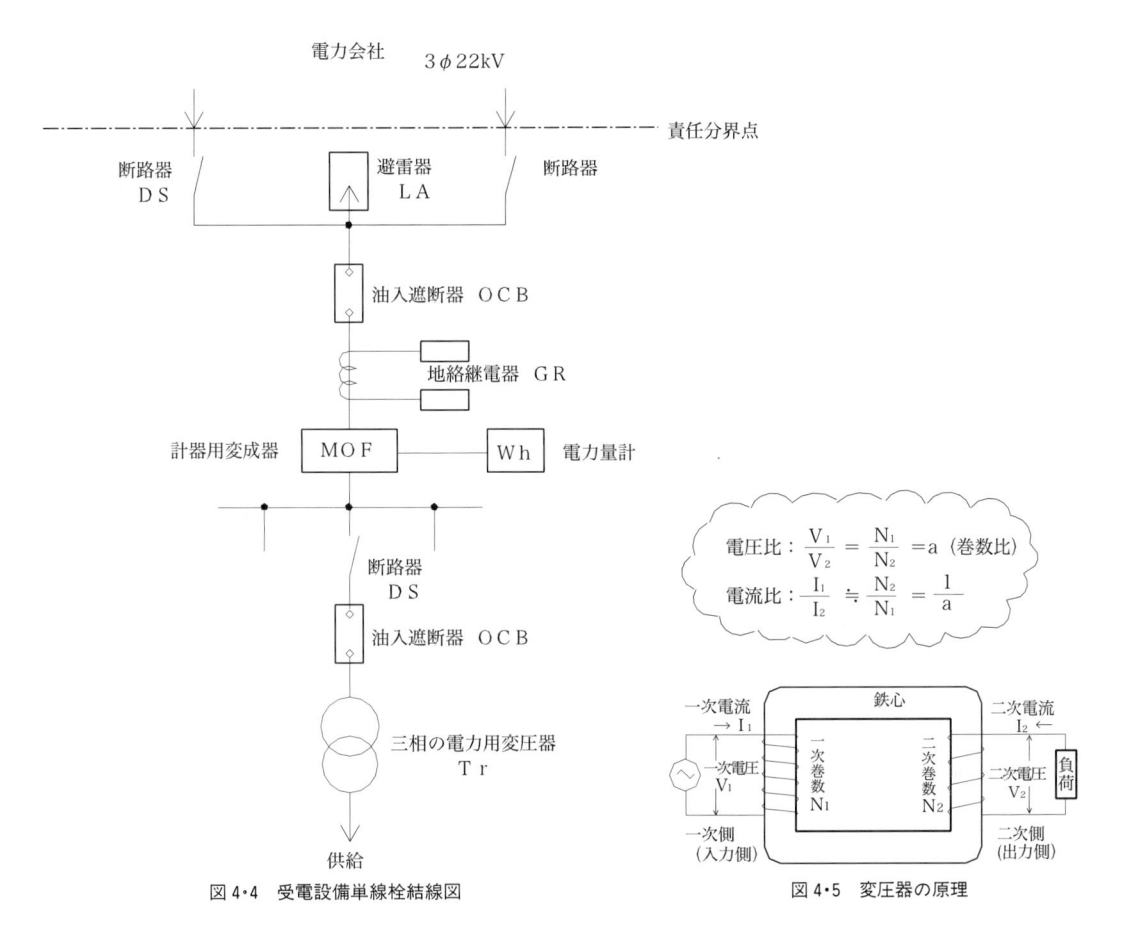

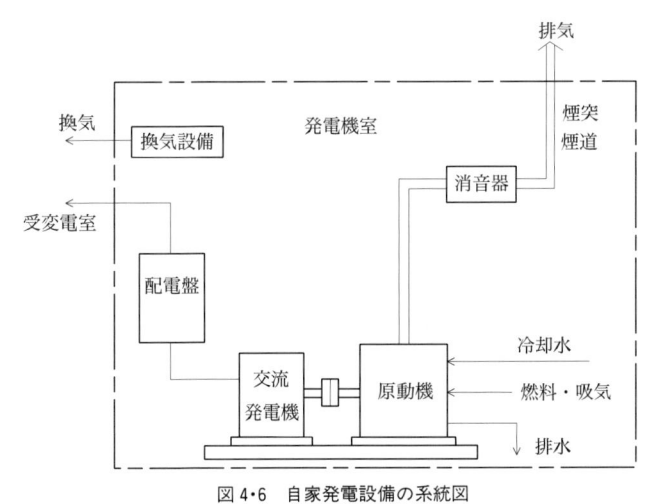

$$電圧比：\frac{V_1}{V_2} = \frac{N_1}{N_2} = a\ （巻数比）$$

$$電流比：\frac{I_1}{I_2} \fallingdotseq \frac{N_2}{N_1} = \frac{1}{a}$$

図 4·5　変圧器の原理

図 4·6　自家発電設備の系統図
(『新編 新人教育電気設備』増補版，(社) 日本電設工業協会より)

f) 継電器

電路に流れる電流の大小または有無などの状態を検出して，電気回路の開閉を制御するもの．

g) 計器類

計器には電圧計，電流計，電力計などがある．

4) 自家発電設備

自家発電設備とは，ディーゼル機関やガスタービンなどの原動機で発電機を運転し，負荷に電力を供給するための設備で，常用発電設備と非常用発電設備がある．自家発電による電源と電力会社からの受電電源とが混じることがないようにインターロックを施し，いずれか一方しか接続できないようにしておかなければならない．自家発電設備の系統図を，図4・6に示す．

ディーゼル機関は，燃料に軽油やA重油などが使用される4サイクル機関が一般的で，4～16気筒のものが用いられる．回転数は，低速（600rpm），中速（750～900rpm），高速（1000～3600rpm）のものがある．重量が大きく，振動を伴うため，主に地階に設置される．ガスタービン機関は，液体燃料から気体燃料まで幅広く使用できる．高速回転形の空冷エンジンで空気を圧縮し，これを加熱して高温高圧のガスでタービンを駆動させ，この回転を減速させ1500～3600rpmに落として発電機を回すものである．軽量で振動も少なく，給排気量が多いため，屋上などに設置される．発電機には，交流同期発電機が使用される．

常用発電設備は，電力の供給を電力会社に頼らず，一定の電力を常時供給する設備をいい，一般にはコジェネレーションシステム（熱電併用システム）として発電と同時に排熱を利用して，冷暖房や給湯の熱源として利用する．非常用発電設備は，電力会社からの供給が停止した場合，自動的に電力を一定時間供給できる設備をいう．

5) 蓄電池設備

蓄電池設備とは，常時に電力会社より供給された電気を蓄え，非常時に防災設備を運転させるための設備である．蓄電池には，鉛蓄電池とアルカリ蓄電池があり，鉛蓄電池は，陽極に二酸化鉛，陰極に鉛，電解液に希硫酸が使用される．アルカリ蓄電池は，陽極に水酸化ニッケル，陰極にカドミウム，電解液に苛性カリが使用される．いずれも，直流電力を供給するものである．

《3》 電気方式

建築設備として一般に屋内配線に採用されている電気方式には，表4・3に示すように，住宅用として単相2線式（100V）や単相3線式（100/200V）があり，小規模な工場やビルなどの動力用として三相3線式（200V）などがある．また，3kV級や6kV級などの高圧引き込み線で受電し，降圧する場合は，動力用として三相4線式（415V）がある．

《4》 幹線と分岐回路

屋内の配線は，図4・7に示すように幹線と分岐回路に分けられる．幹線とは，一般に電源から分電盤[1]の分岐開閉器（ヒューズや配線用遮断器）までをいい，高圧で受電する自家用変電設備がある場合には，変電室の低圧配電盤から分電盤までの配線をいう．分岐回路とは，分電盤の分岐開閉器から電灯・電動機やコンセントなどの電気機械器具が直接接続されている配線をいう．

---

1) 分電盤：分岐回路用過電流遮断器や分岐開閉器が取り付けられた盤

表4・3 電気方式の分類

電気方式	結線図	対地電圧	用途
単相2線式	100V	100V	一般住宅に採用される
単相3線式	100V / 200V / 100V	100V	設備容量の大きな住宅に採用される
三相3線式	200V / 200V / 200V	200V	ビル，工場の動力用として使用される
三相4線式	240V / 240V / 240V / 415V / 415V / 415V	240V	大容量ビル，工場に採用される 415Vは動力用 240Vは40W以上の蛍光灯に使用される （100V負荷には変圧器で降圧する）

注）対地電圧とは，接地側線と他の線の間の電圧をいう．住宅などの屋内電路では，対地電圧は150V以下と定められている．

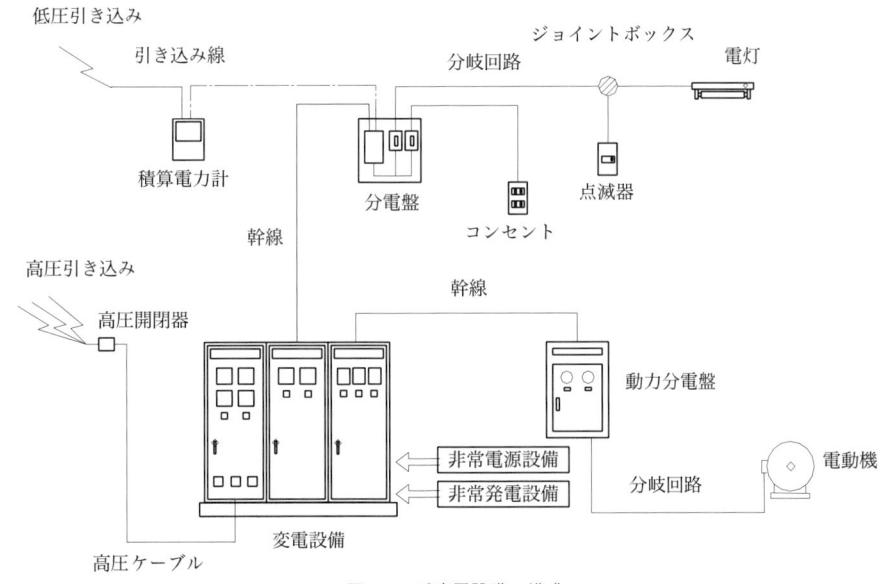

図4・7 受変電設備の構成

1) 幹線

　幹線の構成は，用途別（電灯用・動力用），系統別（ゾーン分け），常用・非常用別（電力会社・自家発電）などに分けられる．図4・8に示すように，配電盤[1]から多数の分電盤までの供給形態により枝状方式，平行状方式，併用方式がある．一般に枝状方式は，各分電盤の電力負荷を1つの系統で供給する方式で，各分電盤の電力負荷が比較的小さな小規模な建築物に採用される．また，平行状方式は，各分電盤へ単独に電源を供給する方式で，各分電盤の電力負荷が比較的大きく，大規模な建築物に適用される．

2) 電線の太さ

　電線の太さを決めるには，電線の許容電流，電線の電圧降下，機械的強度について考慮しなければならない．

a) 電線の許容電流

　電線は，表4・4に示すように，流してもよい電流値（許容電流）が電線の太さに応じて定められている．電線管などに収めた場合は，電線の太さで決定された許容電流に，表4・5に示す同一管内の電線数による電流減少係数を乗じた値が許容電流となる．

【例題4・1】　太さ2.6 mmのビニル絶縁電線を3本，金属管に収めるときの許容電流を求めよ．ただし，周囲の温度は30℃とする．

【解】　太さ2.6 mmのビニル絶縁電線の許容電流は，表4・4から48Aである．次に，同一管内の電線数は3本であるので，表4・5より電線減少係数は0.70から

　　　許容電流＝48×0.70＝33.6 となる．

【答】　33.6A

　図4・9に示すような，幹線の太さを求めるには，$I_M \leq I_H$ の場合，幹線につながれている負荷の定格電流の合計以上とする．

$$I_A \geq I_M + I_H \quad \cdots\cdots\cdots\cdots\cdots\cdots\cdots\cdots\cdots\cdots\cdots\cdots\cdots\cdots\cdots\cdots [4-1]$$

　　　I_A　：　幹線の許容電流〔A〕
　　　I_M　：　電動機などの起動電流の大きい負荷の定格電流の合計〔A〕
　　　I_H　：　電熱器などその他の負荷の定格電流の合計〔A〕

また，$I_M > I_H$ の場合

　　　$I_M \leq 50A$ のとき：$I_A \geq 1.25 \times I_M + I_H$ $\cdots\cdots\cdots\cdots\cdots\cdots\cdots\cdots\cdots$ [4-2]

　　　$I_M > 50A$ のとき：$I_A \geq 1.1 \times I_M + I_H$ $\cdots\cdots\cdots\cdots\cdots\cdots\cdots\cdots\cdots$ [4-3]

となる．

【例題4・2】　図4・9に示すような条件の幹線の電線の太さを求めよ．

【解】　$I_M = 30 + 10 = 40A$，$I_H = 30A$ であるから

　　　$I_M > I_H$ の場合であり，$I_M \leq 50A$ のときより

　　　幹線の許容電流は，$I_A \geq 1.25 \times 40 + 30 = 80A$ となる．

【答】　幹線の太さは，表4・4より許容電流88Aのより線14 mm² となる．

---

[1] 配電盤：電気量の配分，開閉，系統区分などをするための装置盤

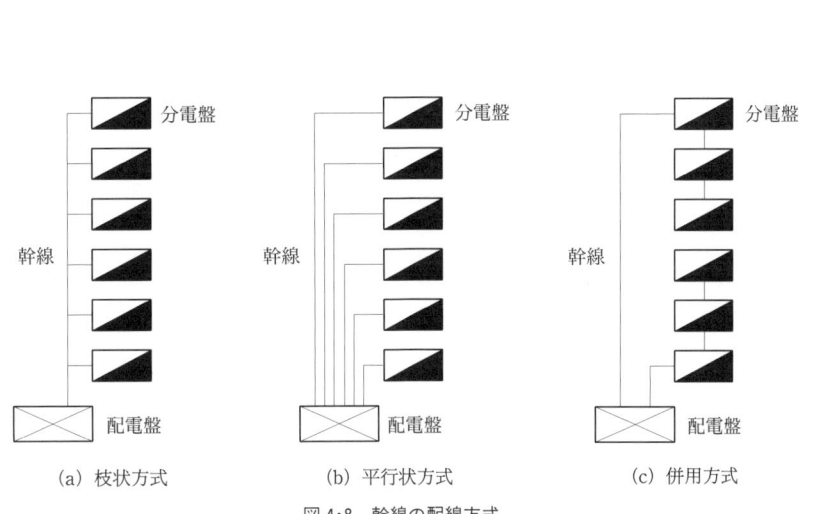

(a) 枝状方式　　　(b) 平行状方式　　　(c) 併用方式

図4・8　幹線の配線方式

表4・4　ビニル・ゴム絶縁電線の許容電流（周囲温度30℃）

単線（銅）		より線（銅）		コード	
直径〔mm〕	許容電流〔A〕	公称断面積〔mm²〕	許容電流〔A〕	公称断面積〔mm²〕	許容電流〔A〕
1.2	19	5.5	49	0.75	7
1.6	27	8	61	1.25	12
2.0	35	14	88	2.0	17
2.6	48	22	115	3.5	23
3.2	62	30	139	5.5	35

表4・5　電流減少係数

同一管内の電線数	電流減少係数
3以下	0.70
4	0.63
5または6	0.56
7以上15以下	0.49

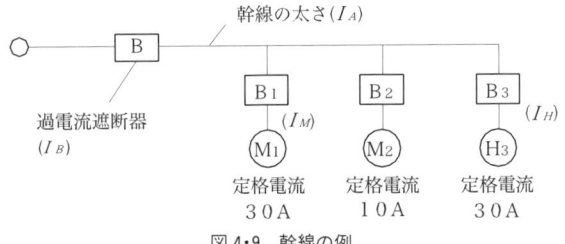

図4・9　幹線の例

電路に許容電流値を超える電流が流れると，電線が加熱され絶縁被覆を損傷する．これを防止するため，幹線には過電流遮断器を施設しなければならない．一般に，過電流遮断器の容量は，幹線の許容電流より小さくしなければならない．しかし，動力幹線では起動電流が大きいため，幹線の許容電流の2.5倍した値，もしくは，電動機定格電流の合計を3倍し，これに電動機以外の負荷電流を加えた値のいずれか少ない方の値以下としなければならない．

【例題4・3】 図4・9に示すような，前問と同じ条件での過電流遮断器の定格電流を求めよ．
【解】 $I_B \leq 3 \times I_M + I_H = 3 \times 40 + 30 = 150$ A
$I_B \leq 2.5 \times I_A = 2.5 \times 80 = 200$ A
【答】 結果より，小さい方の150Aが過電流遮断器の定格電流となる．

b) 電線の電圧降下

電線には，電気抵抗の小さい銅線が使われているが，配線が長くなると抵抗による損失が生じ，電圧が下がる．この電圧降下の許容値は，表4・6のように内線規定に定められている．建築物内の電圧降下は，一般には幹線および分岐回路で標準電圧の2％以下が原則で，受変電設備のある場合の幹線は3％以下とされている．

【例題4・4】 単相2線式の分岐配線において，電圧降下を2V以内にするには，電線の断面積をいくらにすればよいか．ただし負荷電流20A，電線の長さ15mとする．
【解】 表4・6より単相2線式の電圧降下 e は
$$e = \frac{35.6 \times L \times I}{1000 \times A} \text{ より}$$
断面積 $A = \frac{35.6 \times L \times I}{1000 \times e} = \frac{35.6 \times 15 \times 20}{1000 \times 2} = 5.34 \text{ mm}^2$
【答】 計算結果より，使用電線は断面積 5.5 mm² の電線となる．

c) 機械的強度

配線に使用する電線があまり細くなると，外力により切れたりすることがある．したがって，使用電流が少なくても，コードなど特別なものを除いて，直径1.6mmの軟銅線またはこれと同等以上の強さおよび太さの電線を使用しなければならない．

3) 分岐回路

分岐回路とは，幹線から分岐した分電盤または動力制御盤から電灯または電動機などの負荷までの電線路をいう．

幹線を分けるのは，すべての負荷を一本の回線に接続すると，一つの負荷の故障によって他の負荷にも悪影響（停電など）を与えることとなるので，故障の影響を部分的に抑えるためである．なお，分岐の各極には，開閉器および過電流遮断器を施設しなければならない．

電灯分岐回路については，各分岐回路ごとに接続してよいコンセントの定格電流，過電流遮断器の容量および使用電線の最小太さなどが，電気技術基準で表4・7のように規定している．

住宅の分岐回路数は，表4・8に示すように，電灯回路とコンセント回路はそれぞれ独立させる．コンセント回路数および電線の太さは，将来の増設を考慮して，余裕を持たせて計画する．住宅の望ましい設置コンセント数を表4・9に示す．

表4・6 電圧降下および電線の断面積の公式

電気方式	電圧降下	電線の断面積
単相2線式 直流2線式	$e=\dfrac{35.6\times L\times I}{1000\times A}$	$A=\dfrac{35.6\times L\times I}{1000\times e}$
三相3線式	$e=\dfrac{30.8\times L\times I}{1000\times A}$	$A=\dfrac{30.8\times L\times I}{1000\times e}$
単相3線式 直流3線式 三相4線式	$e'=\dfrac{17.8\times L\times I}{1000\times A}$	$A=\dfrac{17.8\times L\times I}{1000\times e'}$

e ：各線間の電圧降下〔V〕
e' ：外側線または各相の1線と中性線との間の電圧降下〔V〕
A ：電線の断面積〔mm²〕
L ：電線1本の長さ〔m〕
I ：電流〔A〕
(注) 上記の公式は回路の各外側線または各相電線の電流の平衡した場合に対するもので，電線の伝導率を97%にとってある．
(建築設備技術者協会編著『建築設備設計マニュアルⅢ 電気設備編』技術書院より)

表4・7 電灯分岐回路の種類

分岐回路の種類	接続してよいコンセントの定格電流	過電流遮断器の容量	電線太さ (最小)
15A 分岐回路 B20A 分岐回路	15A 以下 20A 以下	15A 以下の過電流遮断器 20A 以下の配線用遮断器	1.6 mm
20A 分岐回路	20A	(配線用遮断器を除く) 20A 以下の過電流遮断器	2.0 mm
30A 分岐回路	20A～30A	30A 以下の過電流遮断器	2.6 mm
40A 分岐回路	30A～40A	40A 以下の過電流遮断器	8 mm²
50A 分岐回路	40A～50A	50A 以下の過電流遮断器	14 mm²

(注) 上記の mm は電線の直径，mm² は公称断面積を示す．

表4・8 住宅の分岐回路

住宅の広さ〔m²〕	望ましい分岐回路数			
	電灯用	一般コンセント用		合計
		台所用	台所用以外	
50（15坪）以下	1	2	1	4+α
70（20坪）以下	1	2	2	5+α
100（30坪）以下	2	2	2	6+α
130（40坪）以下	2	2	4	8+α
170（50坪）以下	3	2	5	10+α

(注) 上表のαは厨房用大型機器，エアコン，衣類乾燥機などの設置数により増加させる分岐回路数を示す．

表4・9 住宅のコンセント数

部屋の広さ〔m²〕	望ましい設置個数
5（3畳）	2 以上
7（4.5畳）	2 以上
10（6畳）	3 以上
13（8畳）	4 以上
17（10畳）	5 以上
台　所	4 以上

備考 1. コンセントは口数の多いものでも1個とみなす．
2. コンセントは2口以上を施設するのが望ましい．
3. 台所には換気扇用のコンセントを別に1個施設する．
4. 洗面所，便所にはコンセントを施設するのが望ましい．
5. 居間，台所，食堂および洗濯場などには200Vコンセントを施設することが望ましい．

表4・10 建築物の種類別標準負荷

建築物の種類	標準負荷〔VA/m²〕
工場，公会堂，寺院，教会，劇場，映画館，寄席，ダンスホール，農家の納屋	10
寮，下宿屋，旅館，ホテル，クラブ，病院，学校，料理店，喫茶店，飲食店，公衆浴場	20
事務所，銀行，商店，理髪店，美容院	30
住宅，アパート	40

注1) 建築物が飲食店とその住宅部分のように2種類になる場合はそれぞれの標準負荷より算出する．
2) 学校のように建築物の一部が使用される場合は，その部分のみに適用する．

動力分岐回路は，原則として電動機1台について1回路設けなければならない．また，動力電線の太さは，電動機の始動時には定格電流の5～7倍の電流が流れることを考慮して設計する必要がある．

住宅の設備負荷容量は，建築物の種類に応じた単位面積あたりの標準負荷から次式により算定する．

$$\text{設備負荷容量〔VA〕} = A \text{〔VA/m}^2\text{〕} \times \text{住宅の床面積〔m}^2\text{〕} + B \text{〔VA〕} \quad \cdots\cdots [4-4]$$

A：建築物の種類に応じた標準負荷（表4・10に示す）

B：将来の増設を考慮して500～1000VAを加算する

大型電気機械器具がある場合は，その負荷を加算する．

住宅の分岐回路必要最小数は，電灯および小型電気機械器具などの合計設備容量を1500VAで除した値に，大型電気機械器具に必要な回路数を加えて求める．

【例題4・5】 床面積80 m²の住宅の設備負荷容量および分岐回路数を求めよ．ただし，大型電気機械器具として1200VAの洗濯乾燥機1台，1100VAのエアコン1台，1200VAのオーブンレンジ1台が設置されているものとする．また，将来の増設を考慮して1000VAを加算するものとする．

【解】 住宅の標準負荷は表4・10より $A = 40\text{VA/m}^2$ である．

したがって，式[4-4]より，設備負荷容量〔VA〕は $A \times$ 床面積 $+ B$ より

$= 40 \times 80 + 1200 + 1100 + 1200 + 1000$

$= 7700\text{VA}$

分岐回路数 $= 7700/1500 + 3 = 8.2$

【答】 計算結果より，切り上げて9回路とする．

◀5▶ 配線工事

1) 配線用電線の種類

電線には，表4・11に示すような絶縁電線やケーブルおよびコードなどがある．

a) 絶縁電線には，600Vビニル絶縁電線，引込用ビニル絶縁電線，屋外用ビニル絶縁電線および600Vゴム絶縁電線などがある．

b) ケーブルには，600Vビニル絶縁ビニルシースケーブル，ゴム絶縁クロロプレンシース電力ケーブル，架橋ポリエチレン絶縁ビニルシースケーブル，MIケーブルおよびキャプタイヤケーブルなどがある．

c) コードには，ビニルコード，ふくろ打ちコード，コード，キャブタイヤコードなどがある．

2) 配線工事の種類

配線工事には，がいし引き，合成樹脂線ぴ[1]，合成樹脂管，金属管，金属線ぴ，可とう電線管，金属ダクト，バスダクト，フロアダクト，ケーブル，ライティングダクト工事などがあり，表4・12に示すように，電気設備技術基準で施設場所とその配線方法を規定している．

---

1) 線ぴ：絶縁電線をふたのある細長いケースに入れて配線する方法

表 4・11 電線の種類

名称／記号	構造図	構造	用途
絶縁電線 / 600V ビニル絶縁電線 IV	軟銅線／塩化ビニル樹脂混合物	硬銅線または軟銅線の単線またはより線にビニル被覆したもの 耐水性，耐油性に富むが，熱に対して弱い	屋内用
絶縁電線 / 引込用ビニル絶縁電線 DV	硬銅線／塩化ビニル樹脂混合物	硬銅または硬銅より線にビニル絶縁被覆した多心の電線	屋外引込用
絶縁電線 / 屋外用ビニル絶縁電線 OW	硬銅線／塩化ビニル樹脂混合物	単心の電線で硬銅線または硬銅より線に耐候性のよい絶縁被覆をしたもの 被覆厚さはIV線より薄い	屋外用
絶縁電線 / 600V ゴム絶縁電線 RB	軟銅線／ゴム布／ゴム混合物／木綿編組	硬銅線または軟銅線の単線またはより線にすずメッキを施し，天然ゴムを被覆，加硫し，紙テープまたは布テープを巻き綿糸または合成繊維で編組をしたのち，防湿のための塗装を塗布したもの	屋内用
ケーブル / ビニル絶縁ビニルシースケーブル VVF（平形） VVR（丸形）	軟銅線／塩化ビニル樹脂混合物	絶縁，被覆とも塩化ビニルを使用したもの．構造により丸形 (VVR) と平形 (VVF) がある 耐候性，絶縁性に優れている	屋内用 屋外用 地中線用
ケーブル / 架橋ポリエチレン絶縁ビニルシースケーブル CV	半導電性テープ／ビニール外装／架橋ポリチレン／導体(軟銅より線)／介在ジュート	ポリエチレンの欠点である熱的特性を架橋反応により改善したもの 電気特性が優れている	低圧から特高圧まで広範囲に使用できる
ケーブル / MIケーブル	導体／銅管／無機絶縁体	導体相互間および銅管との間の粉末状の酸化マグネシウムその他絶縁性のある無機物を充てんし，これを圧延した後，焼じゅんしたもの 耐燃性，耐熱性に優れている	高温な場所 消防用設備配線
ケーブル / ゴムキャブタイヤケーブル	すずめっき軟銅より線／30%ゴム混合物／50%ゴム混合物	すずめっきした軟銅より線をゴム混合物で絶縁して2～3心より合わせ，さらにゴム混合物で全体に外装を施したもの 屈曲性，耐衝撃性，耐摩耗性に優れている	移動用
コード / ビニルコード	心線（軟銅）／塩化ビニル樹脂混合物	軟銅の心線を塩化ビニル樹脂混合物で被覆したもの 水や薬品には強いが熱に弱い	電熱器具を除く一般電気器具用
コード / ふくろ打ちコード	心線（軟銅）／ゴム／紙／綿糸編組	軟銅の心線を紙，ゴム，綿糸編組で被覆したもの 湿気や薬品には弱いが，熱に強い	電灯つり下げ用 電熱器具用
コード / 耐熱コード	スチレンブタジエンゴム／心線（軟銅）	軟銅の心線をスチレンブタジエンゴムで被覆したもの 熱に強い	電熱器具用
コード / キャプタイヤコード	心線（軟銅）／塩化ビニル樹脂混合物	軟銅の心線を塩化ビニル樹脂混合物で被覆したもので，楕円形と円形がある 丈夫で水や薬品に強い	庭園用 電動機器用

((社)日本電気協会発行『電気工事士教科書』より)

a) がいし引き工事

絶縁電線を，図4・10に示すように，がいしを用いて造営材から離して施設する方法である．屋外の電柱上を配線するなどの特別な場合を除き，あまり使用されていない．

b) 合成樹脂線ぴ工事

絶縁電線を，図4・11に示すように，合成樹脂線ぴに収めて施設する方法である．乾燥した場所にしか施設できない．

c) 合成樹脂管工事

図4・12に示すように，硬質ビニル管に絶縁電線を入れて配線する方法である．屋内配線のすべての場合の工事に施設してよい．ただし，硬質ビニル管は外力に弱く，高温の場所での使用はできない．

d) 金属管工事

図4・13に示すように，鋼管に絶縁電線を入れて配線する方法である．あらゆる場所の工事に施設してよく，最も安全な工事方法であるが，施工費は高い．鋼管には厚鋼と薄鋼があり，一般にコンクリート造の埋設配線工事などに用いられる．

e) 金属線ぴ工事

絶縁電線を，図4・14に示すように，黄銅または銅製の金属線ぴに収めて施設する方法である．乾燥した場所にしか施設できない．

f) 可とう電線管工事

絶縁電線を，図4・15に示すように，自由に曲げることが可能な可とう管に入れて配線する方法である．可とう電線管には，1種と2種がある．1種可とう電線管は，フレキシブルコンジットとも呼ばれ亜鉛めっきを施した軟鋼の薄板を波形に成形し，らせん状に巻いた管で，金属管の配線と電動機などの電気機器の接続部に用いられる．2種可とう電線管は，プリカチューブとも呼ばれ，亜鉛めっきを施した薄い鋼帯と薄い鋼片，さらに，ファイバーの帯を3重にらせん状に組合わせて成形した管で，すべての場所に施設できるが，湿気の多い場所または水気のある場所には防湿装置を施さなければならない．

g) 金属ダクト工事

絶縁電線を，図4・16に示すように，鋼板製のダクトに収めて配線する方法である．多数の電線をまとめて配線する場合に用いられる．

h) バスダクト工事

図4・17に示すように，鋼板製またはアルミ板製のダクト内に，絶縁物に支持された裸の銅またはアルミ導体を収めて配線する方法である．幹線などの電流容量が大きい場合に用いられる．

i) フロアダクト工事

図4・18に示すように，絶縁電線を床面にダクトを縦横格子状に埋め込んで施設する方法である．事務室などで多くのコンセントや通信ケーブルなどを床より取り出す場合に用いられる．

j) ケーブル工事

図4・19に示すように，種々のケーブルを造営材に直接ステップルやサドルで固定する方法である．

k) ライティングダクト工事

ライティングダクトとは，図4・20のようなレールのダクトで，任意の位置にプラグを介して電気を器具に供給する工事方法である．店舗の照明やレジなどに電源をとる場合に用いられる．

表 4・12 施設場所と配線方法

配線工事方法		施設場所	展開した場所又は点検できる隠ぺい場所		点検できない隠ぺい場所	
		使用電圧	300 (V) 以下	300 (V) 超過	300 (V) 以下	300 (V) 超過
がいし引き工事			◎	◎	×	×
金属管工事			◎	◎	◎	◎
合成樹脂管工事	CD管を除く		◎	◎	◎	◎
	CD管		＊	＊	＊	＊
金属製可とう電線管工事	1種		○	□	×	×
	2種		◎	◎	◎	◎
金属線ぴ工事			○	×	×	×
合成樹脂線ぴ工事			○	×	×	×
フロアダクト工事			—	—	△	×
金属ダクト工事			○	○	×	×
ライティングダクト工事			○	×	×	×
バスダクト工事			○	○	×	×
ケーブル工事	下記以外		◎	◎	◎	◎
	ビニル・2種キャプタイヤ		○	×	×	×
	3種・4種キャプタイヤ		◎	◎	◎	◎

(注)
◎：施設できる．○：乾燥した場所に限り施設できる．×：施設できない．
□：乾燥した場所で，電動機に接続する部分で可とう性を必要とする部分に限る．
△：乾燥した場所で，コンクリート等の床内に限る．
＊：直接コンクリートに埋め込んで施設する場合を除き，専用の不燃性または自消性のある難燃性の管またはダクトの場合に限り施設できる．
第2種金属製可とう電線管を，湿気の多い場所，または水気のある場所に施設する時は，防湿装置を施すこと．

(『空気調和・衛生工学便覧』より)

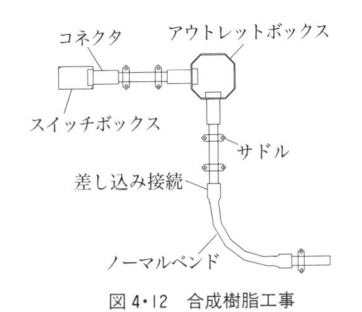

図 4・10　がいし引き工事

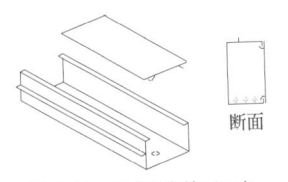

図 4・11　合成樹脂線ぴ工事

図 4・12　合成樹脂工事

図 4・13　金属管工事

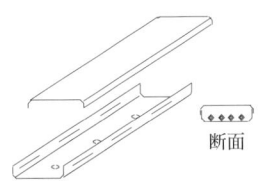

図 4・14　金属線ぴ工事

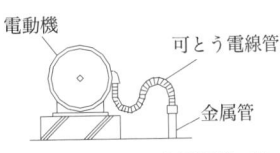

図 4・15　可とう電線管工事

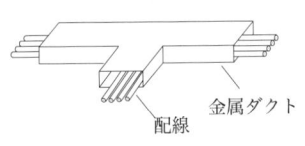

図 4・16　金属ダクト工事

図 4・17　バスダクト工事

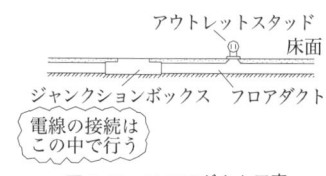

図 4・18　フロアダクト工事

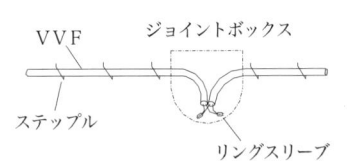

図 4・19　ケーブル工事

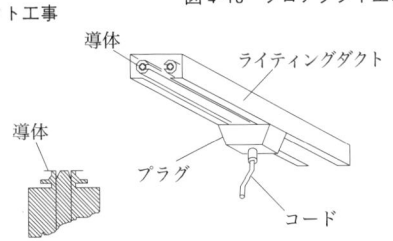

図 4・20　ライティングダクト工事

3) 屋内配線図

屋内配線図とは，建築物の平面図に表4・13のような屋内配線用図記号（JIS）を用いて，引込口，分電盤，電灯，コンセント，点滅器その他の電気機器の容量や位置を記入し，配線工事の種類，電線の太さや数などを図示したものをいい，説明事項として分電盤接続図，系統図，設備場所，注意点などを明記する．なお，図4・21に住宅の屋内配線図の例を示す．

◀6▶ 電気機器の制御

電気機器の制御の一つにシーケンス制御がある．シーケンス制御とは，あらかじめ定められた順序にしたがって制御の各段階を逐次進めていく制御をいう．シーケンス制御に使用される主要機器には，表4・14に示すように電磁リレー，電磁開閉器，限時継電器，押しボタンスイッチ，ランプ，各種接点などがある．

電磁リレーは，図4・22に示すように，電磁コイルと数組の可動接点と固定接点より構成される．電磁コイルに電流が流れると電磁石が生じ，可動鉄片がばねの力に打ち勝ち吸引されて接点が閉じたり開いたりする．逆に，電磁コイルに電流が流れなくなると電磁石が生じなくなり，可動鉄片がばねの力によりもとの状態に戻り，接点が開いたり閉じたりする．

押しボタンスイッチには，図4・23に示すように，手で押すと接点がつながるa接点と，手を離すとばねの力で元に戻り接点が離れるb接点がある．

ランプは，機器などの運転状態を表示するためのもので，色で識別される．

接点には，a接点とb接点があり，a接点は通常開路（切）で外部から入力を加えると閉路（入）となる接点で，b接点はa接点の逆動作する接点である．

電磁開閉器は，図4・24に示すように，電磁接触器に過負荷保護装置（サーマルリレー）を組合わせた電磁リレーであり，大きな電流の開閉に使用される．サーマルリレーは熱動継電器ともいわれ，電流が設定値以上（過負荷）になるとバイメタル部の発熱により，自動的に接点が切れる．切れた接点を元の状態にするためにリセットボタンがある．

限時継電器は，一般に，タイマーとも呼ばれ，入力信号を与えても瞬時に動作せずに，一定時間の経過後に接点が開いたり閉じたりするリレーである．時間遅れの要素を必要とする制御に使用される．

1) 電動機の制御

電動機の運転には，図4・25に示すような様々な機器が使用される．小型の電動機は直入れ運転が基本で，大型になると始動器が必要となる．

直入れ運転の動作の順序は，まず電源である電動機用開閉器を入れると緑色ランプ㋐が点灯する．次に，押しボタンスイッチ㊧入を押すと，電磁コイルに電流が流れ電磁開閉器が閉じ電動機㊨が回転する．同時に電磁接触器のa接点が閉じ，b接点が開くので赤ランプ㋑が点灯し，緑ランプ㋐が消える．さらに，押しボタン㊧入を離しても自己保持のため電磁接触器のa接点が閉じた状態で，電磁コイルには電流が流れ続け電動機は回り続ける．また，押しボタン㊧切を押せば電磁コイルに電流が流れなくなり電磁接触器は離れ，電動機は停止する．

2) 液面の制御

タンクの液面制御には，フロートスイッチによるものや，フロートのないフロートレススイッチ（電極棒によるもの）などがある．

図 4・21 住宅の屋内配線図

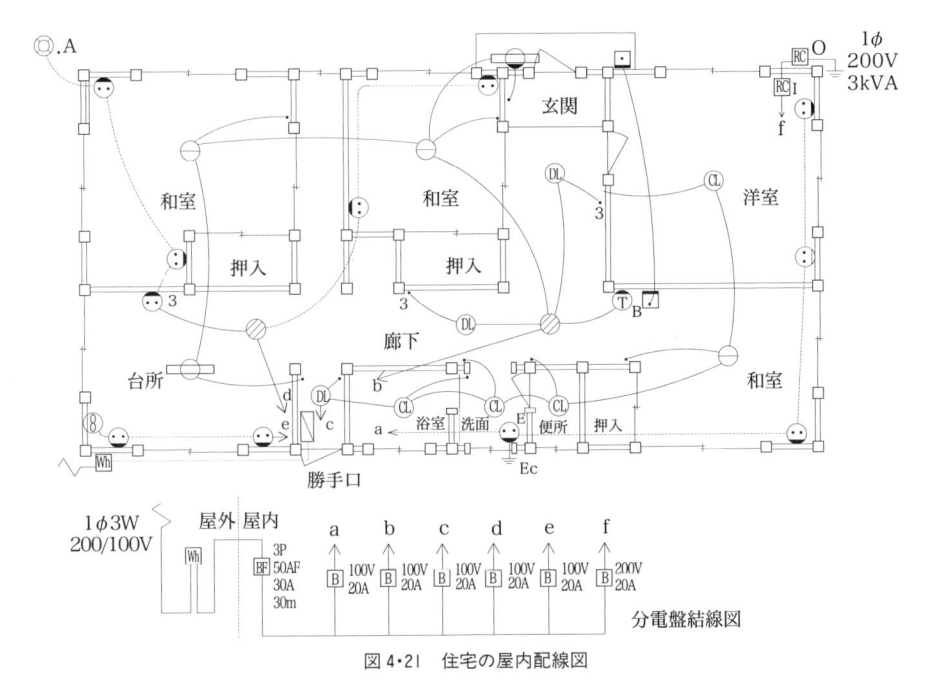

表 4・13 屋内配線用図記号 (JIS C 0303)

記号	名称	記号	名称	記号	名称	記号	名称	記号	名称
○	白熱灯	⊙WP	防水壁付コンセント	・R	リレースイッチ	□	ブザー	◎	VVF用ジョイントボックス
CL	シーリングライト天井直付け	⊙3	3口コンセント	B	配線用遮断器		チャイム	◎t	VVF用端子付ジョイントボックス
⊖	ペンダント	⊙E	接地極付壁付コンセント	E	漏電遮断器	・|	壁付押ボタン(壁側を塗る)	◎	換気扇
Ⓡ	レセプタクル	⊙	壁付コンセント	BE	過電流素子付き漏電遮断器	/	調光器	↗	立上り
CH	シャンデリヤ	・	点滅器(スイッチ)	⊠	プルボックス及び接続箱	RC○	ルームエアコン屋外ユニット	↙	立下げ
⊏▭⊐	蛍光灯	・3,4	3,4路スイッチ	S	開閉器	RCI	ルームエアコン屋内ユニット	----	露出配線
◯	引掛ローゼット	・L	パイロットランプ付点滅器	Wh	電力量計(箱入又はフード付)	⊥E	接地極	——	天井隠ぺい配線
DL	埋込器具	・A	自動点滅器	◣	分電盤	⌇	受電点	----	床隠ぺい配線
⊗	屋外灯	・P	プルスイッチ	⊠	配電盤	□	点検口	----	地中埋設配線

表 4・14 シーケンス回路に使用される機器

名称	図記	名称	図記	名称	図・記	名称	図記
押しボタンスイッチ PB	a接点 / b接点	ナイフスイッチ		配線用遮断器		ヒューズ F	
ランプ L	RL:赤 YL:黄 GL:緑 OL:黄赤 WL:白 BL:青	電磁リレー	電磁コイル R a接点 b接点	変圧器		時限継電器タイマー	TLR a接点 b接点
電動機	M	電磁開閉器	MC 主接点 補助接点	整流器		熱動継電器 THR	b接点 ヒータ

a) フロートスイッチを用いた場合

　フロートスイッチとは，フロート（浮き）を液面に浮かせて，その上下運動により，接点を開閉して，ポンプ用電動機の運転停止を行うものである．図4・26はフロートスイッチを用いた水槽の液面制御の配線を示したもので，水槽に浮いたフロートが上がるとフロートスイッチの接点が離れ，マグネットスイッチが開き，電動機（ポンプ）は停止する．逆に，フロートが下がるとフロートスイッチの接点がつながり，マグネットスイッチが閉じ，電動機は起動し，揚水される．この動作を繰り返すことにより自動的に水槽の水位を一定に保つことができる．

b) フロートレススイッチを用いた場合

　液体の電導性を利用した電極式制御装置で，電極棒の数により様々な制御方法ができる．電極棒には，腐食しにくいステンレス鋼が用いられる．

　図4・27は，3本の電極棒によるフロートレススイッチを用いた液面制御の例である．回路に使用されている機器は，破線で囲まれた部分がフロートレススイッチであり，図中の変圧器は200Vの交流を制御用の24Vの交流に降圧するものである．整流器は，交流を直流に変える装置で，小さな電流でも確実に動作する直流リレーの電源である．

　動作については，水槽が満水で電極Aが水没すると電極AC間に電流が流れ，その電源により直流リレーが働き，接点がb_1c_1からa_1c_1へ，b_2c_2からa_2c_2へ動き，電磁接触器の接点が離れてポンプ用電動機が停止する．すると電極BC間に電流が流れ，直流リレーはそのまま働き続ける．水槽の水位が下がると電極Bが水面より離れ，流れていた電流が切れて直流リレーはバネの力で復帰する．バネの復帰により直流リレーの接点a_1c_1からb_1c_1，a_2c_2からb_2c_2へ動き，そこでコイルに電流が流れて電磁接触器の接点が閉じ，ポンプ用電動機が回転し，揚水を始める．このようにして自動的に水位を保つのである．

3) 温度の制御

a) バイメタルを用いた場合

　電熱器具を一定の温度に保つための簡単な方法として，図4・28のような器具に組込まれたバイメタルを用いた自動温度調節器（サーモスタット）がある．バイメタルとは，熱膨張係数の異なる2種類の金属がはり合わされたもので，温度変化によって曲がることを利用して，接点を閉じたり開いたりするものである．自動温度調節器の動作は，最初は接点が閉じており，器具のスイッチを入れるとヒータが加熱される．周囲の温度が高くなると，バイメタルが矢印の方向に曲がり接点を開ける．するとヒータに流れていた電流が切れる．周囲の温度が下がるとバイメタルが変形前の状態になり，接点が閉じた状態となる．このくり返しにより，電熱器具をほぼ一定の温度に保つのである．

b) 白金測温抵抗体を用いた場合

　温度検出部に白金測温抵抗体を用いた場合を図4・29に示す．この回路動作は，まず検出部の温度が設定値より高くなると測温抵抗体R_1の抵抗が増加し，ホイーストンブリッジの平衡が崩れ，AC間に電流が流れる．これを増幅してコントロールモータを動かし，弁やダンパーを自動的に操作して熱媒の流量をコントロールする．モータの動作と連動したすべり抵抗は可変抵抗R_2を変化させるため，ブリッジ回路が再び平衡となる位置（AC間に電流が流れない）まで移動する．このくり返しにより，ほぼ一定の温度に保つのである．

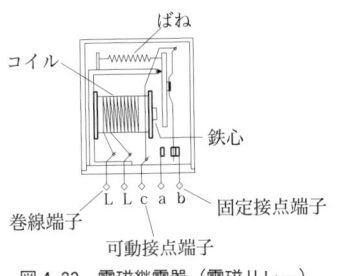

図 4・22　電磁継電器（電磁リレー）

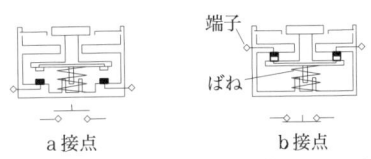

図 4・23　押しボタンスイッチ（自動復帰形）

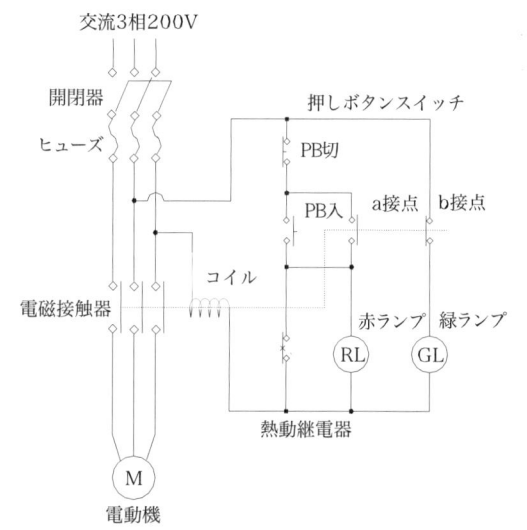

図 4・24　電磁開閉器

図 4・25　電動機の直入れ始動結線図

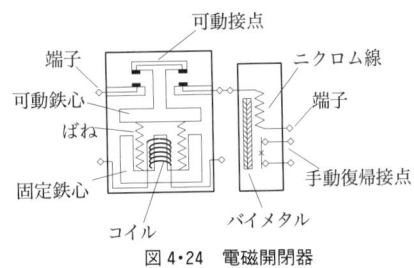

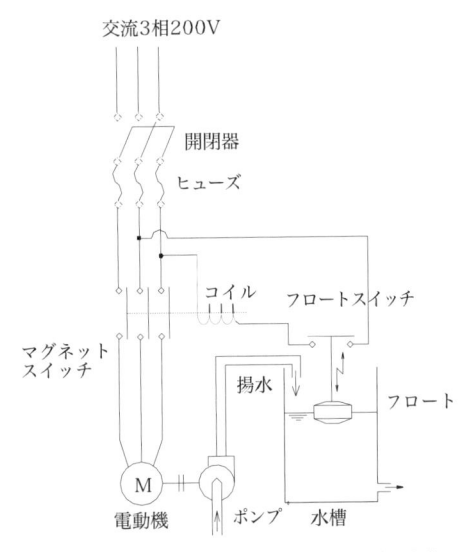

図 4・26　フロートスイッチによる液面制御

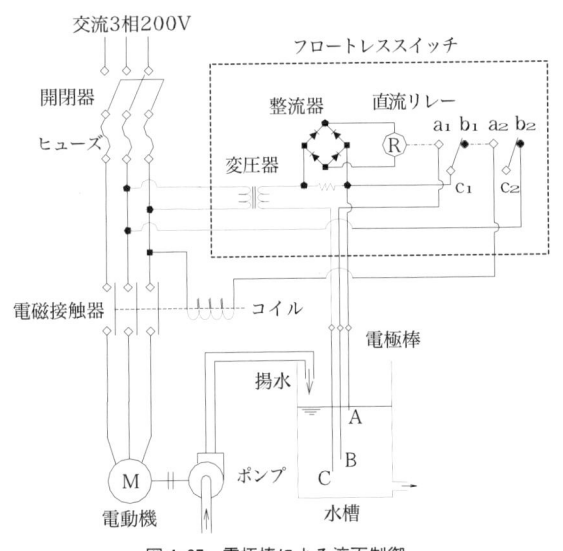

図 4・27　電極棒による液面制御
（井上宇市・森村武雄・中村守保編『建築設備ハンドブック』朝倉書店より）

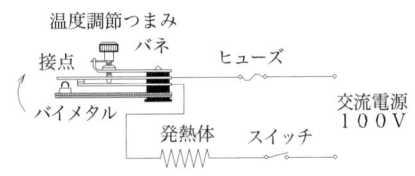

図 4・28　自動温度調節器（サーモスタット）

4・3 照明設備

《1》 照明の基礎知識

1) 測光量

測光量には，次のようなものがある．

a) 光束

光源から発せられる光の量のことで，単位はルーメン〔lm〕とする．

b) 照度

光が面を照らすとき，その照らされる面の明るさをいい，単位はルクス〔lx〕とする．各種建築物および作業場所における照度の推奨基準値として日本工業規格「照度基準」JIS Z 9110 があり，表 4・15 に事務所と学校の照度基準を示す．

c) 光度

光源のもっている光の強さの程度をいい，単位はカンデラ〔cd〕とする．

d) 光束発散度

実際に目に見える明るさは，それから反射してくる光の量によって決まるもので，面の単位面積から発散する光束密度をいう．単位はラドルクス〔rlx〕である．

e) 輝度

まぶしさの度合いをいい，単位はニット〔nt〕またはスチルブ〔sb〕を用いる．

2) よい照明の条件

よい照明を行うには，次の条件を考慮する．

(1) 適当な照度（表 4・15）を選ぶこと
(2) 照度の分布が適当であること
(3) 輝度の分布が適当であること
(4) 適当な陰影があること
(5) 適当な光色を選択すること

《2》 照明方式

照明方式には，照明器具の配置により作業面に生じる照度分布から分類すると，作業面全般に一様な照度を与える全般照明，必要な箇所だけに照度を与える局部照明およびこの両者を併用した全般局部併用照明などがある．

また，照明器具の配光による分類として，光源から直接作業面に達する光束による直接照明と，一度壁や天井に反射して作業面に達した光束による間接照明および両者の割合によって，半直接照明，全般拡散照明，半間接照明などがある（表 4・16）．

《3》 照明計算

照明計算は，一般に全般照明の計算手法である光束法により求める．

光束法とは，室内のすべての光源から出る光束のうち，反射による光束を含めて，何％が作業面に入射するかという率を予想し，平均照度を求める方法で，作業面の平均照度は次式で求めることができる．

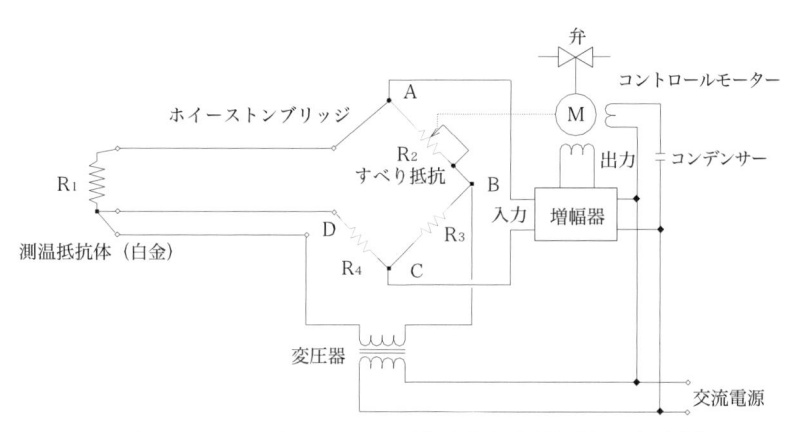

図 4・29 測温抵抗体を用いた自動平衡形（3線式交流ブリッジ）調節器
（『自動制御機器便覧』オーム社より）

表 4・15 照度基準（JIS Z 9110 抜粋）

照度段階	照度範囲(ルクス)	事務所		学校		
2000	3000〜1500	———		———		
1000	1500〜750	事務室 a[1)] 設計室	営業室 玄関ホール	———	製図室 被服室	※精密製図 ※ミシン縫 ※キーパンチ ※黒板
500	750〜300	事務室 b 会議室	役員室 応接室	教室 実習室 実習工場		
200	300〜150	書庫 講堂	機械室 電気室	図書閲覧室 教職員室	会議室　昇降口 集会室　公仕室 　　　　廊　下	
100	150〜75	宿直室 倉庫	廊下 便所	倉庫 車庫		
50	75〜30	屋内 駐車場	湯沸室 非常階段	非常階段		

注1) aを選ぶことが望ましい．
※印の作業の場合，局部照明を併用して，この照度を得てもよい．この場合，全般照明の照度は局部照明の1/10以上が望ましい．

表 4・16 照明方式の分類（柏原士郎他『建築計画』実教出版より）

照明方式	直接照明	半直接照明	全般拡散照明	半間接照明	間接照明
配光					
上向き光束(%)	0〜10	10〜40	40〜60	60〜90	100〜90
下向き光束(%)	90〜100	90〜60	60〜40	40〜10	10〜0

$$E = \frac{N \times F \times U \times M}{A} \quad \cdots\cdots\cdots\cdots\cdots\cdots\cdots\cdots\cdots\cdots\cdots\cdots\cdots\cdots [4-5]$$

E ：作業面の平均照度〔lx〕
N ：光源（ランプ）の個数
F ：光源の光束〔lm〕
U ：照明率（作業面に入射する光束／光源の光束）
M ：保守率（照明器具をある期間使用した後の作業面の平均照度と初期照度との比）
A ：作業面の面積〔m²〕

上式において，建築物の用途別照度基準より作業面の必要照度が決まれば，光源の個数 N を求めることができる．

【例題 4・6】 室面積 $A=200\,\mathrm{m}^2$ の事務室に設ける白色蛍光ランプの個数 N を求めよ．ただし，照明率を 64%，保守率を 0.65，白色蛍光ランプの 1 本当たりの光束は 3250lm とする．

【解】 作業面である事務室の照度は，表 4・15 の照度基準より 500lx とすると，
式〔4-5〕より，

$$N = \frac{E \times A}{F \times U \times M} = \frac{500 \times 200}{3250 \times 0.64 \times 0.65} = 73.96$$

【答】 計算より，74 本となる．

◀4▶ 照明器具

1） 光源の種類

照明器具に用いられる光源には，白熱灯，蛍光灯，高圧水銀灯，ナトリウム灯などがある．

白熱灯は，図 4・30 に示すように，真空にしたガラス球の中にアルゴンガスが封入されていて，フィラメントに電流を流すと高温となり発光する．光源が小さく点滅や調光が容易で比較的安価であるが，効率が悪く寿命が短い．

蛍光灯は，図 4・31 に示すように，ガラス管内に水銀蒸気とアルゴンガスを封入し，管両端のフィラメントに電流が流れると加熱され放電が起こる．この放電により水銀蒸気が紫外線を出し，これが管内面の蛍光物質にあたって光を出す．また，アルゴンガスは放電をおこさせやすくしたり，フィラメントの寿命を長くしたりする働きがある．蛍光灯は，白熱灯に比べると効率が高く寿命が長いが，光色により色の見え方が悪くなることがある．蛍光ランプは直管形だけではなくU字形，4本チューブ，電球形など様々なものがある．

蛍光灯を点灯させるには，図 4・32 に示すように，点灯管（グローランプ）を使用する場合と，図 4・33 に示すように，変圧器によって高い電圧をフィラメントにかけ加熱と同時に放電させるラピッドスタート形などがある．

高圧水銀灯は，図 4・34 に示すように，水銀の蒸気圧温度を上げて，可視光を直接発光させたものである．高輝度で高効率であるが，建築物内では天井の高い体育館やホールに限られ，主に屋外照明に使用される．

ナトリウム灯は，ナトリウム蒸気のアーク放電を利用したもので，オレンジ色の光を出す．この光は，煙や霧の中でも物の形がよく見えるので，トンネル内や高速道路の照明に使用される．

図 4・30 白熱電球

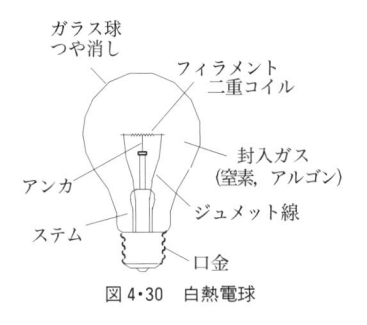

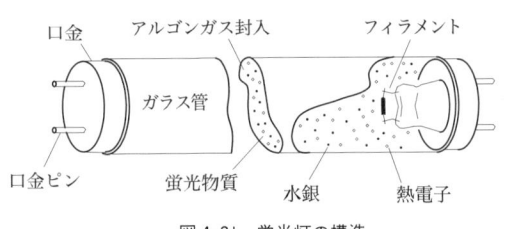

図 4・31 蛍光灯の構造

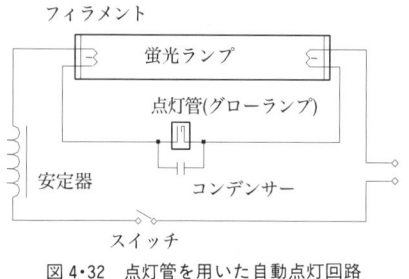

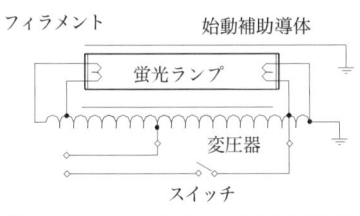

図 4・32 点灯管を用いた自動点灯回路

図 4・33 ラピッドスタート形自動点灯回路

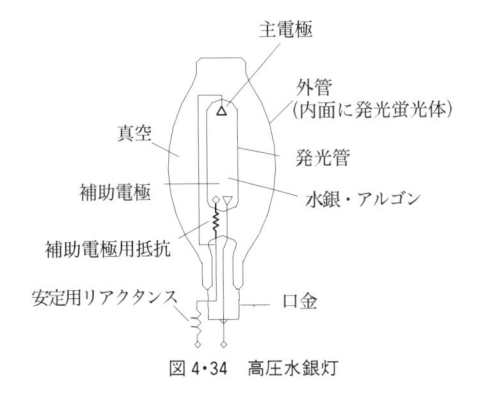

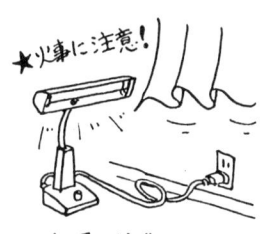

図 4・34 高圧水銀灯

2) 照明器具の種類

　照明にあたっては，光源をかさで覆ったり，周りを囲ったりすることにより，光の反射・屈折・透過が変化し，まぶしさを防ぐことができる．こうして配光を適当にしてよい照明を行う．照明器具の種類には，器具の取付け方によって，天井灯にはパイプつり（パイプペンダント），チェーンつり（チェーンペンダント），コードつり（コードペンダント），直付け，埋込みなどがあり，壁付け（ブラケット）には下向き，上向き，直付け，埋込みなどがある．さらに，スタンドには卓上スタンド，床スタンドなどがある．図 4・35 に照明器具の種類を示す．

　電灯回路は，図 4・36 に示すように，1 箇所で電灯を点滅させる場合はタンブラスイッチ 1 個でよいが，2 箇所からの場合は 3 路スイッチが 2 個必要であり，さらに，3 箇所からの場合は 3 路スイッチが 2 個と 4 路スイッチが 1 個必要となる．

　照明器具の付属機器として，周囲の明るさにより電灯を点滅する自動点滅器や器具の明るさを変える調光器などがある．図 4・37 は光電式自動点滅器の回路図で，硫化カドミウム素子に光が当たると電流が流れ，ヒータ熱によりバイメタルが湾曲し接点が離れ電灯が消える．主に屋外灯の自動点滅に用いられる．また，図 4・38 は調光器の回路図で，白熱灯の明るさをサイリスタにより変化させる装置である．

4・4　通信情報設備

　通信情報設備とは，建築物内における連絡，通報，表示など情報伝達をつかさどる設備である．その種類には，電話設備，インターホン設備，テレビ共同受信設備などがある．

◀1▶　電話設備

　電話設備とは，一般に電気通信事業者からの引き込み加入回線（局線）から電話交換機，幹線ケーブル，分岐配線を経て電話機までをいい，その構成を図 4・39 に示す．

　電話機には直通電話機（単独電話，共同電話，集団電話），内線電話機，ボタン電話機および多機能電話機（ファクシミリ）などがある．また，移動体通信機器として，携帯電話および簡易型携帯電話（PHS[1]）がある．

　私設構内電話交換機（PBX[2]）は，高度情報化社会に対応し，デジタル式の電子交換機が主流で，電話機の他に端末機，ファクシミリ，マルチメディア関連機器などが容易に接続できる．

　電話幹線の配線は，構内ケーブルで素線の太さが 0.4 mm，0.5 mm，0.65 mm のものが多用される．また，配線形式には，表 4・17 に示すように単独式，複式，逓減式および複式と逓減式を組合わせた併用式の 4 種類がある．

◀2▶　インターホン設備

　インターホン設備とは，特定の用途に対する構内連絡専用の有線通話装置をいう．住宅用としては，電話機や防犯・防災監視や電灯線集中制御などの諸機能を備えたホームオートメーション機能が付加されたものもある．また，病院で使用されるナースコールインターホンは，警報（呼出）表示器を備えた緊急時の連絡用である．

　通話路方式には，図 4・40 に示すように親子式，相互式，複合式がある．

---

1) PHS（Personal Handy phone System）
2) PBX（Private Branch eXchange）

図 4・35 照明器具の種類

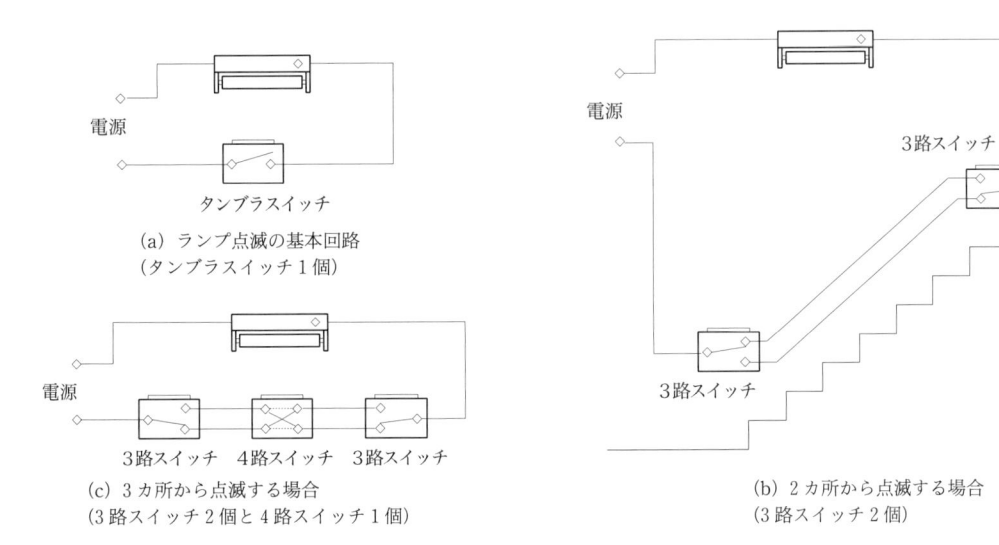

(a) ランプ点滅の基本回路
（タンブラスイッチ1個）

(c) 3 カ所から点滅する場合
（3路スイッチ2個と4路スイッチ1個）

(b) 2 カ所から点滅する場合
（3路スイッチ2個）

図 4・36 電灯の点滅回路

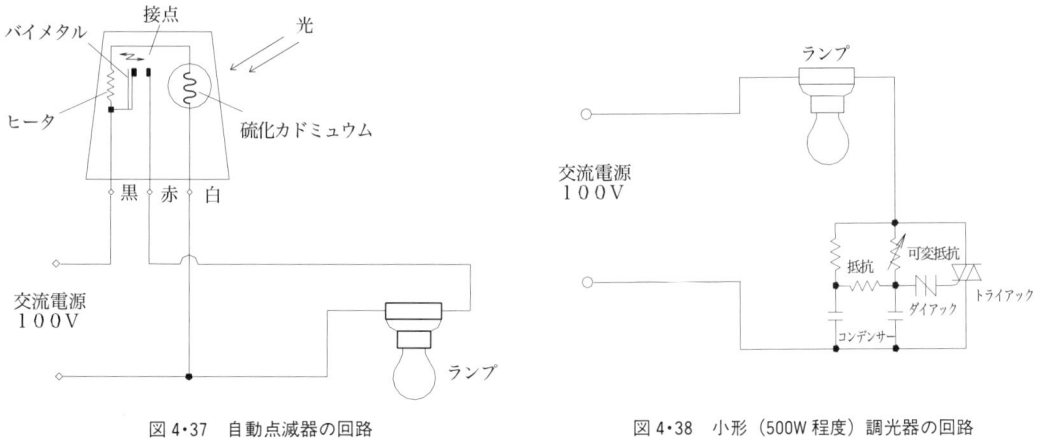

図 4・37 自動点滅器の回路

図 4・38 小形（500W 程度）調光器の回路
（建築技術普及センター『建築設備士講習テキスト』より）

a) 親子式

親機と複数の子機との間に通話網が構成されている方式．配線は最も簡単で，電源は親機に組込まれている．

b) 相互式

親機と親機との間に通話網が構成されている方式．各機が直接相手を選択して通話できる．配線本数が多く複雑となる．

c) 複合式

親子式と相互式の組合わせにより通話網が構成されている方式．

◀3▶ 警報設備

警報設備は，火災の早期発見を目的とし，警報を発して避難や消火を助け，人命の安全をはかるもので，自動火災報知設備，非常警報設備，ガス漏れ火災報知設備などの種類がある．

1) 自動火災報知設備

自動火災報知設備とは，建築物に火災が発生した場合，自動的に火災を検知し，防災センターへ報知するもので，図4・41に示すように感知器，発信器，中継器および受信機とそれらを接続する電線回路や空気管回路などで構成される．

感知器は熱感知器と煙感知器に大別される．熱感知器には差動式（分布形とスポット形），定温式（スポット形と感知線形），複合式がある．差動式は，火災により周囲温度の上昇率が一定値以上になると作動するもので，定温式は，周囲温度が一定値以上になると動作するものである．複合式は，差動式と定温式を組合わせたものである．煙感知器には，イオン化式と光電式とがある．イオン化式は，煙によりイオン電流が変化することで感知し，光電式は，光源からの光束が煙により散乱し，受光素子の入射光量が変化することで感知するものである．

2) 非常警報設備

非常警報設備とは，居住者に建築物内の火災の発生，または避難のあり方を知らせるもので，非常ベル，自動式サイレン，放送設備などがある．非常警報設備には，起動装置，表示灯，音響装置（ベル，サイレン，スピーカ），操作装置，配線などより構成され，放送設備にはこれらの他に増幅器などが必要である．

3) ガス漏れ火災報知設備

ガス漏れ火災報知設備とは，燃料用のガスの漏れを検知し警報を発するもので，ガス漏れ検知器，中継器および受信機で構成されたものに警報装置を付加したものである．検知器には，ガスを検知する方法により半導体式，接触燃焼式，気体熱伝導式がある．半導体式は，半導体自身がガスにより抵抗が変化することでガス漏れを検知する．接触燃焼式は，白金線の表面でガスが酸化反応（燃焼）し発熱することによって，白金線の抵抗が変化するものである．気体熱伝導式は，白金線に塗られた半導体がガスにより熱伝導度が変わることにより，白金線の抵抗が変化するものである．

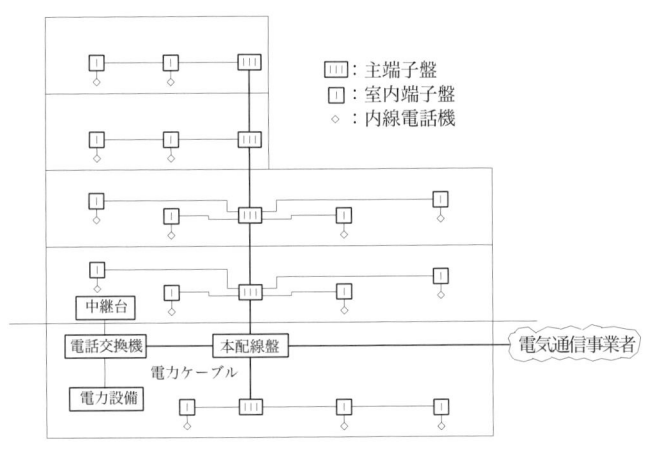

図 4・39 電話設備の基本的な流れと構成(空気調和・衛生工学会編『空調・衛生設備技術者のための電気設備入門』オーム社より)

表 4・17 電話幹線の配線方式 (建築技術普及センター『建築設備士講習テキスト』より)

方式	構成図	特　徴
単独式	20P 10P 10P 10P 主配線盤　　端子盤	主配線盤から各端子盤へ独立して配線する．各階の回線数が多い場合に適する．
複式	20P 20P 20P 20P 主配線盤　　端子盤	主配線盤から端子盤へは2本のケーブルで送り配線とする．大規模な建物に適する．
逓減式	40P 30P 20P 10P 主配線盤　　端子盤	主配線盤から順次ケーブルの対数を減少していく送り配線とする．小規模な建物に適する．
併用式	10P 40P 30P 20P 主配線盤 40P　端子盤	複式と逓減式の利点を備えた方式で大規模な建物に適する．

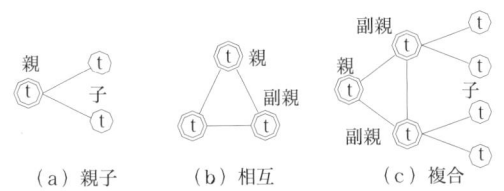

図 4・40 インターホンの通話網方式 (建築技術普及センター『建築設備士講習テキスト』より)

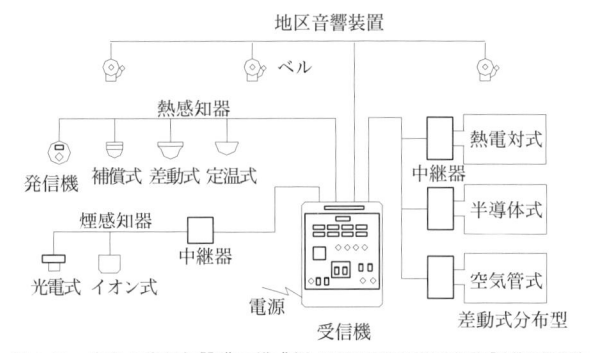

(a) 親子　　(b) 相互　　(c) 複合

図 4・41 自動火災報知設備の構成例 (建築設備技術者協会編『建築設備設計マニュアル 電気設備編』技術書院より)

4・5　昇降機設備

《1》　エレベーター

　エレベーターは，電力などの動力によって，かごに入った人や荷物を上下に運搬する装置である．

　エレベーターには，用途により乗用，荷物用，人荷共用，病院などの寝台車や配膳車を運ぶための寝台用および高さ 31 m を超える建築物に設置が義務付けられている非常用などがある．また，昇降速度により 45 m/min 以下を低速用，45～90 m/min を中速用，105 m/min 以上を高速用に分類される．

　エレベーターの構造については，JIS や建築基準法などに規定されている．エレベーターの駆動方式には，図 4・42 に示すようにロープ式と油圧式があり，ロープ式は，かごと釣合重りを数本のロープでつなぎ，巻き上げ機の綱車間の摩擦力により懸垂させるもので，動力を伝達するとかごが昇降路内のガードレールに沿って昇降する方式である．この方式は安全度が高く，高速で長昇降行程の場合に適している．また，油圧式には，油圧ジャッキにより直接かごを押し上げる直接式と，油圧ジャッキとロープを組合わせてかごを昇降させる間接式がある．直接式は低速，低昇降行程用であるが，積載荷重が大きくとれるため自動車用エレベーターとして使用される．間接式は直接式より昇降行程は長くとれるが，積載荷重は小さくなり 60 m/min 程度の乗用に使用される．

《2》　エスカレーター

　エスカレーターは，多数の人や貨物を連続して昇降させる階段状の装置で，百貨店や駅などに設けられる．

　主な構造は，図 4・43 に示すように駆動装置，移動階段，欄干，手すりなどからなり，これらを収納し，乗客を含む重量を支えるため鉄骨構造のトラスで構成される．

　一般的な機種には，表 4・18 に示すような欄干有効幅によって 800 形と 1200 形があり，傾斜角度は原則として 30 度以下，移動速度は勾配が 8 度未満のものは 50 m/min 以下，8 度を超えるものは 45 m/min 以下である．

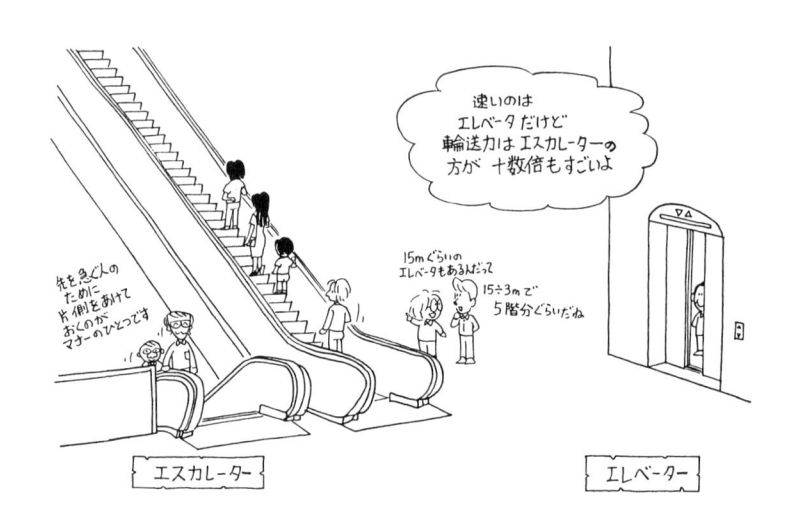

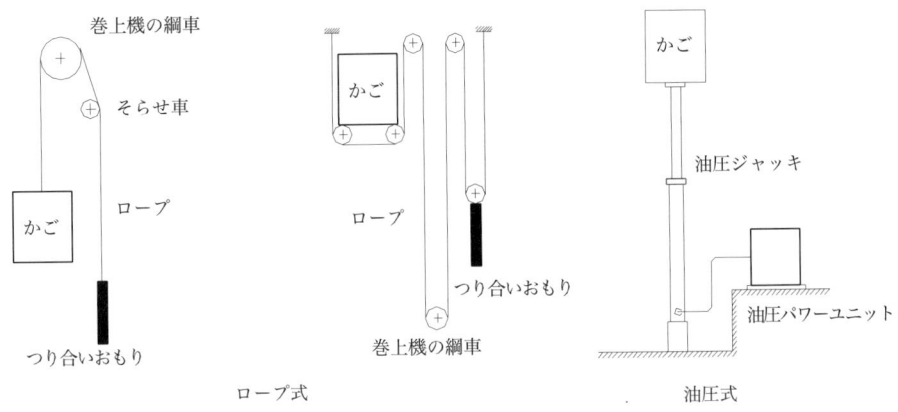

図 4・42　エレベーターの駆動方式

図 4・43　エスカレーター

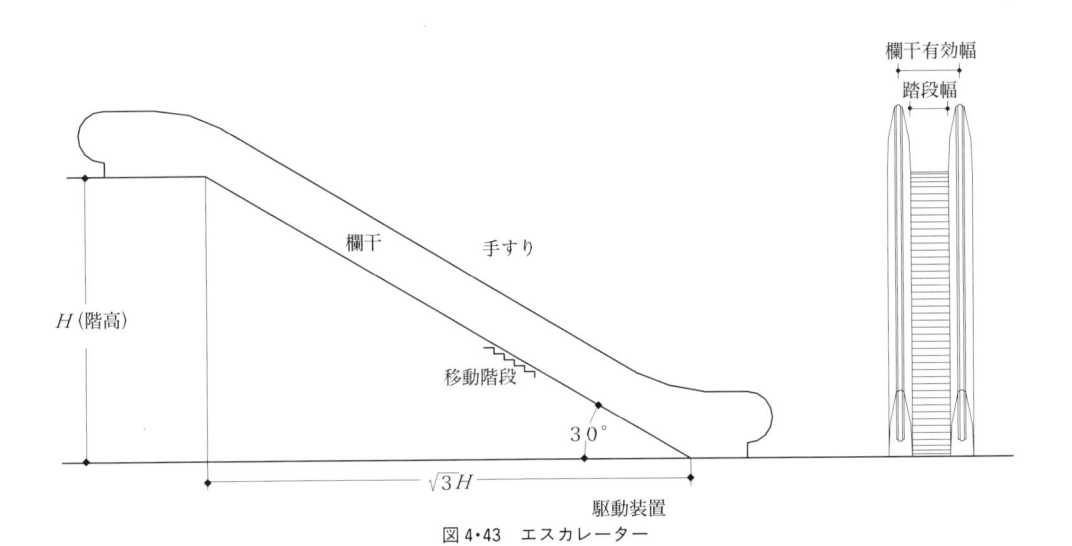

表 4・18　エスカレーターの標準仕様

機種	800 形	1200 形
欄干有効幅〔mm〕	800	1200
踏段幅〔mm〕	604	1004
輸送人員〔人/時〕	6000	9000
速度〔m/min〕	30	30
傾斜角度〔度〕	30	30

索引

〈あ〉

- アスペクト比 … 68
- 圧力伝播速度 … 96
- アラーム弁（流水検知装置） … 140
- 洗落し式 … 128
- 洗出し式 … 128
- アルカリ蓄電池 … 158
- 泡消火設備 … 142
- 1号消火栓 … 134
- インテリアゾーン … 40
- インバート桝 … 128
- ウェア … 116
- ウォータハンマ … 96
- 雨水桝 … 128
- エアフィルタ … 62
- Sトラップ … 116
- オームの法則 … 152
- 屋外消火栓設備 … 142
- 屋内消火栓設備 … 134
- 汚水 … 106
- 温水噴霧 … 32

〈か〉

- 加圧膜処理 … 148
- 階高 … 24
- 回転板接触方式 … 146
- 開放型スプリンクラーヘッド … 138
- 開放式 … 138
- 返し通気管 … 122
- 各個通気管 … 120
- 加湿器 … 62
- 活性汚泥法 … 146
- 合併処理浄化槽 … 146
- 乾き空気 … 30
- 簡易処理法 … 146
- 還気量 … 34
- 換算屋根面積 … 112
- 間接照明 … 172
- 間接排水 … 106
- 幹線 … 158
- 気圧試験 … 126
- 機械換気設備 … 74
- 器具水給水単位 … 90
- 器具給水負荷単位 … 90
- 器具排水管 … 108
- 器具排水負荷単位 … 110
- 逆サイホン作用 … 94
- 逆止め弁 … 94
- 吸収冷凍機 … 52
- 給水栓 … 92
- 急速ろ過 … 148
- 給排水衛生設備 … 12
- キュービクル … 154
- 凝集沈殿 … 148
- 共用通気管 … 122
- 局部照明 … 172
- 許容電流 … 160
- 許容動水勾配 … 92
- 空気調和設備 … 12
- グラスウール保温筒 … 104
- クリーンルーム … 14
- クロスコネクション … 94
- 結合通気管 … 122
- 煙試験 … 126
- 嫌気ろ床接触ばっ気方式 … 146
- 建築設備 … 8
- 建築設備工事 … 60
- 顕熱比（SHF） … 34
- 顕熱負荷 … 20
- 好気性処理法 … 146
- 公共下水道 … 144
- 光束法 … 172
- 高置タンク … 84
- 合流式 … 106
- コールドドラフト … 46
- コジェネレーションシステム … 14

〈さ〉

- 最大雨量 … 112
- サイホン式 … 116,128
- サイホンゼット式 … 128
- 雑排水 … 106
- 雑排水桝 … 128
- 散水ろ床方式 … 146
- シーケンス制御 … 168
- 時間最大予想給水量 … 82
- 時間平均予想給水量 … 82
- 敷地排水管 … 108
- 仕切弁 … 94
- 軸動力 … 88
- 時限継電器 … 168
- 自然換気設備 … 72
- 自然循環力 … 98
- 実効温度差 … 24
- 室内環境基準 … 18
- 自動洗浄弁 … 92
- 自動点滅器 … 176
- 湿り空気 … 30
- 湿り通気管 … 122
- 遮蔽係数 … 24
- 受水タンク … 84
- 瞬間最大流量 … 90
- 蒸気圧縮式冷凍機 … 50
- 小規模合併浄化槽 … 146
- 上水道 … 80
- 蒸発量 … 48
- 照明率 … 174
- 処理区域外 … 106
- 処理区域内 … 106
- 処理対象人員 … 144
- 伸頂通気管 … 122
- 浸透処理法 … 146
- 水蒸気噴霧 … 32
- 水道施設 … 10
- スプリンクラー設備 … 136
- スリーブ型伸縮継手 … 99
- 生物化学的処理法 … 146
- 生物学的硝化脱窒 … 148
- 生物膜法 … 146
- 接触ばっ気方式 … 146
- 洗浄弁式 … 128
- 潜熱負荷 … 20
- 全般照明 … 172
- 専用水道 … 80
- 全揚程 … 88
- 掃除口 … 126
- 送風機 … 64
- 送風量 … 22
- ゾーニング … 36

〈た〉

- ターミナル … 70
- ダクト … 66
- 脱窒ろ床接触ばっ気方式 … 146
- 玉形弁 … 94
- 単独処理浄化槽 … 146
- 暖房設備 … 8
- 調光器 … 176
- 長時間接触ばっ気方式 … 146
- 直接照明 … 172
- 直接排水 … 106
- 通気立て管 … 122
- ディプ … 116
- 定風量単一ダクト方式 … 40
- デフレクター … 138
- 電圧降下 … 162
- 電気設備 … 12
- 電磁開閉器 … 168
- 天井高 … 24
- 電磁リレー … 168
- 都市下水路 … 144
- 吐水口空間 … 96
- トラップ … 108

〈な〉

鉛蓄電池 …………………………… 158
逃がし通気管 ……………………… 120
2号消火栓 ………………………… 134
二酸化炭素消火設備 ……………… 142
二重トラップ ……………………… 116
熱交換器 …………………………… 62
熱水分比 …………………………… 32
ノンホールディング機構 ………… 92

〈は〉

排煙設備 …………………………… 76
排水口空間 ………………………… 106
排水設備 …………………………… 10
排水立て管 ………………………… 108
排水タンク ………………………… 118
排水ポンプ ………………………… 118
排水横枝管 ………………………… 108
排水横主管 ………………………… 108
ハイタンク式 ……………………… 128
バイメタル ………………………… 170
バキュームブレーカ ……………… 96
白金測温抵抗体 …………………… 170
パッケージユニット ……………… 38
破封現象 …………………………… 116
BOD ………………………………… 144
BOD除去率 ………………………… 144
BOD負荷 …………………………… 144
ピーク時最大予想給水量 ………… 82
ヒートポンプ ……………………… 52
Pトラップ ………………………… 116
非サイホン式 ……………………… 116
ヒュージブルリング ……………… 138
標準活性汚泥方式 ………………… 146
標準日射熱取得 …………………… 24
ファンコイルユニット …………… 38
ブースターヒーター ……………… 102
吹出し温度差 ……………………… 22
吹き飛ばし式 ……………………… 128
ブランチ間隔 ……………………… 110
フロートスイッチ ………………… 168
フロートレススイッチ …………… 168
分岐回路 …………………………… 158
粉末消火設備 ……………………… 142
分離接触ばっ気方式 ……………… 146
分流式 ……………………………… 106
閉鎖型スプリンクラーヘッド …… 138
閉鎖式 ……………………………… 138
ペリメータゾーン ………………… 40
ベローズ型伸縮継手 ……………… 99
変風量単一ダクト方式 …………… 40
ボイラ ……………………………… 48

防煙区画 …………………………… 76
防火区画 …………………………… 76
防火対象物 ………………………… 132
保守率 ……………………………… 174
ポンプ ……………………………… 54

〈ま〉

マイクロスクリーニング ………… 148
末端試験弁 ………………………… 140
満水試験 …………………………… 126
水使用時間率 ……………………… 90
水動力 ……………………………… 88

〈ゆ〜わ〉

有効面積率 ………………………… 82
Uトラップ ………………………… 116
溶化素地質 ………………………… 128
揚水量 ……………………………… 88
予作動弁 …………………………… 140
力率 ………………………………… 152
流域下水道 ………………………… 144
ループ通気管 ……………………… 120
冷凍機 ……………………………… 50
冷凍サイクル ……………………… 50
冷凍トン …………………………… 82
冷房設備 …………………………… 10
ロータンク式 ……………………… 128
ロックウール保温筒 ……………… 104

引用・参考文献

- 空気調和・衛生工学会編『空気調和・衛生工学便覧』12版，第2巻，第4巻
- 『衛生工事の排水と通気1』朝倉書店
- 井上宇市・森村武雄・中村守保編『建築設備ハンドブック』朝倉書店，1981
- 柏原士郎他『建築計画』実教出版，1999
- 空気調和・衛生工学会編，㈱きんでん・斎藤英夫著『空調・衛生設備技術者のための電気設備入門』オーム社，1993
- 空気調和・衛生工学会編『給排水衛生設備計画設計の実務の知識』，オーム社，1995
- 国立天文台編『理科年表平成11年』丸善，1998
- オーム社編『絵とき 消防設備技術基準早わかり』オーム社，1999
- 建築設備技術者協会編著『建築設備設計マニュアルⅢ 電気設備編』技術書院，1997
- 『新編 新人教育電気設備』増補版，(社)日本電設工業協会
- 『自動制御機器便覧』オーム社
- 建築技術普及センター『建築設備士講習テキスト（下巻）』第3版，1988
- (社)日本電気協会『電気工事士教科書』

〈建築のテキスト〉編集委員会
- 編集委員長
  前田幸夫（大阪府立西野田工業高等学校）

- 編集委員
  上田正三（大阪府立東住吉工業高等学校）
  大西正宜（大阪府立今宮工業高等学校）
  岡本展好（大阪市立第二工芸高等学校）
  神野　茂（大阪府立西野田工業高等学校）
  辻尾育功（大阪府立今宮工業高等学校）
  内藤康男（兵庫県立東播工業高等学校）
  丸山正己（奈良県立吉野高等学校）
  吉井　淳（岡山県立水島工業高等学校）

- 執筆者
  石田精一（大阪府立茨木工業高等学校）
  乾　孝士（大阪府立東住吉工業高等学校）
  上田正三（大阪府立東住吉工業高等学校）
  小倉一浩（大阪府立東住吉工業高等学校）
  森川正文（大阪府立東住吉工業高等学校）

（上記の所属校は初版時のものである）

初めての建築設備

2000年11月20日　第1版第1刷発行
2022年 3月20日　第1版第12刷発行

著　者　〈建築のテキスト〉編集委員会
発行者　井口夏実
発行所　株式会社学芸出版社
　　　　京都市下京区木津屋橋通西洞院東入
　　　　〒600-8216　☎075-343-0811

イチダ写真製版／山崎紙工
装丁：前田俊平／イラスト：石田芳子
Ⓒ〈建築のテキスト〉編集委員会 2000
Printed in Japan　ISBN 978-4-7615-2245-2

JCOPY〈㈳出版者著作権管理機構委託出版物〉
本書の無断複写（電子化を含む）は著作権法上での例外を除き禁じられています．複写される場合は，そのつど事前に，㈳出版者著作権管理機構（電話 03-3513-6969，FAX 03-3513-6979，e-mail: info@jcopy.or.jp）の許諾を得てください．
また本書を代行業者等の第三者に依頼してスキャンやデジタル化することは，たとえ個人や家庭内での利用でも著作権法違反です．